Coordonné par
La Décroissance

Le Progrès m'a tuer

LEUR ÉCOLOGIE ET LA NÔTRE

LE PAS DE CÔTÉ
L'ÉCHAPPÉE

L'ÉCHAPPÉE
23 rue Voltaire
75011 Paris
info@lechappee.org
www.lechappee.org

LE PAS DE CÔTÉ
27 rue Riparia
18100 Vierzon
lepasdecote.editions@
gmail.com
www.lepasdecote.fr

graphisme **atelier des grands pêchers**
(atelierdgp@wanadoo.fr)

correction **Lionel de La Fouchardière**

dépôt légal
2e trimestre 2016

isbn **978-2-37309-011-6**

impression **Corlet**
nº d'imprimeur **181641**

LEUR DÉVELOPPEMENT DURABLE, NOTRE DÉCROISSANCE

Par **Pierre Thiesset**

—

Journaliste à *La Décroissance*, éditeur au Pas de côté.

—

Dès 1974, le philosophe et journaliste André Gorz avertissait: «*La lutte écologique n'est pas une fin en soi, c'est une étape.* Elle peut créer des difficultés au capitalisme et l'obliger à changer; mais quand, après avoir longtemps résisté par la force et la ruse, il cédera finalement parce que l'impasse écologique sera devenue inéluctable, il intégrera cette contrainte comme il a intégré toutes les autres. C'est pourquoi il faut d'emblée poser la question franchement: que voulons-nous? Un capitalisme qui s'accommode des contraintes écologiques ou une révolution économique, sociale et culturelle qui abolit les contraintes du capitalisme et, par là même, instaure un nouveau rapport des hommes à la collectivité, à leur environnement et à la nature[1]?»

Quarante ans plus tard, le capitalisme s'est bel et bien accommodé des contraintes écologiques. Areva, Renault ou Total vantent leur «éco-responsabilité» dans des «chartes éthiques», le projet d'aéroport de Notre-Dame-des-Landes est garanti «haute qualité environnementale» par le bétonneur Vinci, les éco-labels fleurissent dans les rayons des supermarchés, l'omniprésent Nicolas Hulot monopolise l'écran et conseille les présidents de la République, les écoliers apprennent les petits gestes «éco-efficaces», des documentaires et des livres à succès enjoignent tout un chacun de faire sa part pour réduire ses gaz à effet de serre... La croissance deviendrait «bas-carbone», le développement durable, l'économie circulaire, le capitalisme vert.

L'écologie a été vidée de son contenu subversif. Elle a non seulement été délestée de la critique radicalement antiproductiviste qu'elle portait, mais elle a été totalement retournée, transformée en un levier pour le redressement productif. Tous les partis politiques, de droite à gauche, appellent à investir massivement dans les nouvelles énergies, dans l'isolation des bâtiments, le numérique, les technologies « propres », la valorisation des déchets. Centrée sur l'innovation, leur écologie permettrait d'améliorer le pouvoir d'achat des ménages, de propulser de nouvelles filières, de créer des centaines de milliers d'emplois, de soutenir l'activité, d'intensifier les exportations. Il y a là une « formidable opportunité » de relance, comme l'a déclaré François Hollande : « La compétitivité, je revendique ce mot, se jouera de plus en plus sur le respect de l'environnement. Être en avant-garde sur l'écologie, c'est disposer d'un avantage comparatif dans la mondialisation, c'est gagner du temps, de l'espace, et de l'influence aussi[2]. »

L'éco-capitalisme ambitionne de précipiter le progrès, grâce à une « troisième révolution industrielle » qui s'appuierait sur « la convergence des nouvelles technologies dans le domaine de la communication, de l'énergie et du transport pour conduire à l'Internet des objets[3] ». Selon son promoteur Jeremy Rifkin, l'Internet-des-objets-qui-résout-tout, c'est une société cybernétique, gérée par des machines interconnectées et des algorithmes, où la production est largement automatisée et où les hommes sont de plus en plus dépendants des systèmes techniques : « L'Internet des objets connectera tout et tous dans un réseau mondial intégré. Pour alimenter en *Big data* son système nerveux planétaire, on fixe déjà des milliards de capteurs sur les ressources naturelles, les chaînes de production, le réseau électrique, les réseaux logistiques, les flux de recyclage, et on en implante dans les logements, les bureaux, les magasins, les véhicules et même les êtres humains[4]. » Et il ne s'agit pas là de propos exaltés venant d'un extrémiste isolé de la Silicon Valley : Jeremy Rifkin se vante de conseiller les entreprises et les gouvernements et d'avoir orienté les choix de « transition énergétique » de l'Union européenne.

INNOVATION, LIBRE ENTREPRISE ET PETITS GESTES

Outre cette foi en l'innovation, le capitalisme vert se caractérise par sa stratégie de marchandisation de l'atmosphère et d'individualisation des enjeux. Les règles du marché doivent primer, les agents économiques s'autoréguler. Pendant que la Banque mondiale promeut la tarification du carbone – selon l'institution, fixer un prix aux émissions de gaz à effet de serre doit permettre de favoriser les investissements dans les « technologies propres » –, pendant que des économistes calculent le prix des « services écosystémiques », que les forêts deviennent des « puits de carbone » à valoriser et que les permis de polluer s'échangent sur le marché, les militants de 350.org mènent campagne pour le « désinvestissement » des énergies fossiles. Cette ONG pense qu'il suffit de transférer les capitaux consacrés à l'exploitation du pétrole, du charbon, du gaz, vers les énergies renouvelables (photovoltaïque, éolien, hydraulique, géothermie, biomasse), pour résoudre le péril climatique... Une telle tactique fait évidemment le jeu de l'industrie. Les Rockefeller ne s'y sont pas trompés, et financent largement 350.org : eux qui cherchent à tirer profit des énergies renouvelables, après avoir fait fortune dans le pétrole, trouvent chez ces écologistes de parfaits alliés.

Le monde est ici perçu comme un parfait marché d'*Homo œconomicus* rationnels, qui s'ajustent selon les incitations financières. Il suffirait que les investisseurs comme les consommateurs adaptent leurs comportements d'achat pour résoudre les problèmes écologiques. « Chacun d'entre nous peut par exemple utiliser des ampoules à faible consommation, des appareils qui consomment moins d'énergie, et recycler ses déchets », conseillait ainsi Kofi Annan, l'ex-secrétaire général des Nations unies, lors du « Sommet des consciences » du 21 juillet 2015. Cette grand-messe, organisée dans la perspective de la COP 21 par l'« envoyé spécial du président de la République pour la protection de la planète », Nicolas Hulot, est particulièrement révélatrice de l'absorption de l'écologie par le capitalisme : y étaient réunis des chefs d'État, des ministres, des banquiers, des PDG, des autorités religieuses, des altesses sérénissimes, des artistes, des altermondialistes... De Vandana Shiva à Arnold Schwarzenegger, de Pierre Rabhi à Nathalie Kosciusko-Morizet, d'Edgar Morin à Bartholomée 1er de Constantinople, de Patrick Viveret au prince de Monaco, tous y prêchaient la morale éco-citoyenne du « chacun fait un geste pour la planète ». Il n'y a plus ni bétonneurs ni bétonnés, ni pollueurs ni pollués, ni exploiteurs ni exploités, ni rapports de force ni intérêts divergents, ni conflits politiques ni structures sociales : la société est vue comme un agrégat d'individus, priés de communier dans l'idéologie de la croissance verte, de veiller à réduire leur « empreinte carbone » et d'adopter cette « sobriété heureuse » que même Alain Juppé appelle de ses vœux. Même la banque BNP-Paribas, avec son opération de communication « Wave innovation », veut mettre en avant cette « vision positive de l'avenir » et ces micro-initiatives qui « partout dans le monde, trouvent des solutions pour faire mieux avec moins ».

LE DÉVELOPPEMENT DURABLE N'A PAS EU LIEU

Mais nous avons assez de recul pour l'affirmer : cette écologie qui se présente comme dépolitisée, qui fait croire que l'environnement sera préservé grâce à l'innovation technologique, au marché et à la responsabilité individuelle, c'est une complète mystification. Le développement durable n'a pas eu lieu. Et ce ne sont pas seulement les militants de la décroissance qui l'affirment, mais les institutions internationales elles-mêmes : le Groupe d'experts intergouvernemental sur l'évolution du climat (Giec), la Banque mondiale, l'ONU, l'Agence internationale de l'énergie (AIE), l'Organisation mondiale de la météorologie...

Que constatent ces autorités, dans leurs rapports détaillant la dévastation du monde à grand renfort de modélisations informatiques ? Que nous n'avons jamais brûlé autant d'énergie que ces dernières années, que les rejets de gaz à effet de serre continuent à grimper, que la concentration de dioxyde de carbone, de méthane et de dioxyde d'azote dans l'atmosphère atteint des niveaux sans précédent, que le dérèglement climatique et la destruction des écosystèmes s'emballent. Une illustration frappante : la moitié du CO_2 d'origine humaine émis entre 1750 et 2010 l'a été... ces quarante dernières années[5]. Entre 2000 et 2010, les émissions de gaz à effet de serre ont augmenté de 2,2 % par an en moyenne, contre 1,3 % par an entre 1970 et 2000. La foi en un découplage de la croissance économique et de l'empreinte écologique n'a donc été qu'un vœu pieux: la hausse du PIB repose sur une consommation sans cesse accrue d'énergie, et en premier lieu de combustibles fossiles. Elle se nourrit d'une quantité croissante de matières premières, et rejette toujours plus de déchets et de pollutions.

Or il est prévu que cette dynamique se poursuive. L'Agence internationale de l'énergie anticipe une hausse continue de la demande mondiale en énergie[6]. Toutes les ressources sont déjà mobilisées pour poursuivre cette course pied au plancher : forêt boréale rasée pour racler des sables bitumineux, fracturation des roches de schiste, forages en eau profonde, mines à ciel ouvert, exploitation de nouveaux territoires libérés par la fonte des glaces (comme l'Arctique), accaparement de terres agricoles pour produire des agrocarburants (et tant pis pour la hausse des prix alimentaires qui en découle)... Toujours plus de charbon, de nucléaire, de gaz, d'énergies renouvelables et de pétroles non conventionnels. Selon l'AIE – créée après le choc pétrolier de 1974 pour mieux quantifier les réserves énergétiques, ausculter le sous-sol, mesurer ce grand réservoir qu'est le monde –, la planète sera essorée jusqu'à la dernière goutte pour poursuivre l'essor économique.

Et après ? Le déluge. L'AIE estime que les réserves prouvées de pétrole seraient totalement épuisées en 54 ans, au rythme de consommation actuel; les stocks de gaz dureraient 61 ans, les gisements de charbon 142 ans. En poursuivant notre modèle linéaire de développement, la concentration de CO_2 dans l'atmosphère atteindrait 700 ppm (parties par million) d'ici la fin du XXIe siècle : « Cela correspondrait à un accroissement de la température moyenne globale, sur le long terme, de 3,6 °C, comparé aux niveaux pré-industriels », annonce l'Agence. Alors que les climatologues recommandent de maintenir cette concentration de CO_2 sous le seuil de 450 ppm pour éviter de dépasser un réchauffement global de 2 °C, ce qui supposerait de réduire les émissions de gaz à effet de serre de 80 % au plus vite...

Et voilà que la Banque mondiale elle-même, entièrement dévouée au Développement, reconnaît que la pression croissante sur les écosystèmes est en train « d'approcher des limites critiques[7] ». Et voilà que la perspective d'un effondrement de civilisation fait l'objet d'un nombre croissant de publications scientifiques. Comme cette étude retentissante de 2014, financée par la Nasa, qui montre à l'aide d'abstractions mathématiques que les niveaux actuels de surconsommation et d'inégalités galopantes conduisent au chaos[8]. Ce qu'annonçait déjà le fameux rapport au Club de Rome sur les limites à la croissance en 1971[9].

Les ressources, énergie et minerais nécessaires à la croissance économique sont de plus en plus difficiles à extraire. La civilisation industrielle se heurte à des rendements décroissants : il faut investir toujours plus pour maintenir la complexité de notre organisation économique et de nos systèmes techniques. Il n'y a pas de « transition énergétique pour la croissance verte ». La généralisation de l'informatique, censée faire émerger une économie « immatérielle », fait au contraire exploser la consommation[10]. Quant aux énergies renouvelables, elles ont beau être subventionnées massivement par les États, elles ne représentaient que 2,7 % de la consommation énergétique mondiale en 2013[11]. Nous n'avons jamais autant installé d'éoliennes et de panneaux solaires dans le monde que ces dernières années, mais dans le même mouvement, nous n'avons jamais autant brûlé de combustibles fossiles. L'histoire de l'expansion industrielle a été celle d'une addition des sources d'énergie. Tout comme le pétrole n'a pas remplacé le charbon, les énergies renouvelables ne remplacent pas les hydrocarbures. Au contraire, leur production même repose sur les énergies fossiles : déployer des parcs éoliens, des centrales photovoltaïques, des réseaux électriques « intelligents », cela nécessite de l'acier, du ciment, du cuivre, des chantiers lourds, des métaux rares produits à l'autre bout du monde. Des voitures électriques avec des batteries au lithium, cela nécessite des mines en Amérique du Sud. Les énergies renouvelables ne pourront jamais nous apporter une abondance énergétique comparable aux énergies fossiles : non seulement leur taux de retour énergétique est faible, mais en plus les minerais indispensables viendront à manquer d'ici peu. L'armée française elle-même le reconnaît : « À l'échelle mondiale, les réserves existantes en ressources minérales non énergétiques ne devraient pas être suffisantes pour satisfaire la demande industrielle mondiale au-delà de vingt ans[12]. »

L'ÉCOLOGIE KAKI

La croissance d'un système économique mondialisé, fondé sur la dilapidation de l'énergie et des matières premières, l'érosion des sols, la destruction des forêts, l'épuisement des nappes phréatiques et des ressources halieutiques, l'extinction des espèces, le dérèglement climatique, est insoutenable et ne peut qu'exacerber les conflits. Arrêtons de faire l'autruche : ce constat, ce ne sont pas les écologistes catastrophistes qui le font, mais les armées elles-mêmes. Comme la nôtre : « Plusieurs décennies de croissance soutenue à l'échelle mondiale ont pour contrepartie une pression de plus en plus forte sur les ressources et un impact de moins en moins maîtrisé sur l'environnement. Les tensions qui en résultent se focalisent sur l'accès à l'eau, aux terres et produits agricoles, aux matières premières minérales et énergétiques, y compris les matériaux stratégiques, ainsi que sur la maîtrise des voies par lesquelles s'opère leur transport [13]. »

Ou comme l'armée britannique : « La forte croissance démographique, la concurrence économique agressive et l'augmentation de la consommation, ainsi que la modernisation et l'urbanisation rapides, *vont* conduire à une exploitation et une pression intensives sur toutes sortes de ressources. Ces tendances *seront* exacerbées par les conséquences du dérèglement climatique, des changements environnementaux et de l'aggravation de notre empreinte écologique. Par conséquent, la disponibilité et l'acheminement d'énergie, de nourriture et d'eau *seront* des enjeux vitaux [14]. »

Les états-majors s'accordent à dire que la désertification des terres va s'accentuer, que les tempêtes, sécheresses, incendies, vagues de chaleur, inondations, submersions de littoraux vont s'intensifier, que la pénurie d'eau et d'alimentation va s'aggraver [15], que les affrontements pour le contrôle de métaux en déclin et de ressources énergétiques de plus en plus rares, socle de la puissance, risquent de se multiplier [16]... Bref, un effondrement sans précédent, avec des risques de surmortalité, de défaillances d'États, d'écroulement d'institutions et de déplacements massifs de population. « Un milliard de personnes pourraient être contraintes de fuir leur habitat en raison de bouleversements climatiques, de pénuries de ressources alimentaires et des conflits qui en résulteront », nous apprend l'armée française [17].

Face à ces gigantesques bouleversements, qu'est-il prévu ? Avant tout la militarisation : l'Inde a déjà érigé un mur pour repousser les dizaines de millions de Bangladais qui devront quitter leur territoire [18], les États-Unis renforcent leur frontière avec le Mexique, tout comme l'Union européenne avec les pays arabes... Mais les îlots de prospérité, responsables de l'essentiel du changement climatique en cours, pourraient bien ne pas être épargnés longtemps : « Les États-Unis et l'Europe pourraient subir des pressions croissantes pour accueillir un grand nombre de migrants et de réfugiés au fur et à mesure que la sécheresse gagne du terrain et que la production alimentaire recule en Amérique latine et en Afrique [19]. »

L'INGÉNIERIE DU CLIMAT

Il semble donc pour le moins illusoire de croire qu'une « nouvelle ère » s'est ouverte avec l'accord international sur le climat, signé par 195 États le 12 décembre 2015 – un accord que la presse française a unanimement qualifié d'« historique ». Comme toutes les réunions internationales qui prétendent veiller sur l'état de la planète depuis 1972 [20], la conférence de Paris est restée empêtrée dans l'impasse du développement durable : s'imaginer que par l'innovation technologique, le capitalisme deviendra respectueux de l'environnement, et que l'expansion industrielle pourra se poursuivre indéfiniment. « Il est essentiel d'accélérer, d'encourager et de permettre l'innovation pour une riposte mondiale efficace à long terme face aux changements climatiques et au service de la croissance économique et du développement durable » : toute l'idéologie de l'accord « historique » de Paris est résumée dans cette phrase.

Pour planifier un « développement à faible émission de gaz à effet de serre et résilient aux changements climatiques », les Nations unies n'indiquent qu'une seule et unique voie : que les « sous-développés » suivent le modèle des « développés ». C'est le sens de l'histoire. Le Nord doit jouer son rôle civilisateur et apporter son génie au monde entier : « Comme la France des Lumières a su montrer un chemin, le modèle environnemental français doit inspirer le monde, déclare le Premier ministre Manuel Valls. C'est en quelque sorte un nouvel universalisme que nous devons proposer. Que nous devons porter [21]. » La France, pays le plus nucléarisé, champion du diesel, premier utilisateur européen de pesticides, à la consommation record d'antidépresseurs, un exemple... Les puissances industrielles responsables de la dévastation de la planète sont appelées à guider la recherche et l'innovation, à « déployer et diffuser la technologie » dans le Sud, à financer l'adaptation des pays « en développement » et autres « moins avancés ». Pour qu'eux aussi deviennent modernes, avec des voitures électriques et des smartphones. Pour qu'ils s'industrialisent, s'urbanisent, se mondialisent. Pour que chaque recoin du globe se retrouve dépendant du marché global, des réseaux énergétiques et des grands systèmes techniques. La « croissance économique soutenue, inclusive et durable » que préconisent les Nations unies consiste à « renforcer la recherche scientifique, perfectionner les capacités technologiques des secteurs industriels de tous les pays [22] », développer l'innovation, la production, la circulation des marchandises.

Cette dynamique du capitalisme, l'ONU semble prête à la défendre jusqu'au bout. Et au bout, il y a les projets de géo-ingénierie. Puisque le développement durable a échoué, puisque l'accord universel de Paris concède « que les niveaux des émissions globales de gaz à effet de serre en 2025 et 2030 estimés sur la base des contributions prévues déterminées au niveau national ne sont pas compatibles avec des scénarios au moindre coût prévoyant une hausse de la température de 2 °C», la géo-ingénierie devient non plus une perspective de science-fiction délirante, mais une piste à creuser. Le dernier rapport du Giec, qui a servi de base à la négociation de la COP 21, milite clairement pour le développement des dispositifs de captage et de stockage de CO_2, et plus largement des « technologies d'élimination du dioxyde de carbone [23] ». L'ingénierie climatique est en marche.

Certes, les docteurs Folamour préviennent qu'il est encore trop tôt pour mettre en route les machines à régler le climat... Mais ils appellent à intensifier la recherche, discutent des options techniques [24], et imaginent déjà le plan opératoire. Comme lors du « Symposium scientifique international» organisé en juillet 2015 en Allemagne: « Le déploiement d'infrastructures lourdes d'ingénierie climatique ne peut se faire que dans un cadre international, le coût est trop élevé pour qu'un État assume seul cette charge qui aurait des impacts sur tous. Un des scénarios les plus probables est qu'un petit groupe de pays riches (G7, G20 ?) prenne l'initiative de se lancer dans un projet multilatéral (à l'image d'ITER), en incluant éventuellement d'autres pays qui jouerait [*sic*] un rôle mineur d'un point de vue de la gouvernance du projet [25]. » Quant aux financements, ils sont prévus: « Nous encouragerons l'investissement public et privé dans l'équipement énergétique et l'adoption d'écotechnologies énergétiques, notamment pour la capture et la séquestration du carbone», a d'ores et déjà délibéré l'Assemblée générale des Nations unies [26].

DÉMANTELER LA MÉGAMACHINE

Il n'y a donc pas à se réjouir de voir ainsi la technocratie se pencher sur la préservation de l'environnement. Tout comme la crise économique révélée par le krach de 2008 n'a pas conduit à une bifurcation mais a, au contraire, permis d'accélérer l'offensive libérale –à base de « chocs de compétitivité», de privatisations, de politiques inégalitaires, de déréglementations, d'attaques contre la Sécurité sociale, la fonction publique, le droit du travail–, la prise en compte des limites physiques de la planète ne conduit pas naturellement à opter pour l'autolimitation et la remise en cause de la société industrielle, mais peut aboutir à une gestion autoritaire du désastre. Il ne s'agit plus aujourd'hui d'éviter l'effondrement écologique, qui a déjà commencé, mais de tenter de le limiter et d'optimiser la « résilience» des territoires. Les gouvernements des grandes puissances publient les uns après les autres des plans d'adaptation au changement climatique. En France, l'État évalue les risques et cherche à réduire la vulnérabilité des régions qui seront touchées par la raréfaction de l'eau, les vagues de chaleur, l'élévation du niveau de la mer, les sécheresses : « Des changements profonds sont désormais inéluctables, quels que soient les efforts de réduction des émissions de gaz à effet de serre qui pourront être déployés, du fait de l'inertie du système climatique[27]. »

Il y a plus de quarante ans, le grand penseur antiproductiviste Bernard Charbonneau alertait sur les risques d'écofascisme : la prise en main de l'environnement par des régiments d'experts entraînerait « un renforcement du système scientifique et technocratique à base de vérités, de règlements et d'ordinateurs ». « Peut-être assurera-t-on ainsi la survie de l'espèce ; en tout cas ce sera au prix d'une aggravation de la pollution fondamentale, la disparition de l'égalité et de la liberté, car cette société sera aussi autoritaire, contraignante, qu'oligarchique. Tout mouvement engendrant à son insu son contraire, le péril interne qui menace le mouvement écologique c'est le raffinement, par suite le renforcement, de l'organisation. Donc, n'oublions pas : la nature doit rester nature, la défense de l'environnement sera l'œuvre des environnés eux-mêmes. Ne comptons pas sur un savant, ou un chef génial[28]. »

C'est précisément ce refus de nous laisser prendre en charge par les planificateurs du capitalisme vert qui nourrit notre combat. Il est temps d'en prendre acte : le développement durable n'a été qu'une imposture. Son équation s'est révélée impossible à résoudre : croire qu'avec l'innovation technologique, la croissance infinie pourra devenir compatible avec les limites physiques de la planète, que nous pourrons produire et consommer toujours plus en prélevant moins de ressources. « Si l'on veut assurer un développement socialement et économiquement stable, il est indispensable, entre autres choses, que les pays industrialisés reviennent, à l'échelle internationale, à des politiques d'expansion en matière de croissance, d'échanges commerciaux et d'investissements », affirmait le rapport Brundtland qui a servi de base au Sommet de la Terre de Rio 1992. Voilà ce qu'est le développement durable : une subordination de l'écologie aux règles d'airain de l'économie libérale.

Ce n'est pas avec des remèdes techniques et économiques que nous résoudrons les maux précisément engendrés par notre puissance technique et notre organisation économique. Ni en achetant de nouveaux styles de vie individuels au supermarché, avec ampoules économes, applications sur smartphones pour fluidifier le trafic urbain, voitures électriques en libre-service et tri des déchets[29]. Ni en s'en remettant à l'économie circulaire, qui ne réalisera jamais ses promesses de recycler à 100 % les plastiques et les métaux ou de « transformer le CO_2 pour utiliser ses effets bénéfiques dans la fertilisation des sols et la lutte contre la désertification », comme l'espère l'alchimiste Nicolas Hulot[30]. Ni en investissant dans des plans de relance keynésienne. Ni en croyant dans les solutions de marché, celles que portent les libéraux comme celles que portent les altermondialistes reprenant le slogan de feu Hugo Chavez (ex-président du Venezuela qui a tout fait pour accélérer les exportations de pétrole et de minerais de son pays) : « Si le climat était une banque, les pays riches l'auraient déjà sauvé. » Ce n'est pas en consacrant une masse monétaire largement fictive aux nouvelles technologies et aux éco-industries que le climat sera sauvé. Ce n'est pas par une énième révolution industrielle, appuyée sur l'informatique, l'électronique, les énergies renouvelables, les nanotechnologies, les biotechnologies, que l'environnement sera préservé.

Contre leur développement durable, qui se présente comme apolitique et consensuel, notre décroissance cherche à remonter à la racine des problèmes. Elle politise les enjeux, pose les questions qui fâchent, revendique sa dimension conflictuelle, antiproductiviste, souligne l'antagonisme entre croissance et écologie, conteste l'idéologie libérale. Elle met en cause le système technicien et l'ordre économique moderne. « Ordre lié aux conditions techniques et économiques de la production mécanique et machiniste qui détermine, avec une force irrésistible, le style de vie de l'ensemble des individus nés dans ce mécanisme – et pas seulement de ceux que concerne directement l'acquisition économique », définissait Max Weber. Avant d'ajouter, et ce au début du XXe siècle : « Peut-être le déterminera-t-il jusqu'à ce que la dernière tonne de carburant fossile ait achevé de se consumer[31]. »

Lewis Mumford qualifiait de « mégamachine[32] » cette organisation sociale totale, où les individus-rouages perdent leur autonomie, deviennent dépendants du système de production et de consommation, adoptent des modes de vie standardisés, adaptés aux marchandises et aux technologies. Des hommes à l'existence rationalisée par une grande machinerie sur laquelle ils perdent prise, c'est l'idéal qu'affirmait la devise de l'Exposition universelle de 1933 à Chicago : « La science découvre, l'industrie applique, l'homme se conforme. » Le système technicien forme notre milieu. Il « envahit la totalité du vécu et la pratique sociale entière[33] ». Chacun y est relié avec tout son appareillage, comme un embryon à son cordon ombilical.

Le système technicien s'incarne dans les objets les plus banals de notre vie quotidienne, dans toutes ces prothèses qui font partie de la panoplie de base de l'individu contemporain : lave-vaisselle, réfrigérateur, ordinateur, téléviseur, grille-pain, Internet, portable, micro-ondes... Derrière ces terminaux se trouvent des infrastructures techniques mondiales, un gigantesque réseau de routes, de canalisations, de câbles, d'oléoducs, de raffineries, de chantiers, d'usines, de télécommunications, une division internationale du travail, des transports de marchandises sur toute la surface de la Terre, des flux d'énergie et de matière... Nous sommes enfermés dans un système industriel qui colonise la planète entière. Un technocosme.

L'agriculture chimique, le développement des métropoles, l'accélération des transports, toute la croissance exponentielle de ces 150 dernières années n'aurait pu avoir lieu sans la dilapidation d'une quantité massive de combustibles fossiles. « L'énergie, et la façon dont les hommes la maîtrisent, est au fondement de nos modes de vie et de l'organisation de nos sociétés », reconnaissent les promoteurs de la « transition » énergétique[34]. Nous ne pouvons pas prétendre protéger la nature et l'homme sans nous en prendre aux structures sociales qui déterminent une telle organisation de nos sociétés. Il n'y aura pas de préservation de l'environnement sans démanteler une mégamachine qui dévore toujours plus de ressources, sans nous libérer de notre asservissement au marché et à la technologie, sans rompre avec l'idéologie du progrès et la civilisation de puissance. Il ne s'agit pas seulement de réduire notre consommation pour alléger notre « empreinte écologique », mais de repenser les rapports sociaux, réévaluer les besoins, transformer notre mode de production, notre organisation politique, en finir avec la mondialisation, avec l'urbanisation et l'industrialisation sans fin. C'est tout un mode de vie qui est à revoir, pour faire naître des sociétés qui ne sont plus structurées autour de l'impératif d'expansion illimitée. Des sociétés beaucoup plus simples, plus autonomes, plus égalitaires, des sociétés conviviales disait Ivan Illich, où les hommes dominent leurs outils, où l'économie est encastrée dans les relations sociales. Des sociétés qui refusent la démesure, qui se libèrent de l'aliénation marchande et du règne des experts, où les travailleurs produisent pour répondre aux besoins et non pour alimenter les profits, dans l'entraide et l'autolimitation.

Contre la pseudo « transition » qui conforte l'industrialisation à toute vapeur, planifiée par des technocrates dont la seule obsession est de faire durer le développement le plus longtemps possible, notre décroissance nécessite une remise en cause profonde, déstabilisante. Elle interroge le sens de l'existence et les finalités collectives, pour affranchir l'homme et la nature de leur statut mutilé de « ressources » au service du PIB. « Il n'y a de richesse que la vie », assénait John Ruskin à l'encontre des économistes. Nos sociétés ne devraient pas avoir pour but l'augmentation de la production, la soumission à l'argent et aux lois du commerce, mais viser « le flux immatériel toujours mystérieux de la joie de vivre », pour reprendre l'expression de Nicholas Georgescu-Roegen, l'un des penseurs qui inspirent le journal *La Décroissance*.

Le 14 novembre 2015, l'équipe de *La Décroissance* devait organiser un contre-sommet pour réaffirmer son opposition au développement durable et aux orientations de la « XXIe conférence des parties à la convention cadre des Nations unies sur les changements climatiques », la COP 21. Celui-ci a finalement été annulé, quelques heures après les attentats commis à Paris. Ce livre regroupe les analyses que les intervenants devaient livrer à la tribune et des articles précédemment publiés dans notre mensuel. Avec une ligne directrice que nous avons l'intention de poursuivre : maintenir les braises d'une écologie politique non inféodée, résister à l'hégémonie du capitalisme vert.

1. Initialement publié sous le titre « Partage ou crève ! » dans *Le Sauvage* n° 12 d'avril 1974, ce texte a été repris sous un autre intitulé, « Leur écologie et la nôtre », dans le recueil d'articles de Michel Bosquet (autre pseudonyme d'André Gorz), *Écologie et politique*, Galilée, 1975. Le sous-titre de notre ouvrage, « Leur écologie et la nôtre », fait directement référence à cet article d'André Gorz, l'un des maîtres à penser de la décroissance.
2. Conférence environnementale, 27 novembre 2014.
3. Corinne Lepage (dir.), *L'Économie du Nouveau Monde*, rapport remis au ministre de l'Environnement, du Développement durable et de l'Énergie, 2015.
4. Jeremy Rifkin, *La Nouvelle Société du coût marginal zéro. L'Internet des objets, l'émergence des communaux collaboratifs et l'éclipse du capitalisme*, Les liens qui libèrent, 2014, qui fait suite à : *La Troisième Révolution industrielle. Comment le pouvoir latéral va transformer l'énergie, l'économie et le monde*, Les liens qui libèrent, 2012.
5. IPCC, *Climate Change 2014: Mitigation of Climate Change*, 2014.
6. Agence internationale de l'énergie, *World Energy Outlook*, 2013.
7. Banque mondiale, *Turn Down the Heat. Climate Extremes, Regional Impacts, and the Case for Resilience*, juin 2013.
8. Safa Motesharrei, Jorge Rivas et Eugenia Kalnay, *Human and Nature Dynamics (HANDY): Modeling Inequality and Use of Resources in the Collapse or Sustainability of Societies*, 18 mars 2014.
9. Avec leurs modélisations informatiques, les chercheurs du MIT ont montré que « la croissance exponentielle dans un système complexe et fermé » menaçait ruine : elle détruit des ressources naturelles non renouvelables, dérègle le climat, perturbe la chaîne du vivant par l'accumulation de déchets toxiques... Le développement ne peut être durable, « le système tend inéluctablement vers une surchauffe suivie d'un effondrement ». Les scientifiques mettaient en garde : « Le choix est donc clair : ou bien ne se soucier que de ses intérêts à court terme, et poursuivre l'expansion exponentielle qui mène le système global jusqu'aux limites de la Terre et à l'effondrement final, ou bien définir l'objectif, s'engager à y parvenir et commencer, progressivement, rigoureusement, la transition vers l'état d'équilibre. » Citations extraites de : Le Club de Rome, *Halte à la croissance ?*, Fayard, 1972.

10. « Selon l'Union française de l'électricité, le développement de la dématérialisation de l'économie et du numérique s'est traduit par une augmentation de la consommation d'électricité. En France, la consommation d'électricité liée à l'usage des TIC [technologies de l'information et de la communication] est estimée à 13 % de la consommation électrique totale » : Ministère de l'Écologie, du Développement durable et de l'Énergie, *L'Environnement en France*, 2014.
11. Stefan C. Aykut, Amy Dahan, *Gouverner le climat ? 20 ans de négociations internationales*, Presses de la fondation nationale des sciences politiques, 2015.
12. Ministère de la Défense, *Horizons stratégiques*, 2015.
13. Ministère de la Défense, *Livre blanc sur la défense et la sécurité nationale*, 2013.
14. Ministry of Defence, *The DCDC Global Strategic Trends Programme 2007-2036*, 2007.
15. L'armée française estime que les crises alimentaires toucheront « près de la moitié de la population mondiale ».
16. « Au cours des trente prochaines années, la raréfaction croissante des ressources naturelles pourrait accentuer les tensions crisogènes, et dégénérer en affrontements armés pour l'appropriation des ressources », selon l'armée française (*Horizons stratégiques*, 2015).
17. Ministère de la Défense, *Horizons stratégiques*, 2015.
18. « L'Afrique subsaharienne (golfe de Guinée, Sénégal, Gambie, Égypte, littoral de l'Afrique australe et orientale), le Proche-Orient et le Moyen-Orient (Gaza, Yémen, etc.) et l'Asie du Sud (Bangladesh, Inde, bassin du Mékong, etc.) devraient être les régions les plus exposées et les plus vulnérables. Au-delà de l'horizon 2040, le nombre de réfugiés climatiques pourrait ainsi atteindre 220 millions de personnes [contre 25 millions au milieu des années 1990, selon l'Observatoire international pour les migrations], dont 14 millions pour le seul Bangladesh. » (*Horizons stratégiques*, 2015.)
19. The CNA Corporation, *National Security and the Threat of Climate Change*, 2007.
20. Dès 1972 à Stockholm, la Conférence des Nations unies sur l'environnement reconnaissait que « grâce aux progrès toujours plus rapides de la science et de la technique, l'homme a acquis le pouvoir de transformer son environnement d'innombrables manières et à une échelle sans précédent » ; mais malgré ce constat, le développement économique restait érigé en objectif « fondamental », « indispensable ». Rien ne devait le remettre en cause.
21. Discours lors de la Conférence environnementale qui a eu lieu les 27 et 28 novembre 2014 à Paris.
22. Assemblée générale des Nations unies, *Transformer notre monde : le Programme de développement durable à l'horizon 2030*, résolution adoptée le 25 septembre 2015.
23. IPCC, *Climate Change 2014*. Le « Groupe d'experts intergouvernemental sur l'évolution du climat » milite aussi, depuis toujours, pour le développement

du nucléaire. Nos grands experts, bien sûr parfaitement neutres puisque c'est la Science objective qui parle à travers eux, combattent également toute perspective de décroissance, à l'image de Jean Jouzel, le vénéré climatologue vice-président du Giec.

24. Manipulation des nuages ? Injection d'aérosols dans la stratosphère ? Accroissement du pouvoir réfléchissant de la terre ? Ensemencement des océans ? Précipitation du CO_2 de l'air ambiant ? Bioénergie avec séquestration du carbone ? Déploiement de miroirs spatiaux ? Le débat est ouvert.

25. Ambassade de France en Allemagne, « État des lieux et perspectives de la géo-ingénierie en Allemagne et en Europe », 31 juillet 2015.

26. Assemblée générale des Nations unies, *Programme d'action d'Addis-Abeba issu de la troisième Conférence internationale sur le financement du développement*, juillet 2015.

27. Ministère de l'Écologie, du Développement durable, des Transports et du Logement, *Plan national d'adaptation au changement climatique*, 2011.

28. « Chronique du terrain vague », *La Gueule ouverte* n° 4, février 1973.

29. Autant de propositions avancées par la fondation GoodPlanet (présidée par Yann Arthus-Bertrand) dans ses *60 Solutions face au changement climatique*, livre officiel du sommet climat 2014 des Nations unies.

30. Olivier Le Naire, *Nos Voies d'espérance. Entretiens avec 10 grands témoins pour retrouver confiance*, Actes Sud/Les liens qui libèrent, 2014.

31. Max Weber, *L'Éthique protestante et l'esprit du capitalisme*, Plon, 1964.

32. Lewis Mumford, *Le Mythe de la machine, Tome II : Le Pentagone de la puissance*, Fayard, 1974.

33. Jacques Ellul, *Le Système technicien*, Calmann-Lévy, 1977.

34. Conseil national du débat, *Synthèse des travaux du débat national sur la transition énergétique*, 2013.

CONTRE LA COP 21, 22, 23...

Par **Vincent Cheynet** et **Bruno Clémentin**

—

Vincent Cheynet est le cofondateur de l'association Casseurs de pub et du journal *La Décroissance*, il est notamment l'auteur de *Décroissance ou décadence* (Le Pas de côté, 2014).
Bruno Clémentin est le cofondateur de l'association Casseurs de pub et du journal *La Décroissance*.

—

« Un beau jour, le pouvoir sera bien contraint de pratiquer l'écologie. Une prospective sans illusions peut mener à penser que, sauf catastrophe, le virage écologique ne sera pas le fait d'une opposition très minoritaire dépourvue de moyens, mais de la bourgeoisie dirigeante, le jour où elle ne pourra faire autrement. Ce seront les divers responsables de la ruine de la terre qui organiseront le sauvetage du peu qui en restera, et qui après l'abondance géreront la pénurie et la survie. Car ceux-là n'ont aucun préjugé, ils ne croient pas plus au développement qu'à l'écologie : ils ne croient qu'au pouvoir, qui est celui de faire ce qui ne peut être fait autrement. »
Bernard Charbonneau (1910-1996), *Le Feu vert*, Karthala, 1980

Le 14 novembre 2015, pour la première fois, nous avons annulé un événement que nous organisions : le Contre-sommet mondial du climat. Nous n'allons pas à nouveau revenir sur les raisons qui nous ont poussés à annuler – le deuil, quelques heures après les attentats commis à Paris –, car nous voulons aller de l'avant. Toutefois, une chose a retenu notre attention : si ce contre-sommet était la seule initiative d'envergure contre la COP 21, il n'en a été fait aucune mention dans les grands médias. Ces derniers ont pourtant accordé une place pour le moins très importante au sommet officiel ainsi qu'à des sujets annexes insignifiants. C'est toujours tout pour la croissance (verte), rien pour la décroissance.

Ce qui est somme toute logique, puisque les grands médias sont la propriété de l'État, mais surtout d'un petit cartel d'affairistes : Pierre Bergé, Xavier Niel et Matthieu Pigasse (*Le Monde*), Patrick Drahi et Bruno Ledoux (*Libération*), Serge Dassault (*Le Figaro*), François Pinault (*Le Point*), Vincent Bolloré (Direct 8), Arnaud Lagardère (Europe 1), etc. Nous pourrions nous en désintéresser en jugeant ce système définitivement hors contrôle. Cependant, se satisfaire d'œuvrer à la vie d'un journal d'opinion comme *La Décroissance* peut vite conduire à une impasse : celle de se contenter d'avoir un verre d'eau propre pendant que l'immense majorité s'abreuve à une source polluée.

Un fait majeur de notre époque est la déconnexion entre la classe médiatico-politique et les citoyens. Cette observation semble particulièrement flagrante au sujet de l'« environnement » : les grands médias ont rapidement produit et imposé leurs propres écologistes maison, à commencer par Nicolas Hulot et Yann Arthus-Bertrand, aujourd'hui Mélanie Laurent et Cyril Dion, afin de diffuser des discours « écolos » taillés sur mesure pour servir les intérêts de leurs propriétaires et pour faire croire en la possibilité du capitalisme vert. Les véritables écologistes se trouvent donc engagés non pas seulement à s'affronter au système productiviste, mais d'abord à dénoncer ceux qui prétendent parler en leur nom dans l'espace médiatique, et qui ne sont en fait que les agents les plus spécieux du système.

Le sociologue Jean-Baptiste Comby l'explique dans *La Décroissance* d'avril 2016 : « Quelqu'un comme Nicolas Hulot est capable de réaliser des coups d'éclat critiques, de remettre en cause le système économique, voire même de prôner la décroissance par moments. C'est un point très important qu'il faut prendre au sérieux : il parvient à brouiller les cartes, à entraîner la confusion et à rallier même des écologistes plus radicaux[1]. » Suivant cette perspective, on ne dira jamais assez les dégâts causés par des personnalités comme Patrick Viveret, le gourou des créatifs culturels, ou Rob Hopkins, la figure emblématique du mouvement de la « transition », qui déconflictualisent tous les débats menant aux questions cruciales et dérangeantes. Leur rôle est bien de subvertir ce qui devrait être subversif dans la remise en cause de la société de l'illimité. Rob Hopkins fait par exemple miroiter la possibilité d'un « capitalisme sans croissance », bel oxymore permettant de glisser sous le tapis toute remise en cause du capitalisme. Pourtant, Paul Jorion le souligne dans son dernier livre : « La décroissance, il faudrait bien sûr s'y engager, et dans l'urgence : il est impossible de continuer à consommer 1,6 fois la Terre chaque année, comme nous le faisons aujourd'hui, sur le long terme » ; et l'anthropologue pose aussitôt sa condition majeure : « La décroissance est impossible dans un cadre capitaliste[2]. »

Une telle radicalité est quasiment inaudible dans un système médiatique où le pluralisme n'est plus que de façade. La diffusion de nos idées est d'autant plus difficile que le rapport de force est totalement inégal : d'un côté de grandes entreprises médiatiques contrôlées par le monde des affaires et l'État, de l'autre les bouts de ficelle des militants. Les citoyens les plus lucides se sentent légitimement impuissants, sans prise sur un système qui pourtant dirige notre destinée. Certains passent donc du côté obscur de la force en monnayant leur notoriété, le plus célèbre étant évidemment José Bové, héraut du Non au Traité constitutionnel européen reconverti en député européen derrière Daniel Cohn-Bendit. Ce dernier ayant très logiquement sa chronique quotidienne sur la chaîne de radio du marchand d'armes et héritier Arnaud Lagardère.

Un lecteur de *Télérama* faisait observer à la rédaction de l'hebdomadaire : « Ça y est, M. Hulot, "sauveur de l'humanité" que vous aimez tant, a été la vedette du congrès des "écologistes". Le Général disait : "Si la télévision se mêle de politique, nous élirons Léon Zitrone." Nous y sommes [3]. » Oui, nous y sommes. Dans notre société de l'image, le média devient ainsi le message. Les citoyens deviennent chaque jour un peu plus incapables de dépasser une apparence qui l'emporte sur tout. Tout n'est plus que spectacle, jusqu'à notre propre effondrement. Les prophéties de Guy Debord se réalisent. « La réalité a perdu sa consistance, seuls les signes comptent », remarque le philosophe Dany-Robert Dufour : «Vous vous apercevez que l'exercice politique aujourd'hui ne consiste plus à vouloir agir sur la réalité, mais à en présenter un semblant, un récit, qui puisse suffisamment satisfaire un public afin de le maintenir le plus longtemps possible dans les limites de la paix sociale. Pour ce faire, il suffit donc de donner aux gens à entendre les discours qu'ils veulent entendre – on appelle cela le *storytelling management*. Pendant ce temps, la technocratie et ses idéaux de croissance infinie soutenus par la finance continuent[4]. » La politique est devenue un théâtre de marionnettes où défilent des vedettes, des « greenpipole », dont la parole fait autorité. Arnold Schwarzenegger, Mélanie Laurent, Leonardo DiCaprio, Sean Penn, Maud Fontenoy, Nicolas Bertrand et consorts remplacent les figures traditionnelles de l'écologie, voire de la morale. Les écologistes officiels déversent une rhétorique débilitante épuisante –« Je suis pour une écologie qui agit, pas qui gémit », dit ainsi François de Rugy–, renvoyant invariablement toute parole véritablement libre à l'extrémisme. À l'image de la classe politique, le point Godwin leur tient lieu d'argument massue pour clore tout débat. Ainsi, l'ex-secrétaire nationale d'EELV devenue ministre, Emmanuelle Cosse, mise en cause pour cumuler sa fonction et un mandat, balaye toute critique en menaçant : « Le Front national sera très content de tout ça[5] ! »

Le grand paradoxe de ce système médiatique est de s'autojustifier et s'autocélébrer constamment au nom de la défense de « nos valeurs », sous-entendu la démocratie et la liberté de la presse, alors que justement ce qui le définit aujourd'hui est son incapacité d'exercer sa fonction de contre-pouvoir : il n'est finalement plus qu'une machine de propagande dont l'une des tâches est d'empêcher toute parole véritablement libre d'émerger, de bannir toute remise en cause du capitalisme, de conforter les intérêts des grandes entreprises, de nous maintenir dans la société de consommation. Les médias et la publicité forment un tout : « Il s'agit d'un véhicule à deux roues dont le moteur est l'audimat », soulignent les universitaires Bernard Floris et Marin Ledun[6].

À l'heure où nous écrivons ces lignes, Élisabeth Badinter est timidement interpellée pour le conflit d'intérêts entre son statut de philosophe laïciste et féministe et son rôle de première actionnaire et présidente du conseil de surveillance de Publicis, groupe dont elle est l'héritière et qui assure la communication de l'Arabie Saoudite. Nous n'avons bien sûr aucun souci à nous faire pour celle que les radios et télés nous vendent à longueur d'antenne comme le Platon des temps modernes.

Notre sujet n'est pas ici de pousser au désespoir, mais de regarder la situation en face, à défaut de quoi nous ne ferons qu'alimenter le système qui nous broie. « La plus haute forme de l'espérance, c'est le désespoir surmonté », affirmait Georges Bernanos. C'est cette espérance qui doit nous engager à agir, sans quoi nous sombrerons dans le nihilisme qui est la voie de la dépression. Une espérance qui ne cherche pas à esquiver les conflits, comme l'affirmait Martin Luther King : « Le grand obstacle à notre mouvement vient des "réalistes" qui vénèrent plus l'ordre que la justice et qui préfèrent une paix négative, caractérisée par l'absence de tension, à une paix positive, caractérisée par la mise au jour des conflits. Encore faut-il bien préciser que nous, qui produisons les actions directes, ne sommes pas ceux qui produisons les tensions. Nous nous contentons de les dévoiler. Nous les faisons apparaître au grand jour pour qu'on puisse les reconnaître et les traiter. »

*

Quel est ce discours si subversif qu'il est interdit de parole publique ? Par exemple, cette courte intervention que nous avions prévu de prononcer lors de notre contre-sommet :

« Voici bientôt un demi-siècle, en 1972, le Club de Rome avertissait : "l'arrêt de la croissance économique est la condition nécessaire et préalable pour toute protection efficace de l'environnement[7]." C'est exactement l'inverse qui sera promu lors du Sommet mondial sur le climat qui va se dérouler en décembre 2015 à Paris : pour le gouvernement français, hôte de l'événement, l'écologie n'est recevable qu'à la condition d'être une "opportunité de croissance" (François Hollande). Financée par des multinationales présentées par le président de la COP 21, Laurent Fabius, comme autant d'"amies du climat", cet événement constituera d'abord en lui-même un grand gaspillage. Surtout, cet énième rendez-vous mondial sera avant tout un nouveau sommet mondial du flagrant déni. “Celui qui croit que la croissance peut être infinie dans un monde fini est soit un fou, soit un économiste”, observait l'économiste Kenneth E. Boulding. Flagrant déni, car la croissance et le développement, fussent-ils “verts” ou “durables”, ne peuvent bien évidemment pas davantage être infinis que les arbres ne peuvent monter jusqu'au ciel. Des évidences enfantines que se refusent autant à voir les si sérieux “experts” que notre classe médiatico-politique. Flagrant déni, car se déresponsabiliser sur une science pervertie en une religion fanatique invoquée pour nous affranchir des lois de la biophysique relève d'une pensée irrationnelle. “Le progrès technique a engendré non pas une économie, mais au contraire une augmentation des consommations”, observe Jacques Blamont, astrophysicien et père du programme aérospatial français. L'année dernière, aux États-Unis, c'est une étude financée par la Nasa qui a fait cette même observation : “Les changements technologiques augmentent la surconsommation.”

Cerise sur le gâteau : dans l'actuel triomphe de la société du spectacle, l'“Envoyé spécial du président de la République pour la protection de la planète” se répand pour cette COP 21 en énormités puériles et grotesques : “Une femme africaine au Maroc m'a dit : Monsieur Hulot, n'oubliez pas à Paris de dire aux chefs d'État que vous allez décider de qui va mourir ou pas !” (*sic*)

Quand les divers responsables de la ruine de la planète viennent donner des leçons de morale écologique à la population, c'est la cause de l'écologie qu'ils discréditent et qui en devient insupportable. Comme tous les précédents sommets engagés dans une impasse, la COP 21 est promise à l'échec. Elle va concourir à l'aggravation de la crise climatique et écologique déjà alarmante.

La situation écologique à laquelle nous a conduits l'idéologie du sans limites est si grave que promettre aujourd'hui d'éviter de grands chocs relèverait d'un nouveau mensonge. Pour faire véritablement face à la réalité, nous devons radicalement nous affranchir de l'idéologie de l'expansion illimitée, de l'idéologie progressiste, libérale et de la sacralisation de l'économie, c'est-à-dire d'une lecture quantitative et comptable de la condition humaine. Si des solutions existent, elles résident dans un véritable progrès humain qui passe par la rupture avec le productivisme, le retour à la rationalité scientifique comme moyen, la quête de dignité et de pluridimensionnalité pour l'homme et la société.

Aujourd'hui, la décroissance est l'épouvantail absolu et l'insulte suprême que se jettent à la figure nos responsables médiatico-politiques. Elle est pourtant notre seule issue positive et réaliste : décroissance des inégalités, décroissance de la vitesse, décroissance de la publicité, décroissance de la tyrannie de la finance, décroissance du gigantisme, décroissance de l'idéologie de la technoscience, décroissance de l'emprise du marché, du numérique… "*Lentius, profundius, suavius*" ! À l'inverse, la "croissance verte" ou la foi en l'"(éco-)innovation", le "développement durable", la "transition", le "survivalisme" ou l'écostalinisme ne constituent en aucun cas des réponses. Au contraire, ils sont chacun aussi à leur manière des symptômes de l'idéologie dominante ; ils ne font que nous enfoncer plus encore dans l'impasse actuelle. »

Un propos déjà valable pour la COP 22, qui doit se tenir cette année 2016 au Maroc.

1. « L'écocitoyenneté, une morale de petits-bourgeois », *La Décroissance* n° 128, avril 2016. Jean-Baptiste Comby est l'auteur du livre *La Question climatique. Genèse et dépolitisation d'un problème public* (Raisons d'Agir, 2015).
2. Paul Jorion, *Le Dernier qui s'en va éteint la lumière*, Fayard, 2016.
3. *Télérama* n° 3 176, 24 novembre 2010.
4. « Les progressistes à l'assaut de l'humain », *La Décroissance* n° 113, octobre 2014.
5. Canal +, 11 mars 2016.
6. Bernard Floris et Marin Ledun, *La Vie marchandise*, La Tengo, 2013.
7. Édouard Pestel dans *Halte à la croissance ? Rapport sur les limites à la croissance*, Fayard, 1972.

EFFONDREMENT

QUAND L'EXPANSION EXPIRE

Entretien avec **Joseph Tainter**

—

Anthropologue, il a notamment écrit *The Collapse of Complex Societies* (Cambridge University Press, 1988) et *Drilling Down: The Gulf Oil Debacle and Our Energy Dilemma* (Copernicus, 2011).

—

Pour commencer, pourriez-vous définir ce qu'est une société complexe: par quoi se caractérise-t-elle ? En quoi est-elle une anomalie dans l'histoire de l'homme ?

Les peuples de chasseurs-cueilleurs, ce qu'étaient toutes les sociétés humaines autrefois, n'avaient pas plus d'une poignée d'occupations, et peut-être une petite douzaine de types sociaux différents. Aujourd'hui, par contraste, les sociétés industrielles sont composées de milliers d'occupations et de centaines de milliers d'institutions de toutes sortes. Nous avons des technologies, des institutions, des rôles sociaux et des personnalités hautement spécialisés. Nous traitons de grandes quantités d'informations. Dans une société humaine, ces caractéristiques forment l'essence de la complexité. On peut considérer qu'une société est composée d'une structure et d'une organisation. La structure concerne le nombre, la nature et l'arrangement des différentes parties de la société – les rôles, les institutions et ainsi de suite. L'organisation a trait aux contraintes imposées sur le comportement de ces parties. Une société complexe est constituée de nombreuses parties, dont les types sont particulièrement différents. Elle se compose aussi d'une organisation qui exige que ces parties se conduisent de certaines manières. L'organisation consiste en des normes, des coutumes, des lois, des relations sociales, et toute autre régulation qui contraint les comportements. Sans organisation, une société n'est pas complexe.

Nos premiers ancêtres humains identifiables sont apparus il y a 4 millions d'années, et l'*Homo sapiens* (notre espèce) existe depuis au moins 200 000 ans. Pendant la plus grande partie de cette période, nous avons vécu dans des petits groupes simples, d'une poignée jusqu'à quelques douzaines d'individus, qui assuraient leur subsistance. Ce n'est que depuis 10 000 ans que certaines sociétés humaines ont commencé à grossir et à se complexifier. Cette évolution s'est poursuivie jusqu'à aujourd'hui. La tendance à se développer en complexité ne s'est donc déroulée que sur environ 5 % de l'histoire humaine, et seulement dans quelques parties de l'humanité. En ce sens, la manière dont nous vivons actuellement est une anomalie. Statistiquement, les conditions humaines normales ont été faites de faibles niveaux de complexité et d'une organisation simple.

Pourriez-vous résumer votre analyse de l'effondrement des civilisations passées : pourquoi les sociétés complexes sont éphémères et finissent toujours par se heurter à la loi des rendements décroissants ?

Dans tout système vivant, la complexité a un coût métabolique. C'est une question de thermodynamique élémentaire : contrer la tendance naturelle à l'entropie ou à la désagrégation nécessite de l'énergie. Plus une société (ou tout autre système vivant) est complexe, plus elle requiert de l'énergie. Pour les plantes et les animaux, cette énergie prend la forme de calories, à absorber quotidiennement. Chez les hommes, nous comptabilisons les coûts de la complexité par des devises comme le travail, l'argent, le temps, ou les nuisances. Dans tous ces cas, il s'agit de transformation d'énergie.

Nous ne percevons pas les coûts de la complexité aujourd'hui, car ils sont subventionnés par les combustibles fossiles. Sans ces derniers, les sociétés modernes ne pourraient pas être aussi complexes qu'elles le sont. Avant le développement des énergies fossiles, quand une société devenait plus complexe, cela signifiait que les *gens* devaient travailler davantage. Aucun de nous n'aime travailler plus dur ; donc, dans le passé, il fallait toujours limiter la croissance des coûts de la complexité pour éviter un surcroît de labeur. Cela conduit à une question déroutante : si la complexité reposait sur une intensification du travail pour nos ancêtres, pourquoi les sociétés humaines se sont-elles quand même complexifiées ?

La complexité se développe sous deux conditions : qu'il y ait un surplus d'énergie pour l'alimenter, ou qu'elle réponde à un besoin. Considérons la première condition : ajoutez de l'énergie à un système vivant, et la plupart du temps ce système se complexifiera. Ajoutez de l'azote à un écosystème désertique, par exemple, et ce système sera plus complexe avec la poussée de la végétation. C'est la même chose dans les sociétés humaines. Donnez-nous plus d'énergie, et nous trouverons des manières de l'utiliser. C'est ainsi que l'ère moderne a surgi. Notre manière de vivre est possible grâce aux carburants fossiles. Mais, historiquement, les humains n'ont pas disposé très longtemps d'un trop-plein d'énergie. Puisque nous trouvons rapidement des manières de l'utiliser, les phases d'énergie excédentaire dans nos sociétés tendent à être rares et courtes. Elles sont si rares que nous les désignons avec des noms comme « révolution agricole » ou « révolution industrielle ». Un jour, des gens regarderont en arrière l'ère des combustibles fossiles et réaliseront à quel point elle était courte.

La plupart du temps, la complexité s'accroît parce qu'elle est très utile pour résoudre des problèmes. Confrontés à des difficultés, les solutions que nous mettons en place tendent à impliquer plus de technologies élaborées, la prolifération de rôles sociaux et de spécialisations, le traitement d'une plus grande quantité d'informations, ou l'engagement dans de nouvelles sortes d'activités.

Par exemple : 1. Pour faire face au problème du terrorisme, nous créons des structures différenciées (de nouvelles agences gouvernementales) et augmentons l'organisation : le contrôle sur des types de comportement d'où une menace peut émerger. Comme nous le savons, cela a engendré des coûts à la fois monétaires et autres qui se répercutent sur chacun d'entre nous. 2. Pour gérer les problèmes de consommation de pétrole et de pollution, les constructeurs automobiles vendent maintenant des voitures hybrides avec deux moteurs, à essence et à électricité, là où auparavant un seul suffisait. La structure a été différenciée. L'organisation passe par un système électronique et informatique qui permet de faire fonctionner les deux moteurs ensemble.

La complexité est une fonction économique. Elle se chiffre par des coûts et des bénéfices. Mais le ratio coûts/bénéfices n'est pas constant. Il évolue avec la croissance de la complexité. Comme pour tout processus économique, la complexité dans la résolution de nos problèmes atteint le point que l'on connaît sous le nom de « rendements décroissants » : passé un seuil, vous payez de plus en plus pour obtenir de moins en moins de bénéfices. Quand ce niveau est atteint, une société est fragilisée sur le plan fiscal et devient moins capable de résoudre ses problèmes.

Nous pouvons voir dans les crises financières en Europe et aux États-Unis que nous avons atteint les rendements décroissants, car notre capacité à résoudre les problèmes financiers passe par l'endettement croissant des États. Alors que le pétrole devient de plus en plus cher, et qu'il est plus dur de trouver et d'acquérir de nouvelles sources, nous avons plus de difficultés à payer davantage de complexité. Après avoir épuisé l'énergie bon marché et la dette abordable, nous perdons notre capacité à résoudre nos problèmes.

C'est précisément le processus qui a entraîné l'effondrement d'anciennes sociétés. Quand une civilisation comme l'Empire romain s'est complexifiée pour faire face à des crises successives, les taxes ont augmenté, les paysans ont abandonné leurs terres, les champs à faible rendement n'ont plus été cultivés, et le gouvernement subissait une crise fiscale après l'autre. Tout ceci n'a été entrepris que pour maintenir le *statu quo*. C'est un cas classique où la complexification des réponses apportées aux problèmes de la société s'est heurtée aux rendements décroissants. La société a été fragilisée sur un plan fiscal, et est donc devenue vulnérable à l'effondrement. L'effondrement est la simplification rapide d'une société. Ainsi, après l'effondrement romain, l'Europe occidentale est entrée dans le haut Moyen Âge, période pendant laquelle les sociétés étaient largement simplifiées.

Vous écrivez dans *Drilling Down* que les sociétés ne renoncent à la course à la complexité qu'en situation d'effondrement. Notre époque semble corroborer votre point de vue : alors que nous savons que nous devons préserver des ressources en déclin et limiter le réchauffement climatique, nous poursuivons un mode de vie destructeur, et les gouvernements font de la croissance économique leur priorité. Comment analyseriez-vous notre situation : pensez-vous que nous pousserons le système productiviste jusqu'au maximum de ses possibilités ? Comment expliquer que nous ne décidions pas de mettre fin à cette fuite en avant destructrice alors que de multiples rapports scientifiques nous alertent depuis plus de 40 ans (comme, par exemple, le rapport au Club de Rome *Les Limites à la croissance*) ?

Il est primordial de comprendre que les humains n'ont pas évolué jusqu'à avoir la capacité de réfléchir sur de larges échelles, de temps ou d'espace. Dans notre histoire en tant qu'espèce, il n'y a jamais eu de sélection naturelle fondée sur cette aptitude. Puisque nous n'avons pas progressé pour penser globalement en matière de temps ou d'espace, la plupart des gens n'y réfléchissent pas. L'échelle à laquelle nous sommes capables de penser est locale et fondée sur le court terme. En outre, les humains ne sont pas des penseurs rationnels (bien que nous disions l'être). Les humains sont des penseurs émotionnels.

Chacun de nous a été socialisé selon les modes de pensée propres à une culture spécifique. Nous apprenons que les expériences de vie les plus précoces ont conduit le cerveau à développer des connexions neuronales de manière spécifique. De la même façon, notre socialisation dès la petite enfance nous conditionne tout le reste de notre vie à certains schémas de pensée. De plus, la socialisation nous enseigne que les circonstances dans lesquelles nous baignons sont les conditions normales de la vie humaine.

Ces caractéristiques expliquent pourquoi nous sommes incapables d'agir de manière rationnelle pour éviter des problèmes futurs. Nous pensons que notre manière actuelle de vivre est normale, bien qu'elle soit en fait une aberration dans l'histoire humaine. Puisque nous n'avons pas évolué jusqu'à être des penseurs du long terme, nous ne sommes pas bons pour anticiper le futur à long terme, ni pour le planifier. Dans un monde globalisé, il est important de comprendre les forces lointaines qui affectent nos vies. Pourtant nous ne faisons attention qu'aux problèmes qui sont immédiats et locaux. Aux États-Unis, les éditeurs de journaux ont comme adage: «Toute information est locale.» Un fameux homme politique américain disait autrefois que toute politique était locale. C'est notre nature. Mais la soutenabilité requiert précisément l'opposé, la capacité de penser rationnellement, à une large échelle, et sur le long terme. Ce dont notre évolution ne nous a pas rendus capables.

Quel scénario envisagez-vous pour notre civilisation actuelle ? Faut-il s'attendre à un effondrement par manque d'énergie bon marché ?

Je crains que ce que nous affrontions dans les prochaines décennies ne soit pas un effondrement (c'est-à-dire une rapide simplification), mais une économie sans croissance. Cela est parfois appelé une économie à état stationnaire, et quelques-uns défendent de telles perspectives. Une économie stable était la condition humaine normale jusqu'à la révolution industrielle. Mais une telle économie impliquerait un mode de vie que nous n'aimerions pas. Dans une économie stationnaire, le taux de natalité doit être égal au taux de mortalité. Cela signifierait que les gens auraient besoin d'un permis pour avoir un enfant. Le taux de chômage serait élevé. Pour qu'une personne puisse s'enrichir économiquement, une autre devrait s'appauvrir. Personne ne choisira une telle économie, mais je crains que cela ne s'impose, à cause des coûts croissants de prospection et de production de pétrole.

Cet effondrement n'a-t-il pas déjà commencé, alors que le simple maintien des économies à une croissance zéro est de plus en plus coûteux et que nous devons puiser une énergie toujours plus lointaine pour ne faire que stabiliser notre niveau de complexité actuel ?

Nous faisons face à plusieurs problèmes convergents. Aux États-Unis, et dans d'autres nations industrialisées, ces problèmes incluent: 1. le financement des retraites de la génération du baby-boom; 2. l'augmentation constante des coûts de la santé; 3. le remplacement des infrastructures qui se dégradent; 4. l'adaptation au changement climatique et la réparation des dommages causés à l'environnement; 5. le développement de nouvelles sources d'énergie; 6. selon toute vraisemblance, des dépenses militaires toujours fortes; et 7. un besoin d'investissements accrus dans l'innovation.

Résoudre chacun de ces problèmes à part serait très coûteux, mais cela serait peut-être faisable. Notre grande difficulté, c'est qu'ils convergent, et cela pour les décennies à venir. Nous devons faire face à tous ces problèmes à la fois. En même temps, nous devons maintenant trouver du pétrole dans des endroits qui sont profonds, sombres, froids, isolés et dangereux. Cela demande des technologies de plus en plus complexes, qui sont vulnérables aux accidents, comme nous l'avons vu avec la plate-forme Deepwater Horizon dans le golfe du Mexique. Ces technologies complexes requièrent de grandes dépenses en capitaux, donc le coût du pétrole nécessaire au maintien de notre mode de vie et à la résolution de nos problèmes continue à monter. En particulier aux États-Unis, cela fait partie de notre système de croyances de penser que nous résoudrons les problèmes futurs grâce à la technologie. Pourtant, les recherches que j'ai menées avec mes collègues Deborah Strumsky et José Lobo montrent que la productivité de notre système d'innovation décline. Nous réalisons de moins en moins d'innovations, comparé aux ressources que nous y investissons. Notre système d'innovation a atteint le point des rendements décroissants. Dans une génération ou deux, nous ne serons pas capables de nous offrir la recherche dont nous disposons aujourd'hui. Cela serait trop improductif. Dans le futur, nous serons donc de moins en moins capables de résoudre nos problèmes par les innovations techniques. Sans la technologie pour faire face à la déplétion des ressources, le coût de l'énergie et des autres ressources prendra des parts de plus en plus importantes de notre richesse. Il y aura dès lors moins d'argent pour l'éducation, les infrastructures, la consommation et les autres dépenses qui maintiennent le fonctionnement de nos économies.

Comment risque de se manifester l'effondrement d'une société aussi complexe que la nôtre ? Toute notre existence repose sur de grands réseaux techniques (transports, électricité, Internet...), sur des échanges mondiaux de monnaie et de marchandises, sur une agriculture industrielle, sur des services publics, etc. Des esclaves énergétiques répondent à tous nos besoins. Quelle pourrait être l'ampleur d'un effondrement sur nos vies quotidiennes ?

Je ne prédis pas un effondrement dans le futur proche. Mais dans l'intérêt de la démonstration, nous pouvons envisager ce à quoi ressemblerait un effondrement global. Un effondrement de nos sociétés complexes serait un désastre allant au-delà de ce que nous pouvons imaginer. Ce serait la pire catastrophe de l'histoire humaine.

Les deux tiers de la population sur Terre sont aujourd'hui en vie grâce au pétrole. C'est-à-dire qu'ils sont en vie grâce à la production industrielle de nourriture, aux installations sanitaires et à la médecine modernes, tout ceci reposant sur du pétrole. Sans pétrole, nous ne pourrions plus maintenir notre niveau de population ou notre mode de vie.

Nos économies fonctionnent sur la dette. Sans finance, les puits de pétrole ne sont pas forés, les champs ne sont pas ensemencés, les gouvernements ne peuvent pas assurer leurs dépenses, les automobiles ne sont pas vendues, les biens et les personnes ne sont plus transportés, les usines tournent au ralenti, et les gens sont au chômage. L'endettement n'est possible que quand les économies sont en croissance, mais une économie en croissance nécessite de plus en plus d'énergie. Sans une énergie bon marché pour alimenter la croissance, l'endettement n'est pas faisable.

Si le système de transports tombe en panne, à cause d'un manque d'énergie ou de finance, les villes n'auront plus de nourriture. En trois mois, peut-être 3 ou 4 milliards de gens mourraient. La population mondiale chuterait finalement à 2 milliards, contre 7 milliards aujourd'hui. L'espérance de vie tomberait à environ 40 ans. Nous dépendrions à nouveau de l'énergie solaire, et la plupart d'entre nous seraient paysans. Dans une économie de subsistance, une femme aurait peut-être six enfants, dont deux vivraient jusqu'à l'âge adulte. Les autres mourraient dans leur petite enfance ou dans leur jeunesse. L'instruction ne serait à nouveau accessible qu'aux plus riches. Les structures sociales ressembleraient à celles du Moyen Âge. Il n'y aurait pas de démocratie, sauf peut-être dans quelques localités. Nous perdrions le plus gros de notre système de médecine industrialisée. Une maladie comme l'appendicite, que nous considérons comme insignifiante, serait à nouveau une horrible cause de mortalité.

Parmi ceux qui redoutent l'effondrement de la société industrielle, les survivalistes appellent à stocker de la nourriture, à répondre au maximum à ses besoins, mais aussi à s'armer et à se préparer à une guerre de tous contre tous pour s'accaparer les dernières ressources... Comment faire face à de telles perspectives ? Comment se détacher de l'emprise des grands réseaux techniques et gagner en autonomie dans notre contexte de concentration de la propriété et d'urbanisation massive ? Comment se comporter dans une situation d'effondrement ?

Seulement quelques personnes se prépareront à de telles perspectives. Pour la plupart, en revanche, il n'est pas possible de penser à acquérir de la terre et à cultiver sa propre nourriture. Il n'y a pas assez de terre disponible pour que chacun puisse en acheter, et beaucoup de personnes n'auraient pas assez d'argent pour un tel investissement. Et puis, les gens n'ont plus la connaissance et le savoir-faire pour cultiver. Dans tous les cas, la plupart ne croiraient pas qu'un effondrement soit susceptible d'arriver, et ne se prépareraient donc pas.

La part de l'avenir qui est peut-être la plus difficile pour nous à accepter, c'est qu'il est hors de notre contrôle. Le futur s'imposera, que nous le voulions ou non, que nous soyons préparés ou non. Nous sommes tous soumis aux lois de la physique, aux lois de l'économie, aux structures de l'histoire et à notre propre nature. Celles-ci sont immuables.

[Interview et traduction : Pierre Thiesset]

PEUT-ON ÉVITER LA REVANCHE DE GAÏA ?

Par **Serge Latouche**

—

Économiste, il est l'auteur de nombreux ouvrages sur la décroissance, dont *Le Pari de la décroissance* (Fayard, 2006), *Vers une société d'abondance frugale* (Mille et une nuits, 2011), et *L'Âge des limites* (Mille et une nuits, 2012).

—

Les générations actuelles sont les premières à voir surgir le spectre de limites infranchissables. Les avertissements sans frais des années 1970, avec le rapport du Club de Rome intitulé *The Limits to Growth* [« Les limites à la croissance »], n'ayant pas été suivis d'effets, le refoulement des limites et le viol de la mesure font rejaillir celles-ci sous la forme de catastrophes : événements météorologiques extrêmes, contamination nucléaire, pandémies nouvelles, fin du pétrole bon marché, épuisement des ressources naturelles renouvelables et non renouvelables, effets délétères des produits de synthèse, *contre-productivité* de nos systèmes techniques, crises sociales et échec cuisant de la promesse du bonheur, menaces intégristes et terroristes, révoltes identitaires. Le changement climatique ne constitue en quelque sorte que la partie émergée de cet immense iceberg sur lequel vient se fracasser le *Titanic* de la société de croissance. La revanche de Gaïa est en marche. L'impact de l'action humaine atteint maintenant un seuil tel que celle-ci perturbe et modifie le fonctionnement de l'écosystème terrestre. Notre *surcroissance* économique se heurte aux limites de la finitude de la biosphère. Elle dépasse déjà largement la capacité de charge de la Terre. Si l'on prend comme indice du « poids » environnemental de notre mode de vie « l'empreinte » écologique de celui-ci en superficie terrestre ou espace bioproductif nécessaire, on obtient des résultats insoutenables tant du point de vue de l'équité dans les droits de tirage sur la nature que du point de vue de la capacité de régénération de la biosphère. L'astronome royal *sir* Martin Rees, auteur de *Notre Dernier Siècle ?* (*Our Final Century*), donne une chance sur deux à l'humanité de survivre au XXIe siècle [1]. Plus pessimiste encore, à 86 ans, le grand savant écologiste James Lovelock, avec *La Revanche de Gaïa* (*The Revenge of Gaia*), ne laisse pratiquement aucune chance à notre civilisation, et seulement un petit espoir de survie misérable autour des zones polaires à un maximum de 500 millions d'individus[2].

Certes, les prévisions sont particulièrement délicates pour le futur – pour le passé, c'est beaucoup plus simple ! Toutefois, pour le long terme, nous avons des déterminants géophysiques et des tendances lourdes à évolutions très lentes, comme la démographie. Nous avons aussi des données techniques en matière de ressources naturelles : les surfaces de terres disponibles et détruites, les capacités de régénération de la biosphère, la perspective de la fin du pétrole, géologiquement programmée, ou encore le temps de dissipation des gaz à effet de serre (environ 100 ans pour le CO_2). Tout cela induit des évolutions irréversibles, comme la hausse de la température de deux degrés minimum d'ici la fin du siècle, désormais une certitude après le cinquième rapport du Giec (Groupe intergouvernemental sur l'évolution du climat). On risque même très fortement d'arriver à cinq ou six, si nous continuons à ne pas faire grand-chose. Or deux degrés, c'est déjà la catastrophe. Cela signifie des millions d'émigrés de l'environnement. Que fera-t-on de cinquante millions de Bangladeshis alors qu'on est incapable d'accueillir quelques milliers d'Africains ou de Syriens ?

Pour brosser la toile de fond de l'effondrement possible de l'empire, on peut se baser sur les scénarios des experts du MIT dans leur troisième rapport au Club de Rome, *Limits to Growth. The 30-Year Update*. Le modèle systémique « World 3 » testé sur plus d'un siècle est un bon outil pour prévoir des tendances lourdes[3]. Ce troisième rapport précise que suivant les mesures palliatives plus ou moins sérieuses, l'échéance de l'effondrement se situe entre 2030 et 2070 : 2030, en raison de la crise des ressources non renouvelables (pétrole, gaz, charbon, uranium, terres rares, autres minéraux et aussi l'eau) ; 2040, en raison des pollutions, du dérèglement climatique, de la mort des océans ; 2070, en raison de la crise de l'alimentation, de la désertification, de la déforestation dans le monde.

La seule chance d'échapper à la sixième extinction des espèces ou d'éviter un effondrement chaotique menant à un écototalitarisme dont la science-fiction nous a donné de saisissantes anticipations, comme le roman et le film *Soleil vert*, serait de se lancer dans la révolution de la décroissance. La rupture d'avec le productivisme et le consumérisme pourrait prendre la forme d'un « cercle vertueux » de sobriété choisie en huit « R » : Réévaluer, Reconceptualiser, Restructurer, Relocaliser, Redistribuer, Réduire, Réutiliser, Recycler. Ces huit objectifs interdépendants dessinent une utopie dans le meilleur sens du terme, c'est-à-dire la construction intellectuelle d'un fonctionnement idéal. Cependant, cette utopie est aussi concrète, en ce sens qu'elle part des données existantes et des évolutions souhaitables pour tenter de construire un autre monde, rien moins qu'une nouvelle civilisation.

Quelles chances avons-nous de réaliser un tel futur en faisant l'économie de l'apocalypse ? Elles sont très faibles ; non parce que la connaissance scientifique de la menace serait trop incertaine, mais parce que la colonisation de l'imaginaire de nos contemporains et l'intérêt à court terme des *décideurs* ne favorisent pas la nécessaire mise en œuvre des mesures radicales affectant notre mode de vie, avant d'être confrontés de manière directe à un désastre dont les effets auraient commencé de se manifester de façon évidente au regard collectif. Les mesures envisagées à la Conférence climat de Paris, si tant est qu'elles soient adoptées, restent très en dessous de ce qui serait nécessaire pour répondre au défi. Il n'est pas inutile cependant de préparer par la réflexion et des expériences concrètes la construction d'un futur dont la mise en œuvre serait éventuellement postérieure à l'effondrement, si celui-ci ne peut être évité. Pour beaucoup d'acteurs, d'ailleurs, selon la leçon de Joseph Tainter, l'effondrement peut être souhaitable, dans la mesure où il signifie celui des capacités de nuisance des grands prédateurs, et qu'il favorise un développement des capacités de résilience des populations, et donc la mise en œuvre de l'abondance frugale conforme au projet de société de décroissance.

1. Martin Rees, *Notre Dernier Siècle ?*, J.-C. Lattès, 2004.
2. James Lovelock, *The Revenge of Gaia. Earth's Climate Crisis and the Fate of Humanity*, Allen Lane, 2006. Trad. française : *La Revanche de Gaïa. Pourquoi la terre riposte-t-elle ?*, Flammarion, 2007.
3. Voir Donella Meadows, Dennis Meadows, Jorden Randers, *Limits to Growth. The 30-Year Update*, Chelsea Green Publishing, 2004.

LA POULE AUX ŒUFS D'OR

Par **François Roddier**

—

Physicien et astronome, il est l'auteur de *Thermodynamique de l'évolution. Un essai de thermo-bio-sociologie* (Parole éditions, 2012) et *Le Pain, le levain et les gènes. Un essai sur l'évolution* (Parole éditions, 2009).

—

Je souhaiterais ici vous faire part de mon expérience en tant que chercheur en sciences de l'univers (astronomie-géophysique). J'ai choisi cette voie en 1959 parce que j'étais plus intéressé par la recherche fondamentale que par ses applications. Je croyais alors naïvement que les chercheurs décidaient eux-mêmes des orientations les plus susceptibles de faire avancer nos connaissances. Je me suis rapidement aperçu que ces décisions étaient prises d'en haut par des technocrates, suivant des critères obscurs, généralement liés à d'éventuelles applications industrielles ou militaires.

Dans le cas de l'astronomie, cela me paraissait franchement bizarre jusqu'au jour où je me suis rendu compte que le critère principal était la faveur du grand public (il faut bien que nos dirigeants se fassent élire !). J'ai passé ensuite ma vie à tenter de détourner des moyens de financement de grands programmes aussi dispendieux qu'inutiles vers des recherches qui me paraissaient à la fois moins coûteuses et bien plus prometteuses. Je disais alors à qui voulait l'entendre : *on est en train de tuer la poule aux œufs d'or*.

Aujourd'hui, la poule est à l'agonie. Les partisans de la croissance s'en lamentent. Je crains que certains partisans de la décroissance ne s'en réjouissent. Je donne tort aux uns comme aux autres. La poule, c'est en fait toute notre civilisation. On sait aujourd'hui que les civilisations naissent, se développent, vieillissent et meurent. Lorsque j'étais jeune, je m'étonnais que les habitants de l'île de Pâques aient pu abattre tous leurs arbres sans se rendre compte de ce qu'ils faisaient. Je pensais qu'en aucun cas une civilisation comme la nôtre ne ferait une telle bêtise. C'est pourtant ce que nous avons fait en brûlant nos ressources fossiles au point de provoquer un réchauffement climatique. Aujourd'hui, les technocrates appellent au secours les chercheurs en sciences de l'univers. Ma réponse est : c'est trop tard !

Une aventure similaire est arrivée aux Mayas d'Amérique comme aux Sumériens de Mésopotamie. On parle aujourd'hui de « cerveau global ».

L'effondrement des civilisations conduit à une prise de conscience collective des individus qui les composent. Ceux-ci s'interrogent sur les causes de l'effondrement. Qu'avons-nous fait? La civilisation méditerranéenne s'est effondrée en 1177 av. J.-C., à la fin de l'âge du bronze. Vers cette époque apparaissait le monothéisme avec l'Ancien Testament. Celui-ci nous en offre une explication, celle du veau d'or: le dieu de Moïse nous punit à cause de notre cupidité. 1 600 ans plus tard, l'Empire romain s'effondre. Le Nouveau Testament nous propose une nouvelle explication: nous sommes punis à cause de nos disputes entre monothéistes et polythéistes. Le message est celui des chrétiens: aimons-nous les uns les autres.

Ce message a présidé à l'essor du Moyen Âge, jusqu'à ce que de nouvelles querelles religieuses apparaissent. Celles-ci ont été surmontées au siècle des Lumières. Celui-ci nous a conduits à la révolution industrielle, mais aussi au réchauffement climatique. 1 600 ans après l'effondrement de l'Empire romain, nous sommes à nouveau au bord du gouffre. Comment le cerveau global de l'humanité va-t-il réagir? Quel nouveau péché avons-nous commis? S'il paraît difficile d'éviter de nouvelles querelles, la leçon semble claire: nous avons péché par orgueil. En mettant le pied sur la Lune, l'homme a cru s'affranchir des lois de la nature. Comme le dit l'entrepreneur lyonnais Romain Ferrari, il est grand temps qu'il remette les pieds sur terre.

Si notre poule aux œufs d'or va s'éteindre, un de ses œufs va un jour éclore. Quelle consigne allons-nous laisser à nos descendants? Pour moi, la réponse est claire: c'est une leçon d'humilité. Nous avons pour la première fois une explication rationnelle à ce qui nous arrive, mais elle est encore très mal comprise. La vie est un processus naturel de dissipation d'énergie. Nous sommes faits pour dissiper l'énergie. Dès qu'une source d'énergie apparaît, nous nous précipitons vers elle comme les insectes vers la lumière à laquelle ils se brûlent. Allons-nous enfin en devenir conscients?

Une seule loi pourrait aujourd'hui remplacer les dix commandements de Moïse: la loi fondamentale de la thermodynamique, dite loi de Carnot. Elle s'énonce ainsi: on ne peut *durablement* dissiper l'énergie que par des cycles fermés de transformation extrayant de la chaleur d'une source chaude pour en rendre une partie à une source froide. Nous commençons seulement à en percevoir les implications. La première est que cette loi met en jeu non seulement l'Homme, mais toutes les formes terrestres de dissipation d'énergie, un ensemble que certains dénomment Gaïa.

Une seule forme d'énergie est autorisée. Elle est fournie par le Soleil, notre source chaude à 6 000 K. Notre source froide est le ciel nocturne à 3 K. Elle implique que nous prenions soin de la couche d'ozone qui nous en sépare. Quant aux cycles de transformations, ils mettent en jeu toutes les formes de vie terrestre. On peut considérer Gaïa comme un moteur à deux temps. Dans un premier temps, les plantes captent l'énergie solaire et l'emmagasinent sous forme de carbone chimiquement réduit. Dans un second temps, l'oxydation du carbone dégage la chaleur émise sous forme de rayonnement infrarouge en direction du ciel nocturne.

Les moteurs thermiques sont naturellement instables. Ils fonctionnent grâce à des suites d'explosions et d'extinctions. James Watt a dû équiper sa machine à vapeur d'un régulateur à boules. L'humanité va devoir réguler son propre développement. Elle pourra pour cela s'inspirer de la biologie (on parle de biomimétisme). Elle devra passer d'un stade d'organisation semblable à celui des écosystèmes à l'intérieur desquels règne une compétition darwinienne à un stade d'organisation plus complexe, semblable à celui d'un organisme multicellulaire. Cela implique le développement de multiples voies métaboliques, chacune associée à des monnaies-enzymes différentes. Elles sont la clé des mécanismes de régulation du corps humain.

COP 21
BOULEVARD DE L'*OVERSHOOT*

Par **Agnès Sinaï**

—

Journaliste et directrice de l'institut Momentum. Derniers ouvrages publiés : *Penser la décroissance* (Presses de Sciences Po, 2013) et *Économie de l'après-croissance* (Presses de Sciences Po, 2015).

—

À la veille de l'adoption de l'accord de Paris sur le climat, le 11 décembre 2015, en pleine COP 21, des scientifiques viennent tirer la sonnette d'alarme. Pour Hans Joachim Schellnhuber, directeur du Potsdam Institute for Climate Impact Research (PIK), « stabiliser les températures implique de s'orienter vers zéro émission comme objectif planétaire d'ici à 2050 pour avoir une chance d'y parvenir. Or la formulation actuelle propose la "neutralité des émissions" au cours de la deuxième moitié du siècle ».

Le concept de « neutralité des émissions » suppose que les excédents de carbone pourraient être retirés de l'atmosphère par le maintien et la plantation de forêts, mais aussi par des systèmes de géo-ingénierie et de captation du carbone à grande échelle. Pour Johan Rockström, directeur du Stockholm Resilience Centre, « le langage de la "neutralité des émissions" ouvre la possibilité de compter sur des puits de carbone géants tout en continuant à brûler des combustibles fossiles. C'est un futur très risqué ».

Finalement, l'expression « neutralité des émissions » disparaît de l'accord, mais en devient le bras armé. Le texte, en son article 4, enjoint les États-parties « à parvenir à un équilibre entre les émissions anthropiques par les sources et les absorptions anthropiques par les puits de gaz à effet de serre au cours de la deuxième moitié du siècle, sur la base de l'équité, et dans le contexte du développement durable et de la lutte contre la pauvreté ». Les « absorptions anthropiques par les puits de gaz à effet de serre » instituent une nature-usine anthropisée, c'est-à-dire censée être pilotée et pilotable par l'Homme tout-puissant.

Il risque d'en aller tout autrement dans la réalité. Les fureurs de Gaïa, si bien représentées dans un récent album d'Enki Bilal, *La Couleur de l'air*, échappent au calcul mathématique de coin de table d'économistes consistant à additionner les plus et les moins des excédents des émissions, en dehors de toute représentation ancrée dans le réel de la vibration du monde vivant. Pour Joeri Rogelj, de l'Institut international d'analyse appliquée des systèmes, « le langage de compromis sur la neutralité des émissions occulte le fait que les émissions de CO_2 devront tomber à zéro pour stabiliser le réchauffement. Nous devons atteindre un pic global des émissions d'ici à 2020. Dépasser le budget carbone voudrait dire pouvoir retirer les excédents de l'atmosphère à une échelle massive ».

Kevin Anderson, directeur adjoint du centre Tyndall pour la recherche sur le changement climatique, tempête : « Soyons sérieux ! Si nous voulons un cadre à 1,5°C, il faut baisser les émissions globales de 15 à 20 % par an dès à présent ! Ce qui veut dire qu'il nous faut sérieusement songer à réduire la demande. Mais cette réduction doit venir des gros émetteurs. Y compris la plupart d'entre nous dans cette pièce. »

La feuille de route du monde réel des pays riches devrait être claire : réduire immédiatement leurs émissions globales de 15 à 20 % par an implique un changement de civilisation, une bifurcation des sociétés industrielles sommées de consommer pour absorber les excédents du productivisme, vers un modèle de rupture. Dès aujourd'hui, les États, sans attendre la date lointaine de 2020, devraient au minimum s'engager à réviser annuellement leurs intentions de réductions d'émissions (dites INDC dans le jargon).

À la clé, c'est vers une économie de la sobriété qu'il faudrait immédiatement s'orienter. L'économiste Nicholas Georgescu-Roegen n'avait-il pas dessiné les contours de cette bifurcation en écrivant son « Programme de bioéconomie minimal », par lequel il enjoignait les nations à se libérer de la mode, qui induit l'obsolescence, et à utiliser parcimonieusement l'énergie[1] ?

Aujourd'hui, face à la dérive de l'effet de serre, il s'agit d'adopter un « Programme de bioéconomie maximal ». Cette rupture civilisationnelle devrait prendre trois formes. La première tendrait à mettre un terme à la mondialisation. Comme l'ont justement pointé les auteurs de *Gouverner le climat*[2], il n'est plus possible d'envisager séparément le régime climatique et celui de la mondialisation. Emblèmes de celle-ci, l'aviation de masse et le transport de marchandises par porte-conteneurs doivent rapidement décroître, tant pour induire une modification de la symbolique de l'illimitation dont se réclament nos sociétés, que pour limiter l'*overshoot* (dépassement) physique à court terme. Dans une intervention à l'institut Momentum[3], Ugo Bardi a souligné la vulnérabilité des grandes métropoles en cas d'interruption du transport de marchandises. Les « mégacités » contemporaines sont des structures dissipatives qui reposent sur une colossale quantité d'énergie.

La notion d'*overshoot*, forgée par le sociologue américain William Catton, désigne l'explosion de la capacité de charge de la planète. Écrit en Nouvelle-Zélande, île splendide et fragile, l'ouvrage *Overshoot* décrit les sociétés industrielles non pas comme engagées dans une simple crise, mais dans un embarras (*predicament*) lié à leur mode de croissance, qui repose sur l'annexion d'hectares fantômes[4]. Ces sociétés se nourrissent de « vieilles idées » pour appréhender des situations nouvelles (« *old ideas, new situation* ») : croyance dans l'illimité et inconscience de la finitude.

William Catton démontre que l'âge du dépassement de toutes les limites des écosystèmes, qu'il nomme l'âge de l'Exubérance, demeure une époque de conception erronée du réel : « Il est essentiel de saisir le profond péril que signifie le malentendu (*misperception*) continu et flagrant sur la nature même de la situation de l'humanité. Le malentendu est le problème à surmonter par un changement de paradigme, seul un changement de paradigme pourra en venir à bout. » Reste qu'il est difficile aux adhérents à un paradigme de communiquer avec ceux qui perçoivent et raisonnent en fonction d'un autre paradigme.

Aujourd'hui, la science décrit en temps réel la sixième extinction en cours et quantifie la quantité de gaz à effet de serre à ne pas dépasser pour éviter une hausse de plus de 1,5 °C de la température. Mais le paradigme dans lequel les sociétés industrielles évoluent pèse comme un redoutable carcan. C'est sans doute par cette incapacité, voire cette absence littérale de volonté de quitter ce paradigme, que les mots « énergies fossiles », « aviation », « mondialisation », « artificialisation des sols », « civilisation automobile », ne figurent pas dans l'accord de Paris adopté à l'issue de la COP 21. Pourquoi est-il si difficile de renoncer à l'aviation de masse et au futur aéroport de Notre-Dame-des-Landes, qui permettra aux touristes occidentaux de continuer à brûler du kérosène pour profiter des plages thaïlandaises, quand celles-ci ne seront pas balayées par des tsunamis et des typhons ? Pourquoi le régime de la mondialisation du capitalisme productiviste continue-t-il de dominer le monde ? Parce que le paradigme dominant demeure celui du productivisme.

Joseph Tainter écrit dans son livre *The Collapse of Complex Societies* qu'il est impossible aux sociétés de renoncer volontairement à un haut niveau de complexité, quitte à aller au bout du cannibalisme énergétique que cette marche vers l'effondrement suppose. La culture de la catastrophe n'est pas du côté de ceux qui pointent le risque d'un effondrement par l'excès (ce sont eux qui sont raisonnables, et non pas « catastrophistes »), mais du côté de ceux qui arguent de la possibilité de prolonger le système sans se heurter à un mur.

Il reste donc à écrire un « Programme de bioéconomie maximal », dont la seconde orientation pourrait proposer de tendre vers zéro voiture en 2030. L'automobile n'est qu'une parenthèse de l'histoire des sociétés humaines, mais concourt à l'explosion des gaz à effet de serre du secteur des transports, qui ont augmenté de 30 % depuis 1990 en Europe. Toutes les villes étaient sans voitures il y a un peu plus d'un siècle. Certaines, comme Venise, la Médina de Fès, au Maroc, et plusieurs autres villes d'Afrique du Nord, restent piétonnes. Les voitures ne sont pas nécessaires dans les villes, voire empêchent les synergies sociales, culturelles et économiques qui pourraient s'y développer. Comme elles nécessitent beaucoup d'espace pour la circulation et le stationnement, elles provoquent l'étalement urbain dans le but de fournir toujours plus d'espace à la circulation. Supprimer les voitures des villes contribuerait à améliorer la qualité de la vie urbaine[5]. Quant au transport de marchandises, de matériel professionnel et d'enfants en ville, il pourrait être en partie assuré par le vélo-cargo comme alternative à la voiture en ville[6].

La révolution des transports aurait pour effet de ralentir l'artificialisation des sols. C'est un enjeu capital, qui devrait être le troisième volet de notre « Programme de bioéconomie maximal », dans le contexte du basculement de civilisation auquel nous avons affaire : soit poursuivre l'*overshoot* jusqu'à transformer la planète en *terra incognita*, soit instaurer des limites et édifier des biorégions en équilibre écologique partout dans le monde. Celles-ci seraient le berceau de nouvelles cultures post-exubérantes, libérées du mythe du progrès qui ne sert qu'à soumettre l'humanité moderne aux procédés économiques et techniques dont elle s'est dotée[7]. Ces biorégions auraient pour mission d'incarner la bioéconomie, dans le périmètre des ressources naturelles, en prônant une éthique de la connexion plutôt que de la domestication. Sans revenir à l'époque des chasseurs-cueilleurs du Pléistocène, il s'agirait de se projeter dans un espace physique et spirituel imprégné de la coexistence avec les êtres vivants.

1. Nicholas Georgescu-Roegen, *La Décroissance. Entropie, écologie, économie*, Sang de la Terre, 2006 (1979).
2. Amy Dahan et Stefan C. Aykut, *Gouverner le climat*, Presses de Sciences Po, 2015.
3. Le 12 février 2016. Voir www.institutmomentum.org/le-transport-et-la-civilisation/
4. William Catton, *Overshoot: The Ecological Basis of Revolutionary Change*, University of Illinois Press, 1980.
5. J. H. Crawford, cité par Carfree, 9 mars 2016.
6. Bulletin Carfree, 10 novembre 2015.
7. Cf. Lewis Mumford, *La Cité à travers l'histoire*, Agone, 2011 (1961), et Alberto Magnaghi, *La Biorégion urbaine*, Eterotopia, 2014.

LE CLIMAT, C'EST CUIT

Par **Matthieu Auzanneau**

—

Journaliste, il a écrit *Or noir. La grande histoire du pétrole* (La Découverte, 2015).

—

Entendons-nous bien : c'est cuit.
Si nous voulons rester en deçà de 2°C de réchauffement, il FAUT que les émissions mondiales de gaz à effet de serre commencent à décroître très fortement avant 2025. En juillet 2015, l'Union européenne a adopté une réforme afin de sortir du coma son marché des quotas d'émissions de CO_2, l'instrument de lutte contre le réchauffement le plus ambitieux sur Terre, moribond depuis plusieurs années. Or, d'après plusieurs analyses concordantes (dont celles fournies par Bruxelles), la réforme ne pourra aboutir à l'émergence d'un prix d'émission de la tonne de CO_2 assez élevé pour contraindre les industriels à se détourner massivement des énergies fossiles avant… 2023-2025. Au plus tôt. Et l'Europe fait figure de pionnière en matière de transition énergétique.

« Quoi ?! Un prix plancher du carbone, une taxe carbone aux frontières, mais mon vieux, c'est impossiiible !… », entends-je chanter sur tous les tons depuis quelques mois que je m'exerce au lobbying entre Paris et Bruxelles[1].

Chacun sait pourtant qu'il faut très vite baisser le feu sous le grand fait-tout de la thermo-industrie. Au rythme actuel, il ne nous reste plus que 20 ans (2035) avant d'épuiser notre « budget carbone », autrement dit la quantité de CO_2 que nous pouvons encore émettre dans l'atmosphère sans (trop) risquer d'aboutir à un réchauffement supérieur à 2°C d'ici à la fin du siècle. Et ce, à condition qu'après 2035, l'humanité n'émette plus du tout de gaz à effet de serre.

Sauf à rêver d'un sursaut radical, seuls une divine surprise et/ou un cataclysme économique semblent pouvoir encore nous empêcher d'altérer irréversiblement le climat. Une butée contre les limites physiques à la croissance reste bien sûr tout sauf improbable.

*

« Vous avez raison, je crois qu'il est certainement déjà trop tard pour empêcher un réchauffement de plus de 2°C », m'a concédé l'autre jour Martin Wolf, maître analyste au *Financial Times*, la pythie de la City. Pas vraiment un scoop, du reste. Assis au côté de Wolf sur l'estrade d'un amphithéâtre de Sciences Po, Alain Juppé pour sa part s'en est tiré par cette boutade : « Je vous recommande de voir le film *Interstellar* : on devrait peut-être se chercher une autre planète ! » Il a pouffé un peu.

Les 20 et 21 mai 2015, à Paris, au siège de l'Unesco, se tenait le Business & Climate Summit, où s'est rassemblé tout ce que le monde compte d'agents majeurs du réchauffement climatique : industriels, financiers, représentants de la Banque mondiale, de la Commission européenne et de la plupart des pays riches nouveaux et anciens.

Au chœur des alarmistes, les compagnies d'assurance se sont distinguées. D'après l'un des leaders du secteur, la firme Swiss Re, l'économie mondiale ne sera sans doute plus assurable dans un monde à + 2°C.

« Il est temps d'agir », ont répété à qui mieux mieux les intervenants. *Leitmotiv* du moment, à sept mois de la conférence internationale (et forcément historique) qui doit se tenir en décembre à Paris : « Il nous faut un prix du carbone ! »

Indolente doléance indolore. Au sein du bataillon richement encravaté dans lequel on brandit ce nouvel étendard du *carbon price*, se retrouvent bien souvent les représentants des mêmes firmes qui lobbyisent dur à Bruxelles depuis des années afin d'empêcher ce dont de toute façon personne ne veut (hormis des ONG écolos à peu près impotentes) : un durcissement réputé économiquement suicidaire des règles du marché européen des quotas d'émission. C'est-à-dire du prix du carbone.

Économie/Écologie : comment deux mots si proches peuvent-ils se retrouver si diamétralement opposés ?

À l'Unesco, le contrôle de réalité s'est effectué par la bouche de l'heureux propriétaire du plus splendide costume aperçu lors de ce raout capitaliste bienveillant. Tony Hayward, ex-PDG de BP à l'époque de la marée noire du golfe du Mexique en 2010, et désormais patron de Glencore, leader mondial du négoce de matières premières (métaux, pétrole, charbon, gaz, denrées agricoles), a jeté un froid passager en lançant au cours d'une table ronde : « Même avec la meilleure volonté du monde, l'énergie solaire n'est pas une solution pour l'industrialisation à grande échelle, que ce soit en Inde ou ailleurs. Vous ne pouvez pas faire de l'acier avec du solaire. [...] À moins de regarder cette réalité en face, ce débat n'ira nulle part. » Un peu plus tard, un autre maître du monde tel qu'il est, Ali Al-Naïmi, ministre du Pétrole saoudien, questionne : « Où serait l'Ouest aujourd'hui sans le pétrole ? » Et d'affirmer que bien que l'Arabie Saoudite se soit décidée à développer rapidement sa production d'électricité solaire, « les carburants fossiles domineront encore le mix énergétique mondial jusqu'en 2040-2050 ».

En tout lieu et de tout temps, la puissance (économique, politique, militaire, biologique, chimique, etc.) demeure en premier ressort une affaire d'énergie : un watt égale un joule par seconde.

Lorsque Liu Zhenya, président de la compagnie d'État chargée du réseau électrique chinois, s'est avancé sur l'estrade pour asséner l'étourdissante présentation d'un futur réseau à ultra-haute tension constellant autour de l'empire du Milieu, « un réseau omniprésent pour un village global harmonieux avec ciel bleu et mer verte » (sic), capable d'acheminer l'énergie solaire à travers les fuseaux horaires et les continents d'ici à 2050, j'ai songé à ces ingénieurs soviétiques qui prétendaient renverser le cours des fleuves de Sibérie « pour les faire remonter vers leurs sources fécondes », et aux fantasmes des premiers rois d'Arabie Saoudite qui espéraient voir verdir leur désert grâce à l'or noir. Hochant la tête en direction du mandarin, un haut responsable d'EDF m'a glissé, dubitatif : « Il rêve. » Qui saurait dire si un tel rêve, porté par l'une des compagnies industrielles les plus puissantes du monde (la Chine produit aujourd'hui davantage d'électricité que les États-Unis), est un programme industriel solide, une utopie ou bien encore une dystopie ragoûtante ?

En dépit de récents soubresauts sauvages à la Bourse de Hong Kong, la croissance de l'industrie chinoise des énergies renouvelables hypnotise au point qu'on en oublierait que la Chine est devenue, au cours de ses quinze dernières années de croissance explosive, le premier importateur mondial de brut, le premier consumateur mondial de charbon, le premier émetteur mondial de gaz à effet de serre, et qu'elle a su avancer ses pions tout autour de la planète pétrole, s'imposant en particulier comme premier opérateur du pétrole irakien.

Oui, l'économie politique est affaire de puissance, qui elle-même est affaire d'énergie. En France ces temps-ci, la gauche, comme souvent, se montre prête à aller plus loin que la droite dans cette logique. Pendant que la Libye s'abîme dans le néant politique et le terrorisme (la Libye, vous savez : notre petit Irak à nous, où Alain Juppé, lorsqu'il était le ministre des Affaires étrangères de Nicolas Sarkozy, se croyait en mesure d'ouvrir la voie à de juteux profits pour les pétroliers français), Laurent Fabius et François Hollande savent tirer habilement du feu de la guerre qui embrase le Moyen-Orient la vente, Cocorico !, de quelques avions de guerre, profitant sans crainte du vide laissé par l'intenable position américaine héritée du chaos engendré par le pétrolissime George Bush. Nous (vous et moi) acceptons donc de vendre les armes françaises « dernier cri » à des pétro-potentats dont l'exercice du pouvoir politique, au Qatar, au Koweït, aux Émirats arabes unis et bien sûr en Arabie Saoudite, consiste à ne pas trop chercher à entraver les flots de pétrodollars de « donateurs privés » (selon l'expression reprise dans une enquête du Congrès américain) qui alimentent depuis bientôt 40 ans les formes sans cesse plus périlleuses et monstrueuses du fanatisme islamiste. La diplomatie française ne redoute pas de contribuer à asseoir un peu plus la puissance des monarchies pétrolières du Golfe, dont l'Ouest ne semble décidément plus avoir d'autre choix que de laisser l'aventurisme militaire s'épancher aujourd'hui au Yémen, et demain où ?

La politique est toujours et partout affaire de puissance, et la lutte contre le réchauffement climatique menace d'entraver l'effectuation de bien trop de puissances : voilà pourquoi le succès de la COP 21, la vingt-et-unième Conférence des parties de la Convention-cadre des Nations unies sur les changements climatiques, était annoncé. Ambassadrice de la France chargée des négociations sur le changement climatique, Laurence Tubiana n'en faisait pas mystère, en mai 2015, dans le grand amphithéâtre de Sciences Po :

« Tout le monde veut un accord, mais un accord *a minima.* »

On est tenté de remplacer ce « mais » par un « donc ».

Face au minimalisme complaisant des politiques, la finance s'avance maintenant comme l'espoir ultime ! Au lendemain du Business & Climate Summit se tenait vendredi 22 mai 2015, toujours à l'Unesco, un « Climate Finance Day » au cours duquel de hauts cadres d'une forêt de banques et de fonds d'investissement (dont la sève est de pétrole, de gaz naturel et de charbon) ont fait mine de se cacher derrière l'arbre planté récemment par quelques avant-gardistes en costumes trois-pièces ayant entrepris de « décarboner » une portion pour l'heure infime du capitalisme global.

On appelle ça le désinvestissement, un mouvement comparé outre-Manche et outre-Atlantique au boycott du régime d'apartheid et à la campagne contre les géants du tabac. Certains désinvestissent, donc. Mais qui, du coup, rachète les actions moins cher… ?

Faute de contraintes sérieuses imposées par les négociations internationales, cette voie faisant appel à la rationalité des marchés confrontés au risque climatique et à une encore hypothétique « bulle carbone », voie ouverte par des hérauts tels que Michael Bloomberg et Hank Paulson, apparaît maintenant la plus prometteuse parmi celles dans lesquelles la lutte contre le réchauffement s'est engagée. C'est dire comme on est bien… De destructions créatrices en *quantitative easings*, la « main invisible » du marché n'a jamais été tellement verte.

Quoi qu'il en soit, des financiers à l'Unesco ont trinqué au sauvetage de la planète. Tous ont insisté sur l'urgence de la situation.

L'urgence…

> « Il y aura probablement de grandes migrations de populations en provenance des régions du monde menacées par les inondations et

de celles [...] qui vont se désertifier. Ces gens-là n'imploreront pas d'avoir des puits de pétrole, mais de l'eau. »

De qui ce vibrant cri d'alarme publié en première page d'un quotidien anglais sous le titre épique « Course pour sauver le monde » ? De Maggie Thatcher, figure tutélaire du capitalisme néolibéralisé et financiarisé. C'était lors de la remise du tout premier rapport des climatologues du Giec, en mai... 1990, il y a pile un quart de siècle.

*

Résumons. Tout le monde désormais veut un prix du carbone. Mais pas trop cher, hein : les politiques attendent que l'économie bouge, laquelle attend que les politiques bougent. Farandole inerte. En France, tout ce monde se réjouit du « frémissement » actuel de la croissance économique, glissant sur le fait que la reprise est en large part due à l'effondrement des cours du brut.

Une dernière chose : les solutions qu'appellerait un prix fort du carbone pour se passer un peu des énergies fossiles sont complexes (capture du CO_2, stockage de l'énergie générée par les renouvelables intermittents, réseaux électriques intelligents, etc.). C'est bien parce qu'elles sont complexes, techniquement lourdes, que ces solutions sont chères.

Or, nul ne saurait affirmer que le « développement durable » ne risque pas de réclamer davantage de ressources matérielles, et non une consommation moindre de ces ressources. Il faut considérer en effet qu'une voiture hybride a *deux* moteurs. Et même une politique de recyclage intense et draconienne serait incapable d'empêcher un épuisement des ressources, à moins de renoncer à la croissance de la consommation matérielle, concluait en 2010 un haut responsable de Veolia.

Pour illustrer l'enjeu, à mon sens crucial, je recommande la lecture d'un écœurant reportage publié par la BBC sur la ville de Baotou[2]. Située en Mongolie intérieure, cette cité obscure est l'un des plus importants centres mondiaux d'extraction de terres rares, minerais nécessaires à tous nos gadgets électroniques, ainsi qu'à l'efficacité de nos éoliennes, de nos panneaux solaires et des voitures électriques.

Et vive le mouvement des villes en transition !

[Ce texte a été publié sur le site petrole.blog.lemonde.fr, 25 mai 2015]

1. À The Shift Project, qui « se veut le promoteur d'une économie soutenable ».
2. Tim Maughan, « The Dystopian Lake Filled by the World's Tech Lust », BBC, 2 avril 2015 (www.bbc.com/future/story/20150402-the-worst-place-on-earth).

ILLUSIONS

LE PROBLÈME DES SOLUTIONS

Par **Célia Izoard**

—

Traductrice et écrivaine, elle participe à la revue *Z* et a contribué au livre *La Liberté dans le coma. Essai sur l'identification électronique et les motifs de s'y opposer* (La Lenteur, 2012). Dernier livre traduit : *La Machine est ton seigneur et ton maître* (Agone, 2015).

—

Chaque période a son mot-clé. Le concept qui domine les préparatifs de la conférence de Paris (COP 21) est sans aucun doute celui de « solution ». Il y a « l'agenda des solutions », qui associe les acteurs non étatiques de tous bords aux négociations. Au Grand Palais, la grande exposition gratuite « Solutions COP 21 » propose « des solutions pour changer d'époque » : « Il se trouve que contribuer à lutter contre le dérèglement climatique n'est pas seulement une responsabilité, c'est aussi *l'opportunité d'améliorer notre vie de tous les jours*. Avec de nouveaux usages, de nouvelles inventions, de nouveaux métiers... Solutions COP 21 est là pour montrer au plus grand nombre ce que cet engagement va nous apporter. »

Qui peut avoir une vision aussi incroyablement pragmatique et positive de la situation présente ? Qui peut avoir l'indécence de prétendre que la sixième extinction des espèces animales n'est autre qu'une chance à saisir ? Que les sécheresses, les inondations, les incendies qui ont commencé à ravager la planète sont « l'opportunité d'améliorer notre vie », alors que les Nations unies estiment déjà à 50 millions le nombre de réfugiés climatiques ? Sans surprise, aux commandes de l'événement, on trouve un faux-nez de l'industrie : le « Club développement durable », c'est-à-dire GDF, Veolia, EDF, Eiffage, McDonald's, Suez, Vinci, Schneider, etc.

Il n'y a pas de problème, il n'y a que des solutions, n'est-ce pas l'une des formules préférées des représentants de commerce ? En latin classique, *solutio* signifie au sens propre « dissolution, désagrégation » : le problème cesse d'être visible, disparaît. La solution efface le problème. Quel était le problème déjà ? Ah oui ! Sur 200 000 ans d'histoire humaine, moins de 200 ans ont suffi au capitalisme industriel pour intoxiquer les mers et les cours d'eau, désertifier les sols, empoisonner des régions entières par la radioactivité et transformer le climat en bombe à retardement. 200 ans, l'équivalent d'une minute dans la journée de l'humanité.

Regarder cela en face, pour les capitaines d'industrie, c'est saborder le navire. Heureusement, notre civilisation dispose d'un outil efficace pour faire détourner le regard d'une situation insupportable et inacceptable. Cet outil, promesse que tout s'arrangera dans une autre vie, ce n'est pas la religion – ou du moins une religion bien particulière, c'est-à-dire le progrès, qui prend ici le nom de « solutions ».

La focalisation sur les solutions permet bien sûr aux industriels d'inverser les rôles : coupables du saccage de la planète, ils en deviennent les sauveurs. François-Henri Pinault, PDG du groupe Kering (Yves Saint Laurent, Gucci, Puma…) n'a pas une telle prétention. Interviewé par *Paris Match* fin octobre à propos de la COP 21, il explique humblement : « Nous ne sommes pas là pour donner des leçons [*sic*]. Nous sommes simplement pourvoyeurs de solutions. »

*

Loin d'être anecdotique, le succès de ce concept de « solution » ne se limite pas à une opération de com' permettant la dis-solution du problème et l'ab-solution des industriels. Plus profondément, il est emblématique de la logique d'invisibilité qui structure l'organisation de la production dans notre monde, et qui nous la rend supportable à nous autres, habitants pas trop pauvres des pays riches. Dans une formule révélatrice, Pinault dit plus loin : « Il faut aider les pays du Sud à aller directement aux solutions sans passer par les cases que nous avons dû emprunter. » Cette idée très répandue témoigne de la mystification dans laquelle nous vivons : les anciennes nations industrialisées seraient entrées dans le règne des « solutions », nous aurions traversé la brume mancunienne pour nous élever vers la clarté innovante de la Silicon Valley. Il ne nous resterait plus qu'à aider les autres pays à entrer dans l'ère de l'intelligence grâce aux *smart cities*, aux *smart grids*, à la *smart* agriculture. Car ce que veut dire Pinault, c'est qu'il faut accélérer le « développement » des pays du Sud en les amenant directement du système agropastoral à la 4G, aux panneaux solaires et aux imprimantes 3D, sans passer par les « problèmes », c'est-à-dire l'extraction minière, le charbon, le pétrole, l'industrie lourde.

Ce qui est frappant dans cette formule, c'est de voir à quel point les mythes de la civilisation occidentale ont la vie dure : le modèle judéo-chrétien de l'élévation par la désincarnation ; la téléologie du progrès, sans cesse rejouée ; et la prétendue supériorité intellectuelle, civilisationnelle de l'Occident. Mais surtout, elle résume la permanence du déni des conditions de possibilité matérielles de tous les objets qui nous entourent.

*

Lors de l'enquête de la revue *Z* sur les technopoles dans le monde, nous avons constaté la puissance de cette téléologie consistant à prétendre que nous serions désormais sortis du capitalisme industriel et entrés dans un «capitalisme cognitif», une «économie immatérielle», ou encore une «société de l'information». Cet imaginaire qui s'est forgé il y a 30 ans avec l'essor de l'informatique fait écran, littéralement, à la division mondiale du travail: il fait oublier que nous n'avons jamais été plus dépendants de la matière, et que tout cela se passe en majorité ailleurs. Pinault, toujours à *Match*, rappelle d'ailleurs que 93 % de l'empreinte carbone du groupe Kering se trouve en dehors de son périmètre juridique.

Ce qui se joue aujourd'hui à travers les «solutions» dont nous menacent les grands groupes, c'est la poursuite de la logique qui sous-tend la restructuration du capitalisme depuis 30 ans. Face à la contestation des méfaits de la société industrielle dans les années 1960 et 1970, les concepts d'«économie de la connaissance» et de «société de l'information» ont accompagné une restructuration de la production permettant de mettre à distance l'univers gris et sale de la manufacture, laissant aux classes moyennes des pays riches le soin plus valorisant des travaux de «conception». Jusqu'à faire oublier à quel point notre quotidien prétendument en voie de dématérialisation était totalement tributaire d'une industrie de plus en plus polluante, de quantités d'électricité toujours croissantes. Au début des années 1980, cette refonte du capitalisme autour du modèle de la Silicon Valley et de l'innovation a permis de remobiliser les classes moyennes autour d'une production qui n'aurait plus rien de commun avec les mines de *Germinal* ou les usines délétères de Dickens. Occultant la prédation matérielle croissante du mode de vie capitaliste sur les milieux naturels, elle a invisibilisé la croissance exponentielle de l'usine-monde. À tel point que les dégâts n'ont cessé de s'accélérer, la production mondiale ayant plus que doublé depuis 1990.

L'informatique a été au cœur de ce mouvement: une grande partie des pourfendeurs de la technologie industrielle, écologistes y compris, a été conquise par l'ordinateur devenu emblématique du *small is beautiful*, de l'outil émancipateur, créatif, vecteur d'autonomie. Les conditions de possibilité matérielles de l'informatique ont fait l'objet d'une censure quasi totale pendant 30 ans. C'est plus ou moins des usines chinoises du groupe taïwanais Foxconn qu'est sortie toute l'électronique que nous utilisons depuis 30 ans, des premiers Atari aux iPhone 6 et aux Kindle. Pourtant, ce n'est que vers 2010, avec les premières vagues de suicides d'ouvriers, des jeunes désespérés qui se retrouvent coincés dans ces bagnes tayloristes regroupant jusqu'à 300 000 travailleurs, que l'image d'une économie immatérielle commence à être légèrement écornée. Qui mesure aujourd'hui les conséquences sur la planète de la production en masse des drones, des robots, des capteurs, des puces, toutes ces solutions concoctées dans les technopoles ?

*

Accélérer le développement capitaliste du reste du monde pour le faire accéder plus vite aux « solutions », voilà ce qui pourrait arriver de pire. Ainsi, l'idée de cette jeune start-uppeuse indienne de San Francisco, Leila Janah, qui sortie de Harvard a créé une société caritative pour résoudre le problème de la pauvreté. La revue techno-libérale *Wired* (juillet 2015) relate ainsi comment Samasource forme les habitants des bidonvilles d'Asie et d'Afrique pour qu'ils deviennent des travailleurs en ligne : par exemple, faire de la saisie, de la transcription, reconnaître des photos – tout ce qu'on n'a pas encore réussi à automatiser. Troquer l'agriculture et l'artisanat, minés par la pression économique, ringardisés par l'esthétique dominante, pour un sort de travailleurs d'usine sans même la solidarité ou le réconfort éventuels du compagnonnage de l'usine ; une pauvre vie individuelle et précaire devant un écran.

Connecter les habitants des bidonvilles du monde entier et en faire les prolétaires de Google suppose de construire des centrales électriques, de raccorder tout le monde à l'électricité, d'installer la 4G, etc. Pour le privé, la lutte contre le réchauffement de la planète pourrait bien devenir le jackpot du millénaire. Compte tenu du rapport de force actuel, la COP 21, sous le prétexte de l'urgence bien réelle, risque de permettre aux grands groupes de se faire financer par les fonds publics d'immenses infrastructures industrielles dans le monde à une échelle jamais vue jusque-là. Ce qui montre à quel point ce qu'il faut exiger pour que les choses changent, ce n'est pas de l'argent – que soit alimenté le fameux fonds vert pour le climat –, mais des restrictions, qui supposent un tout autre rapport de force avec l'industrie : restrictions du commerce mondial, de la circulation des capitaux, de la construction d'infrastructures et de la poursuite de l'innovation.

Restons en Inde. L'écrivaine Arundhati Roy, elle, défend l'option exactement inverse à celle de Samasource. Non pas connecter les exclus de la fracture numérique, mais lutter contre les projets d'infrastructures pour préserver la possibilité d'une vie différente : « En Inde, il y a encore de l'espoir. Notre population n'a pas encore été complètement colonisée par ce rêve consumériste. Nous avons une tradition maintenue vivante par ceux qui se sont battus pour l'autosuffisance et l'autonomie selon Gandhi, pour les idées socialistes d'égalitarisme et de justice sociale. Et surtout, en Inde vivent encore 100 millions d'aborigènes adivasi. Eux connaissent encore les secrets d'un mode de vie soutenable. En disparaissant, ils emporteront ces secrets avec eux. […] S'il y a un espoir pour ce monde, il n'est pas dans les conférences sur le climat ou dans les gratte-ciel des villes. Il vit beaucoup plus près du sol, les bras tendus autour de ceux qui partent se battre tous les jours pour protéger leurs forêts, leurs montagnes et leurs rivières parce qu'ils savent que les forêts, les montagnes et les rivières les protègent. » (*Adbusters*, février 2015.)

Dans nos contrées sans aborigènes et pétries de culture industrielle, on ne peut faire table rase du passé, mais on peut au moins, ce qui serait déjà salutaire, faire valoir une faculté d'interruption. Dans les technopoles, contester les recherches sur ces prétendues « solutions » ; contester l'appui massif des pouvoirs publics à ces recherches. Mais aussi rejoindre, soutenir, outiller les zones à défendre, lieux décisifs où l'on tente de mener de front l'offensive contre le développement industriel et la réappropriation technique. Pour cette raison, la bataille qui va se jouer contre l'aéroport de Notre-Dame-des-Landes est décisive.

L'ILLUSION DE LA TRANSITION ÉNERGÉTIQUE

Par **Jean-Baptiste Fressoz**

—

Historien, il a notamment écrit *L'Apocalypse joyeuse. Une histoire du risque technologique* (Le Seuil, 2012) et *L'Événement anthropocène* (Le Seuil, 2013).

—

S'extraire de l'imaginaire de la « transition » n'est pas aisé, tant il structure la perception commune de l'histoire des techniques, scandée par de grandes innovations qui bouleverseraient de fond en comble le monde matériel. À l'âge du charbon succéderait celui du pétrole, puis celui (encore à venir) de l'atome. On nous a récemment servi l'âge des énergies renouvelables, celui du numérique, de la génétique, des nanotechnologies, etc. Cette vision n'est pas seulement linéaire, elle est simplement fausse : elle ne rend pas compte de l'histoire matérielle de notre société, qui est fondamentalement cumulative[1].

Pour l'écologie politique, le concept de transition énergétique est un leurre dangereux. Historiquement, il n'y a jamais eu de transition énergétique. L'histoire de l'énergie n'est pas celle d'un passage progressif du bois au charbon, puis du charbon au pétrole, puis du pétrole à autre chose, elle n'est pas celle de transitions, mais celle *d'additions* successives de nouvelles sources d'énergie primaire. Si, au XXe siècle, l'usage du charbon décroît relativement au pétrole, il reste que sa consommation croît continûment, et que, globalement, on n'en a jamais autant brûlé que maintenant.

L'origine du vocable « transition énergétique » est révélatrice : l'expression a été inventée en 1975 pour conjurer le thème de la « crise énergétique ». On a oublié l'immense angoisse produite par le pic du pétrole américain et les chocs pétroliers. Par exemple, Jimmy Carter a consacré cinq discours à la nation sur ce thème, exhortant ses concitoyens à renoncer au consumérisme et à renouer avec les valeurs chrétiennes de sobriété. Le vocable « transition énergétique » a été popularisé dans ce contexte par de puissantes institutions : le Bureau de la planification énergétique américain, la Commission trilatérale, la Communauté économique européenne et divers lobbys industriels. Dire « transition » plutôt que « crise » rendait le futur beaucoup moins anxiogène en l'arrimant à une rationalité planificatrice et gestionnaire. À son origine, la transition se référait d'ailleurs à des techniques fort peu écologiques : le nucléaire et les fossiles non conventionnels (liquéfaction du charbon, pétrole de schiste et gaz de schiste).

*

L'exemple de la Corée du Nord ou de Cuba après la chute de l'Union soviétique permet de donner un sens concret à ce que peut masquer le doux euphémisme de « transition énergétique ». Entre 1992 et 1998, privée du pétrole subventionné de l'URSS, l'agriculture nord-coréenne, fondée sur la mécanisation et les intrants chimiques, voit ses rendements en maïs, en blé et en riz chuter de moitié. Le pouvoir nord-coréen oriente l'approvisionnement en carburant vers les militaires, laissant entre 600 000 et un million de Nord-Coréens (3 à 5 % de la population) succomber à la famine avant de se résoudre à en appeler à l'aide alimentaire internationale.

Privé du pétrole soviétique bon marché et sous embargo américain, Cuba a réagi très différemment. Pour économiser l'énergie, les horaires de travail dans l'industrie furent réduits, la consommation domestique d'électricité rationnée, l'usage de la bicyclette et le covoiturage se sont généralisés, le système universitaire a été décentralisé, le solaire et le biogaz ont été développés. Dans le domaine agricole, le renchérissement des pesticides et des engrais chimiques, très énergivores, a conduit les Cubains à innover : contrôle biologique des nuisibles par des insectes prédateurs, fertilisants organiques, périurbanisation de l'agriculture permettant de recycler les déchets organiques ; enfin, la nourriture a été sévèrement rationnée. Le corps des Cubains fut profondément modifié par la « Période spéciale » : en 1993, au plus fort de la crise, la ration journalière descendit à 1 900 kilocalories. Les Cubains perdirent 5 kg en moyenne, entraînant d'ailleurs une réduction de 30 % des maladies cardiovasculaires. Le plus inquiétant, au regard des efforts consentis par la population cubaine, est que la réduction des émissions de CO_2 fut finalement assez modeste, passant en 10 ans de 10 à 6,5 millions de tonnes : une réduction des émissions nettement moins drastique que celle nécessaire pour rester en dessous des fameux 2°C en 2100 (-80 % dans les pays riches d'ici 2050)[2].

*

En quoi l'histoire des additions énergétiques peut-elle nous aider à penser les chemins de cette réduction indispensable ?

Premièrement, elle révèle que les énergies renouvelables, animales, éoliennes et solaires, avant qu'elles ne soient considérées comme de simples « alternatives », étaient riches de potentialités non advenues. À la fin du XIXe siècle, 6 millions d'éoliennes activant autant de puits participèrent à l'ouverture des plaines du Midwest américain à l'agriculture et à l'élevage. Dans le monde rural américain, la production d'électricité décentralisée (par des éoliennes et des batteries) demeure dominante jusqu'aux grands programmes d'électrification rurale de la Grande Dépression et de l'après-guerre.

Quant à l'énergie solaire, elle a bien failli s'imposer aux États-Unis pour les usages domestiques. En Californie et en Floride, l'ensoleillement et l'éloignement des gisements de houille expliquent le développement rapide des chauffe-eau solaires qui équipaient près de 80 % des habitations en 1950. Il faudra tout le poids des compagnies électriques pour imposer l'aberration thermique que représente le chauffage électrique. De même, les industries pétrolière et automobile travaillèrent activement à la banqueroute des compagnies de tramways dans les années 1930 (allant même jusqu'à racheter des lignes pour les fermer) afin de vendre automobiles, pétrole et pneus, produits autrement plus profitables que le transport collectif.

*

L'addition massive de pétrole au XXe siècle dans le système énergétique global est aussi le résultat de choix politiques délétères. Elle est tout d'abord le fait de la suburbanisation et de la motorisation. Or, ce processus a été fortement encouragé par les dirigeants américains conservateurs dès les années 1920 : la maison de banlieue leur paraissait être le meilleur rempart contre le communisme et le meilleur moyen pour relancer l'économie en crise. La maison individuelle, et la voiture qui l'accompagne, jouent un rôle essentiel de discipline sociale par l'intermédiaire du crédit à la consommation.

Surtout, le charbon donnait aux mineurs le pouvoir d'interrompre le flux énergétique alimentant l'économie. À partir des années 1880, les grandes grèves minières contribuèrent à l'émergence de syndicats et de partis de masse, à l'extension du suffrage universel et à l'adoption des lois d'assurance sociale. Grâce à sa fluidité, le pétrole permit de contourner les réseaux de transport, et donc les ouvriers qui les faisaient tourner. Après la Seconde Guerre mondiale, à travers le plan Marshall, les États-Unis subventionnèrent le passage au pétrole en Europe occidentale afin de briser le pouvoir des syndicats de mineurs. Pipelines et tankers, en réduisant les ruptures de charge, créaient un réseau énergétique beaucoup moins intensif en travail, plus flexible et résolument international : dans les années 1970, 80 % du pétrole était exporté. L'approvisionnement étant dorénavant global, le capitalisme industriel était devenu beaucoup moins vulnérable aux revendications des travailleurs nationaux[3]. Entamer une vraie transition énergétique implique donc de défaire une série de choix politiques et techniques actés tout au long du XXe siècle.

*

Pour limiter l'augmentation de la température à moins de 2°C en 2100, il ne faudrait pas émettre plus de 886 gigatonnes de CO_2 avant 2050. Or, les réserves actuellement prouvées de gaz, de pétrole et de charbon équivalent à 2795 Gt. Il convient donc de laisser 80 % des réserves pétrolières sous terre. Le recours aux pétroles non conventionnels et aux gaz de schiste, les fluctuations actuelles du prix du baril, montrent qu'on ne saurait laisser les réserves dicter le *tempo* de la transition énergétique. Contre une vision de la décroissance exclusivement centrée sur les ressources, qui s'en remettrait à leur épuisement et à l'entropie, il faut absolument, pour des raisons de justice climatique, produire une contrainte politique bien avant que la finitude de la Terre nous force à changer de modèle.

1. David Edgerton, *Quoi de neuf ? Du rôle des techniques dans l'histoire globale*, Le Seuil, 2013.
2. Christophe Bonneuil et Jean-Baptiste Fressoz, *L'Événement anthropocène, la Terre, l'histoire et nous*, Le Seuil, 2016.
3. Timothy Mitchell, *Carbon Democracy*, La Découverte, 2013.

LA CROISSANCE VERTE N'AURA PAS LIEU

Par **Alain Gras**

—

Sociologue, il a notamment écrit *Fragilité de la puissance. Se libérer de l'emprise technologique* (Fayard, 2003), et *Le Choix du feu. Aux origines de la crise climatique* (Fayard, 2007).

—

Dans le langage des néolibéraux partisans du développement durable, le moment historique à venir dans l'histoire sociale de l'énergie est le seul qualifié de « transition énergétique ». La version la plus commune, qui a le soutien du pouvoir, repose sur une vision globale de transformation de la production énergétique que l'on prétend devenir verte. Or, ce changement apparent ne constitue pas du tout une rupture avec le passé, mais au contraire un prolongement de la trajectoire, car on n'y discerne aucune remise en cause des éléments à la fois structuraux et psychologiques qui ont accompagné le développement de la société depuis deux siècles. La « personnalité de base », pour utiliser un vieux mot de la psychologie sociale, reste, en effet, invariante, et elle n'est pas prise en compte dans cette transition qui se définit entièrement dans une dimension technologique.

Sur le plan de la structure de l'organisation des échanges énergétiques, la transition est pensée sur le modèle du macro-système technique, en d'autres termes de la mégamachine qui, d'une part, consomme énormément d'énergie pour simplement fonctionner en maintenant les connexions entre ses différents éléments et, d'autre part, conforte cette attitude de désengagement du citoyen.

Il faut donc revenir à la question anthropologique fondamentale : si la technique est un fait social, elle doit avoir un sens pour le devenir qui se trouve hors de la « technicité ». Ce sens est bien présent, c'est celui que délivrent les multinationales. Il se traduit essentiellement dans cet oxymore du développement durable, qui met en scène un progrès factice sur le théâtre de la croissance. Sous couvert de bonnes intentions, ces organismes scientifiques, tel le Giec, ne remettent ainsi jamais en cause notre mode d'action sur la nature, parce qu'ils sont obsédés par une seule face de la catastrophe : l'émission de CO_2. Or cet indicateur, utile, certes, ne rend malgré tout pas compte de la réalité du mal.

En effet, et ce n'est pas clairement dit, la transition énergétique est, en réalité, une transition à l'électricité. En simplifiant, au niveau global trois variétés de *production* d'énergie renouvelable (je mets donc de côté l'isolation thermique, passive) peuvent être identifiées :

1. la biomasse, essentiellement les agrocarburants, condamnés à court terme car reconnus comme une infamie[1] ;
2. la géothermie, très localisée, restera anecdotique ;
3. la capture des flux naturels : eau, vent, rayonnement solaire.

À cela il faudrait ajouter les rêves de la fuite en avant technologique, la géo-ingénierie, la fission nucléaire, mais ce ne sont là que des dispositifs expérimentaux qui n'ont aucune réalité concrète pour l'instant. Et n'en auront pas à moyen terme. Et la géo-ingénierie peut se résumer dans les mots du sociologue espagnol Ernest Garcia : « L'idée dominante est que les maladies se soignent avec des doses plus importantes du remède qui les a pourtant provoquées. »

La troisième variété, la *capture des flux*, est donc fondamentale dans la transition, mais elle conduit à la production d'un seul type d'énergie renouvelable : l'électricité. Pourtant, le stockage de cette énergie est impossible, ou du moins très problématique avec les lourdes et peu efficaces batteries. Le substitut du stockage n'est autre, depuis le choix de la haute tension, que le réseau : ainsi d'immenses « grilles », *grids*, permettent-elles, par des échanges à très longue distance, de compenser l'incapacité à mettre en réserve cette puissance pour faire face à des demandes diverses. De fait, se met en place une adéquation symbolique forte entre un système technique et des consommateurs qui ressemblent à des électrons en perpétuelle vibration sur des réseaux virtuels. La dépendance en sort renforcée, car il devient impossible d'interagir avec le modèle structurel sur lequel est construite cette technologie. Elle ne peut, par conséquent, être démocratiquement contrôlée, et l'interaction privilégiée devient celle de la communication interindividuelle, à distance, sur la toile (*web*).

L'électricité joue un rôle majeur car, derrière son apparente neutralité, elle suscite de nouvelles orientations territoriales de la prédation, et intensifie furieusement les activités excavatrices. Le lithium pour les batteries va faire disparaître le salar d'Uyuni en Bolivie, le cobalt et le coltan détruisent le Congo (Kivu, Katanga), et les divers matériaux rares pour les éoliennes (néodyme, qui remplace le cuivre), aussi bien que les terres rares dont ont besoin tous les outils sophistiqués de la « transition énergétique », le gallium pour les lampes et les diodes LED présentes dans tous les écrans, rendent totalement illusoire une transition verte qui préserverait la demande, c'est-à-dire le même niveau de confort, sans dommages pour la planète. La consommation d'objets à base électrique, et le fonctionnement des macro-systèmes de transfert de données, type *e-cloud* et *Big data*, accroît, en outre, la demande d'énergie, ce qui compense les éventuels gains acquis en renouvelable (en France, de 12 à 15 % de l'électricité sert à alimenter les outils informatiques, soit trois centrales nucléaires). Quant à la voiture électrique, elle combine en elle tous les maux que je viens d'évoquer, *l'auto verte est le comble de la duplicité.*

Ce développement durable nous enferme dans un monde électronique où l'isolement des *personnes* renforce la dépendance de l'*individu* néolibéral. Au lieu d'approfondir ses liens avec son monde à l'entour (*Umwelt*), les êtres, animaux et végétaux, l'homme contemporain se retrouve dans un monde opaque et étranger. Même les choses, avec leur part de mystère et d'autonomie, deviennent de simples objets, ou bien, de nos jours, le plus souvent de simples boîtes noires. Cette (troisième) transition énergétique censée nous protéger du réchauffement climatique nous transforme, pour reprendre l'image du philosophe Olivier Rey, en *interface*, terme qui indique la nature superficielle du rapport, le manque de lien avec ce monde charnel qui est le nôtre. Comme l'avait prédit Hannah Arendt à la fin des années 1950, la sphère publique grignote ainsi la sphère privée d'une manière bien plus insidieuse que n'avait pu le faire un régime totalitaire à l'ancienne. La démocratie se révèle n'être qu'un faux-semblant d'un pouvoir caché derrière l'objet technique. Les exemples récents des écoutes en tous genres ne manquent pas ! C'est donc bien la raison scientifique qui doit être remise en cause lorsqu'elle incarne un progrès moralement squelettique, réduit à la croissance du PIB. L'avenir médiatiquement transparent n'est plus intelligible que dans le langage favori du pouvoir, celui de la technoscience.

Le cas de Jeremy Rifkin, présenté à grand renfort de publicité comme un penseur critique d'un avenir pacifié, est à cet égard exemplaire : les *smart grids*, « réseaux intelligents », éléments essentiels du dispositif, sont des instruments qui permettent d'optimiser la consommation énergétique en régulant nos appareils électriques, à l'intérieur même de nos maisons. Or, d'une part ces *smart grids* sont branchés sur des systèmes techniques sur lesquels nous n'avons aucun pouvoir et, d'autre part, ils nous découragent de toute participation aux économies d'énergie puisque c'est la machine qui est *smart*, c'est-à-dire intelligente, pas nous. Quant à l'hydrogène qui produira l'électricité facteur de libération et de simplicité selon notre prophète, il ne pourra être produit que par de grandes firmes, en général à partir du gaz, ce qui nous ramène aux ressources finies, avec des moyens techniques très compliqués, qui feront encore croître le rôle de la *high-tech*. La « troisième révolution industrielle » de Rifkin n'est qu'une mystification sur le thème éculé du caractère libérateur du progrès.

On pourrait prendre le cas Rifkin pour illustrer de manière paroxystique la soumission au progrès en reprenant le concept de *double bind* (la double contrainte en français) forgé par l'anthropologue Gregory Bateson : le sujet soumis à deux injonctions contradictoires se trouve réduit à l'impuissance de la pensée et de l'action. Bateson y voyait le socle de la schizophrénie en psychiatrie, mais on peut généraliser à l'idéologie du progrès telle que la technoscience l'a reconstruite et que la critique écologique l'a remise en cause : d'une part, le sujet contemporain y trouve un bénéfice apparent, confort, santé, mobilité, etc., mais en même temps il n'ignore plus le mal qu'il fait ainsi à la planète. Toutefois, les deux perspectives ne se déploient pas dans la même temporalité : la première se situe dans le court terme alors que la seconde se conçoit dans une longue durée.

Du coup, le sujet, coincé dans cette situation paradoxale, ne sort pas du *double bind* et reste prisonnier d'un avenir conçu dans le seul langage technologique du pouvoir qui joue sur ce blocage mental : le « progrès », des nanotechnologies, des lampes LED, des portables 4G en attendant les 5, etc. La liste serait longue de tous ces éléments du court terme qui maintiennent la foi dans le progrès technique comme opérateur du changement social. On sait pourtant qu'il ne modifie en rien notre rapport catastrophique au monde à l'entour, dont la destruction se poursuit sans discontinuer.

Pour le dire plus prosaïquement, le changement véritable ne viendra pas d'une transition quelconque, car les lobbys financiers du néolibéralisme sont les maîtres du jeu sur cette voie. La métaphysique du progrès est pourtant moribonde, et son spectre appelé croissance s'évanouit peu à peu. Chacun sait, sans être un brillant économiste, que les pays émergents ne font que du rattrapage (la litanie croissanciste du politique en France n'en est que plus pitoyable). Une révolution conceptuelle, source d'un véritable changement, s'impose, qu'accompagnerait obligatoirement une réflexion sur le nécessaire et le superflu. Cette distinction totalement évacuée du discours commun aujourd'hui repose sur une conception de l'existence où la qualité de l'être est première, non la quantité des objets possédés par celui-ci. Serait-il possible alors de retrouver l'humilité devant les aléas de la nature, accepter que le vent ne souffle pas certains jours, que la rivière soit plus basse à certains moments de l'année, que des nuages cachent le soleil ? Le mouvement des villes en transition va dans ce sens, mais aussi, de manière parfois violente, une autre jeunesse, qui ne se contente pas d'un avenir contenu dans des jeux vidéo, affirme sa volonté de reprendre en main son destin dans des mouvements de résistance aux grands projets, aux atteintes à notre milieu de vie. Ces résistances se fondent sur des valeurs non économiques et échappent ainsi à toute récupération. C'est pourquoi il est temps d'en finir avec la naïveté du slogan « agir local, penser global », car cet argument rationnel qui part d'une bonne intention ne tient pas dans le cadre de cette pensée globale, inféodée à la théorie économique libérale et au progrès défini par la technoscience institutionnelle. Les nuages qui s'accumulent laissent présager une rupture de trajectoire et la formule « la transition verte n'aura pas lieu » contient en elle non pas un pessimisme prophétique, mais une vérité fondamentale, celle mal comprise de Cassandre : choisir une autre voie que celle imposée par le discours du pouvoir représente la seule liberté véritable. Ce que Jorge Luis Borges exprime admirablement : « *El porvenir es inevitable pero puede no acontecer*[2]. »

1. Les agrocarburants nécessitent de vouer de grandes surfaces de terre à l'alimentation des moteurs, et non plus à l'alimentation des ventres, ce qui fait exploser les prix des denrées. Jean Ziegler les qualifie de « crime contre l'humanité ».
2. L'avenir est inévitable mais il peut ne pas arriver.

LA PLANÈTE SUR LA RÉSERVE

Par **David Murray**

—

Éditeur chez Écosociété, maison d'édition québécoise, il a coordonné avec Yves-Marie Abraham le livre *Creuser jusqu'où ? Extractivisme et limites à la croissance* (Écosociété, 2015).

—

La conférence de Paris sur le climat nous a rappelé, si besoin était, combien les discours peuvent être creux. Creux comme ces trous forés sans relâche. Jusqu'à la dernière pierre, la dernière pépite, la dernière goutte. Comme si nous ne savions pas faire autrement, comme si la seule trajectoire sur laquelle tendre, c'était celle de l'*extractivisme*.

Davantage qu'un simple modèle de développement fondé sur l'extraction des ressources naturelles, ce néologisme renvoie à un concept qui, dans ses fondements, est inextricablement lié au capitalisme et en constitue l'une des manifestations les plus symptomatiques. Ainsi, l'extractivisme qualifie non seulement un modèle économique particulier qui enferme un pays donné dans une étroite dépendance vis-à-vis de ses «exportations de la nature», mais désigne aussi, plus largement, un modèle social et anthropologique, aujourd'hui dominant, qui consiste à concevoir la nature comme un réservoir de «ressources» mises au service de la production de valeurs d'échange dans le cadre de la société capitaliste, de l'enrichissement matériel et d'une volonté de maîtrise et de puissance – qu'elle soit industrielle, scientifique, militaire, économique, politique, voire idéologique. Un modèle qui aspire en outre à nous faire croire que nous ne pouvons faire autrement qu'extraire de plus en plus, et qui nous enferme dans un rapport utilitaire et prédateur à tout ce qui nous entoure (y compris nous-mêmes).

L'extractivisme est donc directement branché sur la logique du capital dans son mode opératoire. À la fois moteur et carburant de la croissance, il alimente la destruction accélérée du monde. Véritable «pillage institutionnalisé», il écrase toute autre forme d'inscription dans le monde et s'impose tel un rouleau compresseur: métaux, énergie, terres, etc., tout y passe!

TOUJOURS PLUS PROFOND

Aujourd'hui, loin d'être entamée, comme essaient de nous le vendre les thuriféraires de la croissance verte, la dynamique extractiviste est plus que jamais en train d'être renforcée. Tous les indicateurs sur le plan de l'exploitation des ressources témoignent en effet d'un emballement significatif depuis les années d'après-guerre. Selon Philippe Bihouix, « on s'apprête à extraire de la croûte terrestre plus de métaux en une génération que pendant toute l'histoire de l'humanité[1] ». Sur la soixantaine de métaux que nous exploitons, une cinquantaine seraient menacés de pénurie. Citant les travaux de Bihouix, la journaliste Agnès Rousseaux relève : « Il reste plus d'un siècle de réserve pour le cobalt ou le platine. Celles de l'argent, de l'antimoine (utilisé notamment dans l'électronique), de l'indium (utilisé dans les cellules photovoltaïques ou les écrans LCD) se limiteraient à 20 ans. […] Et il ne resterait que 30 à 60 ans de réserve pour la plupart des grands métaux industriels : zinc, cuivre, nickel, plomb[2]… »

Et rares sont les régions qui sont épargnées par cette accélération de la déprédation du monde naturel. Aux quatre coins du monde, les nouveaux projets extractivistes pullulent, comme si la Terre était un puits sans fond. Et même dans les États d'Amérique latine, dans lesquels les « forces de gauche » fondaient de grands espoirs de renouveau pour un « socialisme du XXIe siècle », force est d'admettre que, là aussi, le discours aura supplanté le geste. Les gouvernements « progressistes » élus dans les années 2000 ont même accentué la logique extractiviste. La Bolivie ou l'Équateur, par exemple, qui sont allés jusqu'à inscrire dans leur nouvelle Constitution les droits de la « Terre-Mère », témoignent du paradoxe dans lequel s'enfoncent ces États qui disent vouloir se libérer du carcan du capital, tout en refusant d'en renverser sérieusement la logique.

Dans ces pays, le projet de mettre les richesses naturelles au service du développement national s'est dans les faits généralement traduit par un soutien aux industries extractives au détriment des communautés autochtones, entraînant le déplacement de communautés rurales, empoisonnant les sources d'eau, détériorant les sols et portant atteinte à l'autonomie territoriale amérindienne de la même façon que sous le néolibéralisme. En Argentine, en Bolivie, en Équateur, au Brésil ou ailleurs, la logique extractiviste fonctionne à plein régime. À croire que le concept de *buen vivir* ne serait au fond qu'un vaste écran de fumée…

L'IMPOSSIBLE CROISSANCE VERTE

Si, dans une certaine mesure, l'exploitation des ressources a toujours constitué une caractéristique des sociétés humaines, l'échelle à laquelle on la pratique aujourd'hui est sans commune mesure avec ce qu'elle a pu être par le passé. Jadis, les conséquences de cette exploitation étaient généralement localisées ; mais, depuis les débuts de la révolution industrielle, s'est opéré un saut qualitatif dont la conséquence ultime est la précarisation des conditions matérielles qui président à la vie sur Terre. Notre enlisement dans une dynamique fondée sur une croissance effrénée pour soutenir la mégamachine rend par ailleurs les bases de nos civilisations extrêmement fragiles, ce dont le sociologue Alain Gras a très bien mesuré la portée en parlant de « la fragilité de la puissance » comme marqueur constitutif de la civilisation thermo-industrielle. Une simple rupture de l'approvisionnement énergétique et matériel et tout s'écroule.

Ainsi, l'une des plus graves impasses dans laquelle nous entraîne la voie extractiviste, c'est celle de l'épuisement des ressources, tant métalliques qu'énergétiques. Comme l'explique très bien Philippe Bihouix :

> « Si nous n'avions qu'un problème d'énergie (et de climat), ce serait tolérable. Il "suffirait", pour maintenir notre dépense énergétique actuelle, de tartiner le monde *à la Rifkin* de panneaux solaires, d'éoliennes ou d'hydroliennes et de *smart grids* (ces réseaux de transport "intelligents" permettant d'équilibrer à tout moment la demande variable avec l'offre intermittente des énergies renouvelables), et le pic de pétrole n'aurait qu'à bien se tenir. Si nous n'avions qu'un problème de ressources métalliques, mais accès à une énergie "infinie", tout irait bien, car il suffirait de continuer à exploiter la croûte terrestre à des concentrations de plus en plus faibles, en y injectant une quantité d'énergie toujours plus grande. Mais nous faisons face à ce double problème *au même moment*, et ces deux problèmes interagissent ensemble et *se renforcent mutuellement* : plus d'énergie nécessaire pour extraire et raffiner les métaux, plus de métaux pour produire une énergie toujours moins accessible, tout cela assorti d'une loi des rendements décroissants[3]. »

Or, la doxa croissanciste ne peut concevoir cette réalité. Et au-delà des conséquences délétères de l'extractivisme sur les plans environnemental, climatique, sanitaire, social, humain, voire politique, c'est véritablement ce constat qui devrait sonner le glas de toute velléité de « nouvelle ère », qu'elle se drape sous les oripeaux du « développement durable », de la « croissance verte » ou autre « économie circulaire » vertueuse. Et nous faire cesser de rêver à une quelconque technologie salvatrice, cette foi qui élude la problématique centrale liée à l'extraction des métaux : la question de l'énergie ; celle qui renvoie au taux de retour énergétique (ou le fameux indice EROI).

Notre boulimie consumériste est en fait telle qu'elle est même capable de venir à bout de ressources théoriquement renouvelables, comme on le voit avec certains stocks de poisson, ou comme on a pu le constater avec les baleines au XIXe siècle. Tant que nos sociétés resteront branchées sur la logique extractiviste, de la croissance et de la valorisation du capital, nos actions vont demeurer incompatibles avec un futur durable. Mieux vaut l'admettre : nous sommes dans une situation où nous mobilisons démesurément presque toutes les ressources naturelles qui sont à notre disposition. C'est d'ailleurs la raison pour laquelle la plupart des « fausses » solutions aujourd'hui mises en avant pour diminuer l'impact de nos activités sur l'environnement, tout en assurant le maintien de la société industrielle[4], risquent d'être autant de coups d'épée dans l'eau. Tant que la consommation de masse, l'obsolescence programmée et le prêt-à-jeter intensifieront la ruée vers les ressources minérales partout dans le monde, point de salut ! Pour freiner la déplétion des ressources, il faut radicalement transformer la production industrielle : produire moins, prélever moins, émettre moins de déchets, concevoir des produits à longue durée de vie et faits à partir de matériaux aisément récupérables.

INÉLUCTABLE DÉCROISSANCE

Nous n'y échapperons donc pas : la décroissance est nécessaire. Même s'il est possible que nous bénéficiions somme toute de métaux encore longtemps, le maintien de notre consommation actuelle nous met sur une pente périlleuse. Pour les plus gourmands d'entre nous, la fête est terminée et les belles années de l'économie globalisée reposant sur un pétrole abondant et peu cher ne reviendront plus. Il faut en prendre acte et amorcer de nouvelles trajectoires si nous voulons faire en sorte que les prochaines générations ne soient pas davantage précarisées.

Pour retrouver le sens de la mesure, il nous faudra entre autres impérativement renouer avec le principe d'entropie, qui explique bien pourquoi la fin appréhendée des hydrocarbures fossiles pose de sérieuses questions quant au devenir de notre société thermo-industrielle. C'est l'entropie qui permet notamment de bien comprendre la différence entre énergie concentrée (pétrole ou charbon) et énergie diffuse (comme le soleil). Notre problème n'est ainsi pas tant que nous butons contre un manque d'énergie que contre un manque de concentration. Or toute notre infrastructure repose sur un flux constant d'énergie concentrée. Ce que semblent avoir du mal à comprendre ceux qui fondent leur espoir de continuer à faire tourner la machine à plein régime en misant sur le tout renouvelable. Cette situation implique en fait que dans le futur, dans un monde de pénurie, il nous faudra réserver les modestes quantités d'énergie concentrée qui resteront pour des tâches essentielles et qui ne pourraient être exécutées autrement et apprendre à user de l'énergie diffuse pour combler nos autres besoins.

Notre monde en est aussi un d'aveuglement volontaire, de déni. Or il faut se préparer à l'effondrement, ou du moins tourner le dos à une certaine conception du monde. Mais, pour aborder lucidement l'effondrement et faire en sorte que la décroissance ne soit pas synonyme de barbarie, qu'elle soit choisie plutôt que subie, il importe également de remettre en question une certaine idée du progrès. Cette foi en la technoscience qui soutient que nous trouverons bien une nouvelle source d'énergie, qu'on ne peut aller à l'encontre du « sens » de l'histoire. Or, la voie que nous avons empruntée ne peut servir de repère pour l'ensemble de l'humanité, et encore moins être le reflet d'un quelconque « sens » de l'histoire. Rien ne prédestinait l'Occident à emprunter la trajectoire thermo-industrielle et extractiviste et à l'imposer à l'ensemble du globe. La Chine avait par exemple, au sortir de la période médiévale, les mêmes « outils » à sa disposition et n'a pourtant pas suivi cette voie. Loin d'être linéaire, l'histoire est multiple, et les trajectoires plurielles. Des civilisations se sont effondrées avant nous, et d'autres le feront dans l'avenir. Le problème qui nous concerne, cependant, c'est que nous risquons d'entraîner l'ensemble du globe dans notre chute, tellement le système extractiviste et capitaliste est tentaculaire et global.

D'une certaine façon, nous pourrions dire que nous sommes arrivés à la fin d'un cycle. Celui de la civilisation industrielle, qui aura vu les êtres humains se croire maîtres du globe. L'ère qui est la nôtre risque toutefois de laisser un héritage plutôt toxique fait de déchets radioactifs, de métaux lourds, de gaz à effet de serre accumulés dans l'atmosphère et de ressources surexploitées. Une nouvelle planète en somme.

À nous d'en dessiner les nouveaux contours, comme le font tous ceux et celles qui luttent contre la démesure du capital et qui s'opposent à la logique extractiviste. Et de soutenir les différentes luttes citoyennes et résistances autochtones qui essaiment autour du globe, de l'opposition aux « grands projets nuisibles » à la multiplication des « zones à défendre ».

La logique extractiviste ne pourra toutefois être réellement neutralisée que lorsque nous désarmerons les véritables lieux de pouvoir. S'y attaquer, c'est s'attaquer à la logique du capital. Que les copistes des grandes mascarades internationales se le tiennent pour dit : pour opérer le virage nécessaire et éviter le pire, tant que prévaudra le carcan extractiviste, nous n'aurons aucune chance d'atteindre les objectifs de réduction des gaz à effet de serre fixés par la communauté scientifique, et tous ces « engagements » pris lors de la conférence de Paris seront nuls et sans effet. Ils ne permettront en rien de freiner les bouleversements climatiques à venir. Il importe dès aujourd'hui de prendre conscience de l'impasse que représente la dynamique extractiviste et d'ouvrir l'horizon des possibles pour que nous puissions, collectivement, emprunter de nouvelles trajectoires davantage soutenables et porteuses de justice et d'équité.

1. Philippe Bihouix, *L'Âge des low tech. Vers une civilisation techniquement soutenable*, Le Seuil, 2014.
2. Agnès Rousseaux, « Quand le monde manquera de métaux », *Basta !*, 26 septembre 2012.
3. Philippe Bihouix, « Mortifère croissance "verte" », dans Yves-Marie Abraham et David Murray (dir.), *Creuser jusqu'où ? Extractivisme et limite à la croissance*, Écosociété, 2015, p. 166-167.
4. Comme la substitution des minéraux rares par des minéraux communs, par exemple le remplacement du cuivre par l'aluminium : une solution très compliquée et énergivore. Comme l'économie circulaire qui nous fait croire à la possibilité d'un taux de recyclage à 100 %, totalement illusoire. Ou comme l'efficacité énergétique, qui n'est pas forcément synonyme de moins de métaux rares et « épuisables » : les récentes innovations en la matière dépendent en effet souvent largement de minéraux rares.

LES ÉNERGIES RENOUVELABLES NE POURRONT PAS ALIMENTER LA CROISSANCE ÉCONOMIQUE

Par **Richard Heinberg**

—

Journaliste et essayiste étatsunien, spécialiste du pic pétrolier et chercheur au Post Carbon Institute, il est l'auteur de nombreux essais, dont *Afterburn. Society Beyond Fossil Fuels* (New Society Publishers, 2015).

—

Le monde a besoin de mettre un terme au plus vite à sa dépendance aux combustibles fossiles. C'est la seule réponse sensée au changement climatique et au dilemme économique que constituent la baisse de qualité des ressources en pétrole, en charbon et en gaz et la hausse des coûts d'extraction. L'industrie nucléaire étant maintenue artificiellement en vie dans la plupart des pays, l'avenir énergétique semble résider essentiellement dans le solaire et l'éolien. Mais pouvons-nous passer à ces sources renouvelables tout en continuant à utiliser l'énergie comme aujourd'hui ? Et pouvons-nous maintenir notre économie fondée sur la croissance et la consommation de masse ?

La réponse à ces questions est : certainement pas. Examinons quatre secteurs importants de l'économie de l'énergie et faisons le compte des potentialités et des obstacles.

Le secteur de l'électricité : le solaire et l'éolien produisent de l'électricité, et leur carburant est gratuit. De plus, le coût de l'électricité issue de ces sources renouvelables est en baisse. Il y a des tendances encourageantes. Cependant, l'intermittence (le soleil ne brille pas toujours, le vent ne souffle pas tout le temps) empêche encore le photovoltaïque et l'éolien de prendre de grandes parts de marché dans la production d'électricité. Les gérants du réseau électrique peuvent facilement intégrer de petites variations de production ; mais il sera nécessaire de développer les capacités de stockage, des systèmes de compensation, et d'opérer une refonte majeure des réseaux pour équilibrer les phases de production et de non-production, puisqu'une plus grande part de l'électricité proviendra de sources incontrôlables. Tous ces investissements seront chers – de plus en plus à mesure qu'augmente le taux de pénétration du marché photovoltaïque-éolien. Au fil du temps, on parviendra peut-être à résoudre quelques-uns des problèmes posés par l'intégration des énergies renouvelables et intermittentes dans le réseau. Mais, même si tous ces écueils finissaient par être surmontés, l'électricité ne représenterait qu'un cinquième de toute l'énergie finale que l'on consomme ; qu'en est-il au sujet des autres formes d'énergie et des autres manières de l'utiliser? Leur transition serait-elle plus facile ou plus difficile ?

Le secteur des transports: les voitures électriques deviennent plus communes. Mais les camions électriques et les autres véhicules lourds vont poser plus de difficultés, à cause de la faible densité énergétique contenue dans une batterie (les carburants emmagasinent beaucoup plus d'énergie par kilogramme). Les navires pourraient utiliser des voiles de cerf-volant, mais cela ne ferait qu'améliorer légèrement leur efficacité énergétique ; il n'y a pas d'alternative viable au pétrole dans ce mode de transport clé. La situation est similaire, bien qu'encore plus difficile, pour l'aviation. Les biocarburants ont été un fiasco énergétique, comme le reconnaît désormais le Parlement européen. Et la construction de tous nos véhicules, et de l'infrastructure dont ils dépendent (notamment les routes et les pistes d'aéroport), dépend aussi de procédés industriels qui exigent actuellement des combustibles fossiles. Cela nous conduit au…

Secteur industriel: la fabrication de fonte – le principal élément entrant dans la composition de l'acier – se fait avec des hauts fourneaux. La production de ciment nécessite des fours de 100 mètres de long qui fonctionnent à 1 500°C. En principe, il est possible de produire cette forte chaleur avec de l'électricité ou des capteurs solaires géants, mais personne ne le fait aujourd'hui parce que ce serait beaucoup plus cher que de brûler du charbon ou du gaz. Point crucial, la fabrication actuelle des panneaux solaires et des éoliennes dépend aussi de procédés industriels à haute température alimentés par du pétrole, du charbon et du gaz. Là aussi, il est en principe possible de produire autrement cette chaleur – mais cela se solderait par une nette augmentation du prix de l'énergie solaire et éolienne. Et il n'existe aucun projet concret, susceptible de nous prouver ne serait-ce que la faisabilité de la chose.

Le secteur alimentaire: les engrais à base d'azote sont actuellement produits à faible coût avec du gaz ; ils pourraient être produits avec de l'électricité photovoltaïque ou éolienne, mais cela entraînerait encore des coûts plus élevés. Les produits alimentaires – et les intrants chimiques de l'agriculture – sont à l'heure actuelle transportés sur de longues distances grâce au pétrole, et les machines agricoles fonctionnent avec du pétrole raffiné. Il serait possible de cultiver de la nourriture sans intrants chimiques et de relocaliser les systèmes alimentaires, mais il faudrait pour cela plus de main-d'œuvre dans les fermes, ce qui augmenterait sûrement les prix alimentaires. Les consommateurs devraient adopter un régime plus saisonnier et réduire leur consommation d'aliments exotiques.

En bref, la transition énergétique soulève beaucoup plus de difficultés qu'elle n'offre de perspectives. Des solutions sont envisageables pour faire face aux problèmes que nous avons identifiés. Mais, pour la plupart, elles impliquent des coûts plus élevés et contrarient le fonctionnement du système. En outre, la dynamique de cette transition pose elle-même un problème : d'où proviendra l'énergie nécessaire à la fabrication de tous ces panneaux photovoltaïques, ces éoliennes, ces batteries, ces hauts fourneaux électriques et ces fours à ciment solaires dont nous aurons besoin ? La construction de l'infrastructure de production et de consommation du monde moderne, alimentée par l'énergie des combustibles fossiles, a été de loin le chantier le plus lourd dans l'histoire humaine. Il s'est étalé sur plus d'un siècle, et reste toujours en cours. Nous devons maintenant remplacer l'essentiel de cette vaste infrastructure par quelque chose de différent : des générateurs d'énergie différents, des voitures différentes, des camions, des routes, des bâtiments et des processus industriels différents, en utilisant des matériaux différents (pas de plastiques à base de pétrole, pas d'asphalte). Tout cela prendra du temps, de l'argent… et de l'énergie.

Et voilà le hic. D'où proviendra l'énergie ? En réalité, la majeure partie viendra forcément des combustibles fossiles – au moins dans les premières phases de la transition. Et nous devrons utiliser des combustibles fossiles dont l'efficacité économique décline, à cause de l'épuisement des réserves de pétrole, de gaz et de charbon de bonne qualité. Là encore, cela implique des coûts plus élevés. Pourquoi ne pas simplement utiliser des énergies renouvelables pour construire des énergies renouvelables ? Parce que ce serait plus lent et encore plus cher. Mais plus vite nous engagerons la transition énergétique, plus nous devrons consacrer d'énergie à ce projet gargantuesque, et moins nous aurons d'énergie disponible pour les autres activités que nous sommes déjà en train de mener (faire fonctionner le transport, l'industrie, les communications, les services médicaux, entre autres).

Les problèmes que soulève la transition aux énergies renouvelables sont complexes et techniques. Et il y en a bien trop pour tous les évoquer dans un court texte comme celui-ci. Mais la littérature scientifique qui prévaut sur le sujet aboutit à la conclusion qu'une économie industrielle alimentée par des sources d'énergie entièrement renouvelables serait moins mobile et produirait des marchandises en moindre quantité et à un prix plus élevé. Le monde industriel du XXe siècle a été bâti sur les combustibles fossiles – et, d'une certaine manière, *pour* les combustibles fossiles (comme peuvent en témoigner tous ceux qui ont passé du temps dans les zones périurbaines des États-Unis). L'hypermobilité et la capacité à accroître sans cesse la production industrielle étaient caractéristiques de cette époque en déclin. Les dernières décennies de ce siècle seront marquées par l'utilisation de sources énergétiques complètement différentes, et la société sera contrainte de se transformer en profondeur.

Cette perspective ne doit pas être vue comme forcément mauvaise. La société de consommation mondialisée a toujours été insoutenable, et nous pourrions être plus heureux sans elle. Mais, à moins que nous construisions un avenir renouvelable d'après-croissance, les institutions économiques existantes risquent de s'effondrer plutôt que de s'adapter en douceur.

Les industries des énergies fossiles et du nucléaire ont un intérêt bien compréhensible à décrier les énergies renouvelables, mais leurs jours sont comptés. Nous nous dirigeons vers un avenir renouvelable, que nous nous organisions intelligemment pour cela ou non. De toute évidence, la meilleure voie à suivre serait de nous organiser intelligemment... Mais il ne suffira pas d'accélérer la transition énergétique en construisant simplement plus d'éoliennes et de panneaux solaires, comme le recommandent de nombreux climatologues. Pour opérer une telle transition, il est tout aussi important de transformer délibérément les manières dont nous utilisons l'énergie. Et cela implique une refonte presque complète de l'économie – à la fois de ses moyens et de ses finalités. Il faut abandonner l'objectif de croissance économique ; nous devons plutôt viser la satisfaction des besoins humains fondamentaux, en composant avec un budget réduit en énergie et en matériaux. En attendant, pour que la population accepte de s'engager dans ce vaste projet coopératif, nous devons promouvoir les activités qui accroissent le bonheur et le bien-être des hommes.

[Traduction : Pierre Thiesset]

LE BAIN DE JOUVENCE DU PROGRESSISME TECHNOLOGIQUE

Par **François Jarrige**

—

Historien des résistances à la technique, il est l'auteur de *Technocritiques. Du refus des machines à la contestation des technosciences* (La Découverte, 2014).

—

La conférence internationale de Paris sur le climat s'est achevée le 12 décembre 2015 sur un accord qui entend limiter la hausse des températures du globe et inaugurer la transition vers un monde dit «post-carbone». La presse s'est rapidement enthousiasmée pour cet accord jugé «historique», et le gouvernement socialiste s'est empressé de son côté de célébrer ce succès pour mieux dissimuler son effondrement électoral. L'un des principaux apports de cette Conférence des parties (COP) – apothéose de 20 ans de négociations sur le climat dans les arènes diplomatiques internationales[1] – fut sans doute d'avoir contribué à mieux faire connaître les enjeux climatiques. Pour le dire simplement, il faudrait que les émissions mondiales de dioxyde de carbone (CO_2) diminuent de 50 à 70 % d'ici à 2050, alors que dans le même temps toutes les projections annoncent une hausse de la combustion des énergies fossiles pour répondre à la croissance démographique et économique mondiale. Comment résoudre ce défi qui s'apparente à la quadrature du cercle ? L'accord final de la COP n'apporte aucune solution. Il s'agit d'un texte filandreux et nimbé de langue de bois, presque entièrement obnubilé par les questions financières et la gestion technocratique du problème, traversé de tensions entre les grands principes, l'énoncé des menaces apocalyptiques et des solutions indigentes qui se résument largement à la réaffirmation des solutions technologiques et la confiance dans le génie humain. Mais de quoi la COP 21 et le texte qui en est issu sont-ils le nom, le symptôme et le signe ?

LES FAUX-SEMBLANTS DE LA «CLIMATISATION DU MONDE»

La COP 21 organisée à Paris a constitué une manifestation spectaculaire des nouvelles logiques à l'œuvre dans le gouvernement des affaires humaines. Elle a aussi illustré le processus de « climatisation du monde », selon la formule du sociologue Jean Foyer, c'est-à-dire la tendance croissante de nombreux acteurs – qu'il s'agisse des entreprises, des gouvernements ou des ONG – à reformuler leurs stratégies et leurs positions en termes climatiques, et à utiliser la visibilité des enjeux climatiques pour avancer leurs revendications ou leurs intérêts[2]. Apparemment, tout le monde ou presque reconnaît désormais qu'il faut changer de modèle de développement pour limiter le réchauffement climatique, pourtant les grands tabous à l'origine de la crise demeurent impensés et invisibles. Qu'il s'agisse de la consommation des hydrocarbures, du libre-échangisme global ou du solutionnisme technologique – c'est-à-dire cette tendance à considérer que les défis qui nous attendent ne sont que des problèmes techniques à résoudre au moyen des bonnes innovations –, tous ces totems de la modernité industrielle demeurent très prégnants[3].

Le texte final adopté *in extremis* crée pour la première fois un consensus sur la réalité du réchauffement climatique, sur l'ampleur de la menace, sur « l'urgence d'agir ». Mais agir pour faire quoi ? Qui doit agir ? Et où faut-il agir ? C'est évidemment là que les débats et les problèmes resurgissent. Cet accord témoigne sans doute de l'ouverture d'une nouvelle époque : la lutte ne porte plus désormais sur la reconnaissance du phénomène du réchauffement climatique d'origine anthropique – lequel n'est plus nié que par quelques individus particulièrement obtus et ignorants – mais sur les solutions pour l'affronter. Les gouvernements, les grandes entreprises comme les organisations écologistes partagent à peu près le même constat. Les lignes de clivages et les tensions portent sur les réponses à apporter : d'un côté, les pouvoirs économiques et politiques invitent à accélérer la modernisation et l'innovation pour résoudre le problème perçu comme une question principalement technique, nécessitant innovations et ingénierie globale ; de l'autre, quelques individus et groupes sans cesse marginalisés en appellent à interroger plus profondément nos manières de vivre et nos organisations sociopolitiques.

La question du climat peut-elle faire naître une interrogation sur notre rapport au monde, sur nos rapports sociaux, sur notre système économique et nos manières de produire, ou sera-t-elle – une fois de plus – recyclée par les grands groupes multinationaux et les nations industrialisées pour promouvoir leurs intérêts et accroître leurs profits ? Tous les indices montrent que la deuxième voie s'impose déjà. Loin de conduire à des décisions susceptibles d'enrayer l'effondrement en cours, la COP 21 s'apparente plutôt à un retour en force du progressisme technoscientifique qui trouve dans la question climatique une occasion inespérée de se relancer en disqualifiant les doutes et incertitudes qui s'exprimaient dans la société[4].

LES MOTS QUI TROMPENT

Il vaut la peine de décrypter le texte issu de l'accord conclu à Paris en décembre dernier, malgré l'ennui profond que suscite sa lecture, comme si tout était fait pour que les citoyens ne s'emparent pas de ces questions. Cette lecture montre qu'il s'agit d'une mystification et d'une nouvelle tentative pour détourner l'attention de l'essentiel, empêcher toute remise en cause réelle des trajectoires thermo-industrielles responsables de la situation.

On peut certes lire au début du texte que « les changements climatiques représentent une menace immédiate et potentiellement irréversible pour les sociétés humaines et la planète ». Mais il existe un gouffre béant entre ce constat catastrophiste dressé au début, et les solutions gestionnaires et minimales énoncées dans la suite du texte. Les mots-clés comme énergie, pétrole, charbon sont absents, sans même parler de certaines notions très vastes mais essentielles comme « écologie » ou « capitalisme »[5]. Il s'agit d'un texte de compromis, c'est-à-dire d'un juste milieu entre des positions opposées ; mais comment fonder un projet collectif ambitieux en laissant de côté les notions centrales, comment agir si d'emblée le langage est faux, trompeur et perverti ?

Dans les 39 pages de l'accord, les mots qui reviennent le plus sont « technique[s] » (27 occurrences) et « technologie[s] » (38 occurrences). Derrière ces catégories floues, ces artefacts linguistiques commodes mais indéterminés, que mettre ? Le texte reste largement silencieux sur ce point, il évoque le « transfert de technologies socialement et écologiquement rationnelles » mais sans plus de précision. À la fin, petite concession aux populations du Sud et aux mouvements écologistes, le texte insiste sur « la nécessité de renforcer les connaissances, technologies, pratiques et activités des communautés locales et des peuples autochtones » en mettant en place « une plateforme pour l'échange des données d'expérience et la mise en commun des meilleures pratiques en matière d'atténuation et d'adaptation de manière holistique et intégrée » ! En réalité, on devine qu'il s'agit pour l'essentiel des *high-tech* et de l'ingénierie planétaire, des grands projets soutenus par les milliardaires et les grandes firmes ; derrière la mention convenue des « peuples autochtones » se cachent les délires prométhéens de ceux qui possèdent le pouvoir scientifique, politique et économique. Comme toujours, face à l'impossibilité de l'action politique citoyenne bloquée par les lobbies et les intérêts économiques, on s'en remet à l'innovation avec une foi naïve qui menace d'aggraver encore la catastrophe.

FATALISME DE L'INNOVATION *HIGH-TECH*

Dans une interview donnée en 2013, un économiste influent, par ailleurs membre du Giec, avouait que « jamais le concert des nations ne se mettra d'accord sur un plan cohérent, efficace et crédible de réduction des émissions ». Face à ce constat pessimiste il concluait : « Il ne reste donc qu'à croiser les doigts en espérant que les ingénieurs nous éviteront l'Armageddon annoncé. Rien n'est moins sûr, hélas[6]. » Ce type de position est de plus en plus fréquemment énoncé. On le retrouve en particulier chez les experts, économistes ou scientifiques, et chez les industriels, qui tentent tous d'utiliser le climat pour légitimer leur pouvoir, leur projet, ou trouver des marchés pour leurs marchandises.

Durant la COP 21, une exposition a ainsi été organisée au Grand Palais afin de valoriser « les solutions et innovations en faveur du climat ». Lors de cet événement organisé par le Comité 21, largement financé par les grandes multinationales, et présidé par Gilles Berhault – « coprésident du Cluster Green and Connected Cities, réseau européen TIC21 sur l'efficacité énergétique » –, les visiteurs étaient accueillis par le robot DIYA ONE, « premier robot neuro-inspiré [qui] offre des applications en matière de purification d'air » ! Alors que les manifestations et alternatives citoyennes étaient réprimées ou réduites à la portion congrue dans le Paris post-attentats, les industriels étaient invités à présenter leurs solutions au public. Le directeur des « marchés et technologies avancés » de la multinationale Air Liquide présentait ainsi une conférence sur les technologies de l'hydrogène comme réponse aux défis climatiques.

Si vous consultez le site du ministère français de l'Écologie, vous verrez de même que les solutions envisagées pour réduire les gaz à effet de serre sont principalement technologiques, comme le captage du CO_2 au point de rejet ; la promotion du nucléaire ou des énergies renouvelables ; les voitures électriques ; la généralisation des technologies numériques censées résorber les risques climatiques en améliorant l'efficacité énergétique, alors même que la numérisation du monde nécessite des dépenses croissantes d'énergie.

Dans un récent rapport sénatorial intitulé « Les collectivités territoriales s'engagent pour le climat », on pouvait encore lire une longue liste d'initiatives locales pour lutter contre le changement climatique. Parmi de nombreuses perles, on y trouve notamment un éloge de la politique de numérisation de la ville de Nice, une « *smart city* » avec capteurs et « vidéosurveillance intelligente », présentée comme un modèle de bonnes pratiques face aux risques climatiques : « Les caméras permettent de s'approcher au plus près et sans risque pour les agents publics. Au moment où les événements climatiques tendent à s'intensifier, il peut s'agir d'un outil précieux de veille pour nombre de collectivités concernées[7] » ! Vous ne rêvez pas, la vidéosurveillance est vantée comme une solution aux enjeux climatiques!

La COP 21 s'apparente en réalité à une vaste foire à l'innovation, ce qui explique sans doute l'intérêt soudain des grands groupes industriels en quête de nouveaux marchés pour maintenir leurs profits.

LES DÉLIRES DE LA GÉO-INGÉNIERIE

Pourtant, la promotion incessante de l'innovation et des *high-tech* n'est pas tant la solution à notre problème que l'une des sources du problème, et une manière de mettre de côté les vraies réponses. Au lieu d'interroger les impasses du progrès technique, qui s'incarne dans le gigantisme des infrastructures et la complexité croissante des dispositifs numériques, au lieu de promouvoir des formes de *low-tech* privilégiant le travail humain et la baisse des consommations, les innombrables promesses technologiques hors-sol véhiculées à l'occasion de la COP 21 capturent l'avenir et ne cessent de corrompre l'utopie[8]. La réponse la plus évidente et la plus efficace aux changements climatiques consisterait à ne plus émettre de gaz à effet de serre, ce qui impliquerait évidemment de remodeler en profondeur nos imaginaires, nos rapports sociaux et nos modes de vie façonnés par deux siècles de dépendance aux énergies fossiles et au gigantisme des macro-systèmes techniques. Il faudrait repenser l'urbanisme et abandonner l'automobile, ou du moins la brider massivement, limiter le transport aérien, accroître considérablement le coût de l'énergie consommée, s'habituer à avoir plus froid en hiver, retrouver l'usage de nos jambes, diminuer l'emprise des objets et gadgets dits « intelligents » au lieu de nous en rendre de plus en plus esclaves.

Mais rien de tout cela ne compte réellement ni n'est envisagé par ceux qui ont le pouvoir. À l'inverse, ils promeuvent de plus en plus les seules réponses technoscientifiques et la géo-ingénierie, et ne cessent de réactiver le progrès technologique comme la seule façon de construire le futur. Longtemps considérée comme un délire de savant fou ou un résidu des projets militaires de la guerre froide, la géo-ingénierie, qui consiste à modifier le climat par une intervention technoscientifique – par exemple en injectant du soufre dans l'atmosphère comme le recommande le chimiste Paul Crutzen –, est peu à peu acceptée et promue comme la seule solution viable, la plus simple aussi car la seule qui n'implique aucune modification des rapports socio-économiques dominants[9]. Cette géo-ingénierie trouve ainsi droit de cité dans le dernier (le 5e) rapport du Giec, et elle est vantée par une alliance de plus en plus large de *businessmen* et de politiques.

Tout semble se mettre en place pour nous adapter à cet horizon qui, il y a encore quelques années seulement, aurait semblé parfaitement incongru. Face à un tel projet et à un avenir toujours plus technologique, il faut encore et toujours refuser de nous adapter, il faut nous opposer aux discours fatalistes affirmant qu'il n'y a pas d'autres chemins que la barbarie ou la course en avant technoscientifique.

1. Stefan Aykut, Amy Dahan, *Gouverner le climat ? 20 ans de négociations climatiques*, Presses de Sciences Po, 2015.
2. Jean Foyer, « Dans les coulisses de la COP 21 », *La Vie des idées*, 23 février 2016. www.laviedesidees.fr/Dans-les-coulisses-de-la-COP21.html
3. Evgeny Morozov, *Pour tout résoudre, cliquez ici. L'aberration du solutionnisme technologique*, trad. de l'anglais (États-Unis) par M.-C. Braud, FYP, 2014 ; Michael et Joyce Huesemann, *Techno-Fix. Why Technology Won't Save Us or the Environment*, New Society Publishers, 2011.
4. François Jarrige, *Technocritiques. Du refus des machines à la contestation des technosciences*, La Découverte, 2014.
5. Voir par exemple les analyses de Daniel Tanuro, « La catastrophe climatique continue – COP 21 : en dépit du spectacle, le verre est vide à 80 % ». https://entreleslignesentrelesmots.wordpress.com/2015/12/14/la-catastrophe-climatique-continue-cop21-en-depit-du-spectacle-le-verre-est-vide-a-80/
6. « Méga climatiseur : les solutions techniques pour lutter contre le réchauffement climatique auxquelles on s'interdit de recourir », en ligne sur le site *Atlantico*, 26 novembre 2013.
7. À lire en ligne sur le site du Sénat : www.senat.fr/rap/r15-108/r15-10853.html
8. Philippe Bihouix, « Les technosciences, ou l'utopie corrompue. Quand l'idéologie du progrès capture notre avenir », *Revue du crieur. Enquêtes sur les idées et la culture* n° 2, 2015, p. 112-127.
9. Pour une présentation de la « géo-ingénierie », de son histoire, de ce que cela recouvre et de ses risques, voir la synthèse en ligne du volcanologue Jacques Varet : http://encyclopedie-dd.org/encyclopedie/territoires/3-1-quels-choix-energetiques/la-geo-ingenierie-climatique.html ; et la précieuse étude de Clive Hamilton, *Les Apprentis Sorciers du climat. Raisons et déraisons de la géo-ingénierie*, Le Seuil, 2013.

LA DOUBLE PENSÉE DU NUMÉRIQUE

Par **Cédric Biagini**

—

Animateur des éditions L'échappée, il a coordonné plusieurs ouvrages sur la critique de la technologie et est l'auteur de *L'Emprise numérique. Comment Internet et les nouvelles technologies ont colonisé nos vies* (L'échappée, 2012).

—

« Nous estimons qu'à l'intérieur de la gauche actuelle, le clivage le plus important sépare ceux qui s'accrochent à un folklore politique nourri de localisme, d'action directe et d'horizontalisme intransigeant, d'avec ceux qui ébauchent une politique "accélérationniste" sans complexe envers une modernité faite d'abstraction, de complexité, de globalité et de technologie. Les accélérationnistes veulent libérer les forces productives latentes. Nous voulons accélérer le processus d'évolution technologique. Pour ce faire, la gauche doit tirer parti de toute avancée scientifique et technologique rendue possible par la société capitaliste. L'accélérationnisme repose sur la croyance fondamentale que ces capacités peuvent et devraient être libérées en dépassant les limites imposées par la société capitaliste. Le mouvement visant à dépasser les limites actuelles implique davantage qu'une simple lutte pour une société globale plus rationnelle. Nous croyons que cela exige également de retrouver les rêves qui ont animé tant de gens, depuis le milieu du XIXe siècle jusqu'à l'aube de l'ère néolibérale, rêves d'un *Homo sapiens* en quête d'expansion au-delà des limites de la Terre et de notre forme corporelle immédiate. »

Ces extraits du manifeste accélérationniste publié en 2013, et relayé en France par la revue *Multitudes* et ses réseaux animés par des intellectuels comme Yann Moulier-Boutang et Toni Negri, ont le mérite de formuler de manière claire, complètement assumée et brutale, ce qu'une grande partie de ce que nous pourrions appeler, pour aller vite, la gauche de la gauche défend aujourd'hui. L'action de cette dernière se réduit de plus en plus – à mesure que son implantation sociale décline – à réactualiser les vieilles lunes progressistes : il faut déchaîner les forces productives, développer l'industrie et les techniques, pour un jour espérer pouvoir dépasser le capitalisme et faire advenir le socialisme. Le moteur de ce processus est l'accélération du déferlement technologique qui accouchera d'une économie collaborative et d'une société de la connaissance. Toute une série de concepts, à la mode autant dans les ministères que dans les start-up ou dans les lieux *contestataires*, accompagne cette *doxa*: coconstruction, open source, communaux... Si le nouvel agencement social reconfiguré par les machines connectées est poussé à son terme, biens et services deviendront gratuits, la propriété disparaîtra alors que s'ouvrira une ère d'abondance et de bien-être, de créativité et de partage. La révolution numérique permettrait de construire une société égalitaire en abolissant l'économie du profit et de la propriété pour lui substituer une économie de la contribution et du partage démocratique, avec, en prime, l'abolition des rapports hiérarchiques et autoritaires.

Assez paradoxalement, tout du moins en apparence, cette foi dans l'innovation est partagée par l'ensemble des dirigeants économiques et politiques. Eux aussi y voient des lendemains qui chantent, « le facteur clé du succès des économies développées », comme l'analysait dès 2006 la Commission sur l'économie de l'immatériel, constituée de chefs d'entreprises et d'inspecteurs des finances, dirigée par Maurice Lévy, président de Publicis. Nos Nostradamus prévoyaient que cette économie de l'immatériel serait la plus forte source de croissance, et le numérique « le nouveau carburant des échanges économiques », à condition que la France en finisse avec « la nostalgie, l'immobilisme, le protectionnisme ». Les nouvelles technologies seraient l'occasion d'enfin mettre en place « des règles de fonctionnement des marchés qui permettront, dans tous les domaines, de passer des structures adaptées à l'économie d'hier à celles d'aujourd'hui et surtout de demain ». Et d'estimer qu'il est temps de changer les « règles de propriété intellectuelle, cadre de financement des entreprises, législation fiscale, réglementation des marchés du travail, des biens et des services: dans tous ces domaines, nous devons accepter de voir nos faiblesses et les corriger si nous voulons tirer pleinement parti de nos richesses humaines ». À la lecture de ce rapport, et des discours dominants qui font du numérique le nouveau Graal, on comprend que les libéraux aient saisi l'opportunité offerte par les nouvelles technologies de libéraliser tous les secteurs de la société et de pouvoir, grâce à elles, enfin appliquer la règle dite des trois D qui leur est si chère: déréglementation, désintermédiation, décloisonnement.

Nous sommes là au cœur de ce que nous pourrions appeler la double pensée du numérique, en nous référant aux écrits du philosophe Jean-Claude Michéa sur le libéralisme. Il a brillamment montré comment ce dernier est fondamentalement une pensée double: d'un côté il fait l'apologie de l'économie de marché (versant de droite), et de l'autre celle des transgressions de toutes les frontières morales et culturelles (versant de gauche). Dans le cas des nouvelles technologies, consubstantielles au libéralisme – elles forment avec lui un seul bloc –, d'un côté est exaltée la croissance engendrée par la transformation profonde du tissu économique et social, l'innovation étant la pierre angulaire de l'économie de marché, un formidable accélérateur de la compétitivité, et de l'autre, sont célébrées la dimension participative, l'ouverture, l'autonomie, l'abolition de régulations qui entravent la liberté individuelle, la suppression de toute autorité, la désinstitutionnalisation, l'affranchissement des contraintes et limites (temporelles, spatiales et même corporelles). Le cas des applications de transport Uber et de location Airbnb est emblématique de cette double pensée : à la fois elles permettent de se débarrasser des modes de régulation existants, de défiscaliser, de « libérer la croissance », et de l'autre, elles se présentent et sont vécues par leurs utilisateurs comme « cool », souples, démocratiques, permettant à tous de se déplacer et de voyager à moindre coût, tout en se passant des intermédiaires, et tout cela, bien entendu, de manière collaborative…

Pour illustrer cette double pensée qui accompagne le développement de toute innovation technologique, nous pouvons prendre deux exemples parmi tant d'autres.

Le premier concerne certains volets de la loi pour une République numérique, portée par Axelle Lemaire, secrétaire d'État chargée de la question et adoptée quasi unanimement par les députés le 26 janvier 2016. Lorsqu'elle était encore en projet, un journal la présentait comme « une loi progressiste. Parce que nous défendons, à *Libération*, l'accès à un Internet libre et ouvert, le partage de la culture et des connaissances[1] ». En ouvrant les données publiques récoltées par les administrations (*Open data*), l'État permet aux citoyens et aux entreprises d'en disposer et de les utiliser. Le philosophe Éric Sadin a fait une critique de ce projet car il estime, à juste titre, que ces données seront exploitées par des entreprises qui capitaliseront sur des informations relevant des administrations de l'État et des collectivités[2]. Cela favorisera la monétisation de données à partir desquelles seront créées des applications marchandes. Cette dimension, Axelle Lemaire ne la niait pas, puisque son objectif était, et reste, de « libérer les start-up » françaises, d'aider ainsi la fameuse « French tech », si choyée par le gouvernement. Mais elle a aussi pour ambition rien moins que de donner à la société civile les moyens d'évaluer et de contrôler l'action des pouvoirs publics. Et, dans l'esprit du mouvement porté par les promoteurs du logiciel libre, de permettre la collaboration entre pouvoirs publics, citoyens et entreprises, afin de favoriser une économie de la contribution – notons au passage que ce mirage fait aujourd'hui le miel de la gauche progressiste. Les informations publiques deviendraient ainsi un bien commun informationnel : « Une ressource partagée par une communauté d'utilisateurs rassemblée pour en définir des règles de gestion durable[3]. » Bref, tout irait pour le mieux dans le meilleur des mondes, car l'esprit originel d'Internet serait ainsi retrouvé et, pour reprendre un argument devenu un lieu commun, cela servirait le combat contre les nouvelles *enclosures* que les méchantes multinationales du Web tenteraient d'ériger en s'appropriant nos données.

Le second exemple sur lequel je vais m'appuyer pour illustrer la double pensée du numérique est celui des « fab labs », ces ateliers qui regroupent des machines-outils pilotées par ordinateurs, des outils plus classiques et différents appareils, comme les fameuses imprimantes 3D qui permettent d'« imprimer » à partir d'un fichier toutes sortes d'objets dans différents matériaux, de pièces de meubles jusqu'à une arme à feu. Grâce à l'impression 3D, chacun pourrait disposer à l'avenir d'une usine dans son salon, et ainsi subvertirait une industrie aux mains des capitalistes, complètement engluée dans ses vieux modes de production et de diffusion. Notons que chaque innovation est l'occasion de nous faire croire que la technologie va renverser le capitalisme.

Ainsi, *Ecorev*, revue d'écologie politique, estime que « le fab lab pourrait être le cœur nodal d'un mode de production écologiste alternatif au mode capitaliste car il permet une relocalisation de la production, un meilleur usage des ressources sans effet rebond, une économie de proximité coopérative comme le promeut l'Économie Sociale et Solidaire[4] ». Tout comme Guillaume Cairou, pourtant *a priori* peu susceptible de sympathies écolo-subversives. Ce président du Club des entrepreneurs participe à CroissancePlus, association qui fédère des dirigeants d'entreprise en forte croissance. Il a rédigé, en mars 2014, une lettre intitulée « La France doit miser sur les fab labs », dans laquelle il déplore qu'entre 1999 et 2013 notre pays ait perdu plus de 40 % de ses parts de marché à l'exportation. Mais heureusement, il a la solution : « Les "fab labs" représentent l'avenir industriel de la France. Cette conviction me conduit à refuser le discours fataliste ambiant sur le déclin de l'industrie française. D'abord parce qu'ils incarnent l'entrepreneuriat accessible à chacun ; rappelons que le désir d'entreprendre n'a jamais été aussi fort, l'entrepreneuriat attirant désormais plus que le salariat. Ensuite, parce que les "fab labs" sont liés à un entrepreneuriat de proximité, ce qui répond aux exigences du développement durable. » S'ensuit une apologie des fab labs de la même teneur que celles des technocontestataires cités plus haut, et qui se conclut par : « C'est une voie pour retrouver le chemin de la croissance dont nous manquons cruellement. Ce ne sont ni l'euro ni la mondialisation qui pénalisent la France mais l'insuffisance d'innovation. La France ne doit pas renoncer à un avenir industriel solide. Pas de raison d'être nostalgique, les entrepreneurs peuvent réinventer son industrie. »

Les fab labs ne sont en rien un dépassement de la société industrielle. Bien au contraire, ils forment la pointe la plus avancée d'un nouveau modèle industriel en germe depuis plusieurs décennies qui peut s'épanouir aujourd'hui grâce aux dernières innovations technologiques et à la diffusion de l'esprit du Web. Les valeurs qui les animent : créativité, goût du risque, innovation, disparition des frontières entre temps de travail et loisirs, entre sphère publique et privée, etc., sont celles du « Tous entrepreneurs » cher au modèle libéral, et finalement partagées par tous ces promoteurs, qu'ils s'inscrivent dans une tradition politique marquée à droite ou à gauche, voire même très à gauche.

Ces innovations ne nous permettent pas de dépasser le capitalisme et ses dégâts écologiques et sociaux, elles nous font entrer dans une nouvelle ère, celle d'un capitalisme numérique. Face à ces discours puissants, notamment parce qu'ils sont, comme nous l'avons montré, ambivalents et font appel à un spectre de valeurs très large, héritées de différentes traditions politiques considérées jusqu'ici comme antagonistes, il est très difficile de ne pas succomber aux sirènes des nouvelles technologies. Mais contre vents et marées, il faut continuer à expliquer comment l'informatique est la mise en ordre du monde selon une logique de rationalisation, de mise en gestion de toutes les activités humaines, de déqualification des métiers, de rupture d'avec l'expérience sensible, de dépendance accrue à la machine, de remodelage de l'humain, de disparition de l'intériorité et de destruction du lien social.

1. Éditorial, *Libération*, 27 septembre 2015.
2. « La silicolonisation des esprits », *Libération*, 27 septembre 2015.
3. Lionel Maurel, « Sous le signe de l'ouverture et des communs », *Libération*, 27 septembre 2015.
4. Jérôme Gleizes, « Le potentiel subversif des fab labs comme mode de production », *Ecorev* n° 37, août 2011.

LE POUVOIR RÉCHAUFFANT DE LA HAUTE TECHNOLOGIE

Par **Bernard Legros**

—

Enseignant belge et objecteur de croissance, il a notamment écrit *L'Enseignement face à l'urgence écologique* (Aden, 2009) et *La Pertinence de l'escargot. En route vers la décroissance!* (Sang de la Terre, 2012).

—

Il est bien entendu que les dérèglements climatiques ont des causes multiples, mais qui peuvent être subsumées sous une cause fondamentale: les activités économiques débridées de l'*Homo capitalisticus* depuis la révolution industrielle, activités qui sont de nos jours de plus en plus extractivistes et chaotiques. Si les instances onusiennes et étatiques, jusqu'aux électeurs-consommateurs, citent spontanément les transports, la déforestation, le chauffage des habitations ou encore l'agriculture intensive parmi ces causes, personne ne mentionne le déferlement technologique énergivore, pour deux raisons. *Primo*, parce que l'électeur-consommateur se sent là directement concerné dans ses préférences et habitudes quotidiennes; *secundo*, parce que la vénération du fait technique (ou technolâtrie) est un inusable repère phénoménologique, et restera peut-être l'ultime d'entre eux dans un monde déboussolé[1]. Nous reviendrons plus loin sur cet aspect individuel de la question. Sur un plan macroscopique, la fabrication de milliards d'objets *high-tech* présente une empreinte écologique énorme, occultée par ceux qui ont intérêt à ce que demain soit encore et toujours le simple et logique prolongement de l'aujourd'hui néolibéral. L'énergie grise contenue dans les technologies de l'information et de la communication (TIC), par exemple, ne permet pas d'imaginer la pérennité d'une telle organisation sociale démocratisant toujours plus l'accès de celles-ci aux masses solvables de la planète[2]. Pas plus que leur consommation d'énergie équivalente, en terme de gaz à effet de serre, à celle de l'aviation commerciale[3]. Une étude réalisée en 2008 confirme que la part des TIC en France représentait à ce moment 14 % de la consommation électrique, soit le fonctionnement de près de sept réacteurs nucléaires. À l'échelle mondiale, les data centers absorbent l'équivalent de trente réacteurs nucléaires (1,5 % du total) ! On a beau se gargariser d'économie circulaire, verte, dématérialisée, durable, écologique, de la fonctionnalité, « le serpent se mord la queue, et bientôt il se mordra les dents ! », comme le dit avec humour le collapsologue Michel Culus.

L'effondrement de la civilisation industrielle est maintenant certain avant la fin du siècle[4]. Pour éviter un emballement climatique cataclysmique, il faudrait entre autres décider d'un moratoire sur l'innovation incontrôlée, puis engager une désescalade technique sur divers plans. En toute priorité, cesser de construire des armes et de les perfectionner sans cesse. C'est un préalable à la paix, car *si vis pacem, para pacem* [« Si tu veux la paix, prépare la paix »] ; ensuite, renoncer aux grands travaux inutiles d'aménagement du territoire ; enfin, au terme d'un débat démocratique, sélectionner parmi les innombrables objets de notre vie quotidienne ceux que nous estimerions indispensables à un confort légitime – par exemple, la machine à laver – et abandonner ceux sans lesquels nous pourrions tout de même (sur)vivre – par exemple, le taille-haie ou le presse-orange dans leur version électrique, et les remplacer par leur version manuelle. Et que dire des TIC !

Ce scénario a cependant très peu de chance de devenir réalité. D'abord, parce que la *Big Science* est contrôlée par les transnationales – pour le profit – et les États – pour les investissements dans la recherche et développement (R&D). Ce ne sont pas les « séances d'information citoyennes » qui y changeront quelque chose, orchestrées par le pouvoir pour faire accepter à la population, à grand renfort de rhétorique progressiste et de publicité, des décisions qui ont déjà été prises en haut lieu. Il faut avoir assisté à l'une de ces mascarades pour voir à quel point les porte-serviettes de l'oligarchie méprisent les gens ordinaires, tout en flattant leur ego[5]. Quand on ne voit plus la possibilité de dialoguer raisonnablement entre démocrates, ne reste plus qu'une échappatoire : l'entartage de ces « pompeux cornichons », dont mon compatriote Noël Godin, alias Georges Le Gloupier, s'est fait une spécialité, dernièrement encore sur l'honorable personne de Bernard-Henri Lévy, pour la huitième fois ! Dans un registre plus sérieux, Jacques Testart propose des conventions de citoyens pour décider démocratiquement des choix technoscientifiques à faire et instituer un contre-pouvoir aux experts[6].

Sur un plan psychosocial, la sacralisation[7] de la Technique, et des TIC en particulier, n'est pas moins difficile à aborder. Profondément ancrée dans l'imaginaire collectif depuis le XIXe siècle, elle sera dure à extirper, d'autant plus que les moyens médiatiques mis en œuvre pour en faire la propagande sont aujourd'hui démultipliés et représentent par eux-mêmes tautologiquement ce dont ils font la promotion. L'individualisme ambiant y trouve une nouvelle manière de frapper encore plus fort.

Prenons l'exemple de l'usage immodéré, grossier des téléphones portables dans les lieux publics. Il est irritant de subir les conversations privées dans les trains. Les chemins de fer italiens ont imaginé une parade radicale : dans le nouveau TGV, le « Frecce », il est possible de voyager dans un compartiment de la classe *business* où le silence est de mise. Fausse bonne idée, donc, puisqu'elle est réservée aux gens fortunés et qu'elle signe la victoire de ceux qui estiment avoir le droit de téléphoner comme bon leur semble à peu près partout. Encore avons-nous là affaire au tout-venant. Plus insup-portable encore est la situation dans les réunions militantes, où l'habitude de laisser son téléphone cellulaire allumé se généralise. Ainsi, une camarade avait reçu trois appels pendant une réunion, auxquels elle avait répondu, en quittant provisoirement la pièce. Lorsque j'avais soulevé la question du bien-fondé de cette pratique, elle m'avait répondu qu'il s'agissait d'une « urgence » et qu'elle avait donc une « bonne raison » de répondre immédiatement. J'avais rétorqué que l'urgence avait souvent bon dos et que personne n'avouerait avoir de mauvaises raisons de laisser son portable allumé en réunion ; nous avions affaire ici, terminai-je, à un cas avéré de tyrannie des vies privées. L'incident fut clos à ce moment-là, mais la pratique n'a pas changé. *Chacun fait c'qu'il lui plaît*[8], soyons libéraux quand cela nous arrange, même si par ailleurs nous nous disons marxistes, anarchistes ou objecteurs de croissance. « [De fait] la façon dont les hommes aujourd'hui se comportent les uns vis-à-vis des autres est à la fois démoralisée et démoralisante », remarque le philosophe Christian Godin[9].

Dans l'enseignement, l'invasion des TIC est une réalité chaque mois plus palpable. Pendant que les gourous de la Silicon Valley inscrivent leurs enfants dans des écoles privées sans informatique où ils apprennent le jardinage, l'artisanat et la pratique musicale, les acteurs pragmaTIC de l'enseignement public – les plus nombreux, hélas – pensent faire preuve de responsabilité et de sentiments démocratiques quand ils clament « l'impérative nécessité d'adapter tous les jeunes au monde qui les attend ». Parallèlement, ces techno-conformistes auront croisé les doigts pour que les négociations de la COP 21 « aboutissent à un accord ». Incohérence, déni, dissonance cognitive, c'est selon. Chez les élèves, il arrive de plus en plus souvent que certains consultent leur smartphone en classe, profitant d'un moment d'inattention du professeur. Allez, chauffe, climat, chauffe !

1. Davantage que la religion, en perte de vitesse irrémédiable, selon le philosophe Christian Godin, in *Le Soupir de la créature accablée. La religion aujourd'hui*, Mimésis, 2015.
2. Plus ou moins solvables, d'ailleurs, quand on apprend que le marché du

portable explose en Afrique sub-saharienne. Cf. Laurence Allard, *Mythologie du portable*, Le Cavalier bleu, 2009.

3. Fabrice Flipo, Michelle Dobré et Marion Michot, *La Face cachée du numérique. L'impact environnemental des nouvelles technologies*, L'échappée, 2013, p. 18-25.
4. Cf. Pablo Servigne et Raphaël Stevens, *Comment tout peut s'effondrer*, Le Seuil, 2015.
5. *Kairos* n° 3, septembre/octobre 2012, p. 14-16.
6. Cf. Jacques Testart, Agnès Sinaï et Catherine Bourgain, *Labo planète. Ou comment 2030 se prépare sans les citoyens*, Mille et Une Nuits, 2010.
7. Sacralisée car vue comme salvatrice ; alors que la technique n'a rien à voir avec le sacré (cf. Christian Godin, *Le Soupir de la créature accablée*, *op. cit.*).
8. Cet hymne à l'individualisme a été composé par Gérard Presgurvic en 1981, à l'aube des « années fric ». Il n'y a pas de hasard.
9. Christian Godin, *La Démoralisation. La morale et la crise*, Champ Vallon, 2015, p. 10.

LE POUVOIR DE DIRE « NON »

Par **Jean-Michel Besnier**

—

Philosophe, il a consacré ses derniers ouvrages au déferlement technologique et au transhumanisme, notamment *L'Homme simplifié. Le syndrome de la touche étoile* (Fayard, 2012).

—

Ce qui est humain, c'est de pouvoir dire non aux automatismes. À commencer par les automatismes de nos comportements instinctifs. Nous sommes intelligents quand nous pouvons dire non à ce qui est de l'ordre de l'instinct. Cela peut aller très loin : par exemple, certains n'hésitent pas aujourd'hui à souhaiter que la guerre demeure humaine, alors qu'on tend à l'automatiser avec des drones et des robots. Pourquoi la guerre est-elle humaine, même lorsqu'elle est cruelle ? Parce qu'en la faisant, nous résistons aux comportements d'empathie qui sont naturels et que les animaux observent lorsqu'ils se battent (cf. le chien qui se couche, lorsqu'il se sait vaincu, devant un adversaire qui ne le touche plus alors : des inhibiteurs de violence se mettent en place spontanément). L'histoire de la guerre, c'est l'histoire des moyens déployés pour ne pas céder à ces mécanismes : on introduit de plus en plus de distance entre les belligérants, avec l'arme à feu, le canon, le missile, et finalement le drone : la guerre était humaine dans le corps à corps, elle a peu à peu cessé de l'être en devenant plus abstraite et elle sera proprement inhumaine lorsqu'il ne s'y agira plus que d'automates sans états d'âme. C'est évidemment un paradoxe, et certains pensent qu'une guerre « zéro mort chez les soldats » serait humaine. Eh bien, ce n'est pas sûr, si l'on s'accorde à considérer que là où il n'y a plus de réflexion, de prise de distance, de conscience, c'est là que triomphe l'inhumain. Les neurobiologistes le savent bien : notre cerveau a beau être dominé par des mécanismes, tant que notre conscience subsistera, elle se traduira par notre aptitude à leur dire non. La conscience oppose un droit de veto à ce que nos mécanismes neuronaux imposeraient en matière de décision. L'élémentaire, le machinique affleurent toujours en nous. Si on leur laisse libre cours, nous perdons notre humanité. En ce sens, nous sommes menacés d'inhumain quand nous acceptons de nous considérer comme de simples êtres de pulsions (voir l'écologie profonde) ou comme des automates perfectionnés (voir l'intelligence artificielle).

Un monde où domineraient les machines, qui nous obligerait à nous comporter comme des machines pour interagir avec elles, est un monde dans lequel on ne saurait plus dire Non et où l'on consentirait à l'inhumain. Certaines utopies posthumaines décrivent un semblable monde. À commencer par celle de Skinner, qui, dès les années 1940, établit le scénario d'une microsociété dont les membres fonctionneraient sur la base des schémas stimulus-réponse décrits par le behaviorisme. Dans l'imaginaire de la science-fiction, on va jusqu'à inventer des sociétés dans lesquelles les humains sont parfaitement dressés, ont perdu tout sens critique, mais sont menacés par des robots qui ont découvert la possibilité de dire Non à l'exploitation qu'on leur impose. Voir *Real Humans*, la série suédoise...

Certains paléoanthropologues prévoient que l'espèce humaine sera de plus en plus capable d'automatisme, comme si cela était pour nous une loi de l'évolution. La conscience devrait donc de plus en plus disparaître. Elle a été un avantage sélectif pour assurer notre survie face à un environnement naturel hostile. Elle cesse d'être un avantage dans un environnement technologisé, où il faut être compétitif et réactif. Il va donc falloir se débarrasser de la conscience, ou en tout cas la réduire au minimum. C'est la zombification de l'humain qui se profile – ce que je nomme plus sobrement « simplification ».

Nietzsche décrivait le monde qui s'annonçait à son époque comme nihiliste : non pas au sens où ce monde dirait Non, mais au sens où il dirait : « À quoi bon résister ? » « Dieu est mort, nous l'avons tué et nous ne nous en remettons pas... » : c'est la formule du nihilisme qui équivaut à une perte de toute substance humaine, au triomphe d'un ressentiment. Ce que décrivait Nietzsche, c'était déjà le monde de la désaffection de l'humain pour lui-même : l'incapacité de revendiquer des valeurs à objecter à la réalité. « Le désert croît », disait-il. Aujourd'hui, on entend dire que « le monde est plat », sans relief, sans contraste, homogène parce que sans valeurs (cf. Thomas Friedman).

Dans *Ainsi parlait Zarathoustra*, Nietzsche décrit les trois métamorphoses par lesquelles passe l'humain : le chameau qui porte les charges qu'on lui met sur le dos, sans rechigner – c'est le « Oui » de l'acceptation contrainte –, le lion – c'est le « Non » rageur et systématique –, et puis l'enfant qui est innocence et oubli, qui joue sans arrière-pensées, qui dit « Oui » au monde, avec générosité. Où en serions-nous, selon Nietzsche ? Sans doute pas au stade du lion : il y a trop de lassitude chez nous et d'impuissance accrue par le monde des machines qui nous immerge. Sans doute pas au stade de l'enfant, car nous ne sommes pas légers et ouverts au monde. C'est sans doute le chameau qui menace de se réimposer comme emblème de l'humain convaincu que le destin est inéluctable, que le monde ne peut être changé, qu'il faut seulement y consentir… Michel Houellebecq illustrerait bien cette désertion du Non qu'on pourrait décrire comme postmoderne (la fin des idéaux révolutionnaires, la fin des grands récits), cet ennui qui nous saisit, cet autisme qui se développe et qui ira jusqu'au vertige du clonage, répétant le même *ad nauseam*… L'humain décrit par Houellebecq, c'est le dernier homme de Nietzsche, honteux d'avoir tué Dieu et avec lui la source des valeurs qui permettaient de s'opposer à lui aussi bien que de vouloir dépasser la condition humaine. Désormais, le dernier homme délègue à ses machines ce pouvoir de dépassement.

La perspective de fusion avec les machines annoncée par les transhumanistes est là pour confirmer cette disparition du pouvoir de dire Non par lequel nous nous définissions comme humains. Il suffit de lire l'introduction du rapport NBICs pour s'en convaincre : l'hybridation de l'homme biologique et de la machine est donnée comme la clef d'un bonheur supposé désirable – un bonheur où il n'y aurait plus d'événements pour relancer une histoire faite de hasard ou de violence : la communication homme-machine, cerveau-ordinateur, cerveau-cerveau traduit les finalités des technologies convergentes. L'important, c'est de comprendre que les perspectives offertes ont toutes en commun d'écarter le langage, l'univers des signes, le symbolique, au profit des simples signaux dont sont capables les machines ou des symboles nécessaires aux algorithmes…

Un monde dominé par les machines est un monde qui n'a plus besoin du langage humain. Il suffit que nous communiquions comme le font les abeilles, grâce à des signaux que nous captons et que nous émettons pour ainsi dire sans y penser. Ce monde dominé par les machines est donc bien un monde qui ne permet plus de dire Non, puisque le langage y a disparu : nous y sommes des codes-barres ambulants, des êtres de signaux, des mécaniques pulsionnelles. En décrivant le syndrome de la touche étoile[1], j'ai suggéré cette élimination du langage et de tout ce que le langage a permis de développer. Le transhumanisme est une offensive contre les mots et leurs ambiguïtés, contre la vie intérieure et la liberté de s'abstraire du monde. Vivre tout en extériorité, à la manière d'une mécanique, voilà ce que voudraient les technoprophètes.

Le pire est que ces technoprophètes sont de plus en plus écoutés. Pourquoi ? Parce qu'ils annoncent aux humains la fin de leurs supposés malheurs, c'est-à-dire la fin de l'adversité qui les a obligés à naître, souffrir, être malades, vieillir et mourir. On touche à l'extrême aujourd'hui, avec les promesses d'immortalité qui reposent sur les extrapolations obtenues à partir de la biologie (cellules souches totipotentes induites, télomérase, ectogenèse…) et de l'intelligence artificielle (cerveau artificiel, *mind uploading*).

Il faut bien réaliser ce que serait l'immortalité, si elle était réalisable : le triomphe de l'animalité en nous (l'instinct de conservation réalisé absolument), l'immersion dans le flux de l'espèce sans possibilité de revendiquer une individualité (le vouloir-vivre éternel de Schopenhauer ou des bouddhistes), la solitude et l'ennui (la disparition de la finitude rendant superflue l'ouverture sur les autres…). L'immortalité, ce serait l'abandon de soi à l'innommable : la restauration de l'animalité à laquelle nous avions échappé, en naissant imparfaits (cf. Prométhée et Hermès), l'accession à une divinité faite d'impassibilité et de solitude. Rien à voir avec le désir d'éternité qui se nourrit d'une quête infinie d'absolu et de spiritualité. L'immortalité n'est pas spirituelle : elle est résolument animale et elle est présentée comme la perspective ouverte par une médecine technologisée (la médecine connectée et prédictive), dépourvue de la relation symbolique, c'est-à-dire langagière, qui a prévalu jusqu'à présent. L'immortalité est capable, cependant, de nier, mais ce à quoi elle dit non, c'est à la vie elle-même. Ultime paradoxe : la technique est née de la faculté de dire non. Elle était consonantique avec le langage dans l'hominisation. Elle a fini par s'autodévelopper et s'autoaccroître, au point de dénoncer son lien avec le langage. Désormais, elle donne à entrevoir la fin de l'humain, avec le triomphe d'une immortalité mortifère qui constituera le dernier « Non » opposé à la vie tout entière…

1. Dans le livre *L'Homme simplifié. Le syndrome de la touche étoile*, Fayard, 2012.

IDÉOLOGIE

LE DÉLIRE OCCIDENTAL OU LA DESTRUCTION DU MONDE[1]

Par **Dany-Robert Dufour**

—

Philosophe, il a notamment écrit *Le Divin Marché* (Denoël, 2007), *La Cité perverse* (Denoël, 2009), *L'individu qui vient... après le libéralisme* (Denoël, 2011), *Le Délire occidental et ses effets actuels dans la vie quotidienne* (Les Liens qui libèrent, 2014).

—

L'Occident, cela commence par un miracle nommé Athènes et cela risque de se terminer très mal.
Au début, donc, Athènes.
Cette cité a connu son âge d'or aux Vᵉ et IVᵉ siècles av. J.-C. en devenant le cœur culturel de la Méditerranée et la tête d'une vaste alliance d'autres cités alentour. Ce fut la première république de l'histoire. La démocratie athénienne s'y fonda avec des institutions comme l'*Ecclésia* (l'assemblée des citoyens), la *Boulè* (les différents conseils), l'*Agora* (la place publique comme lieu de discussion politique). La philosophie y est née (Socrate, Platon, Aristote). Pour que la cité se regarde elle-même et (se) réfléchisse, le théâtre y fut inventé (avec des auteurs comme Eschyle, Sophocle, Euripide, Aristophane). Des disciplines de l'esprit et du discours comme l'histoire, la justice argumentée, certaines sciences exactes (géométrie, mathématique), l'éducation y furent créées. Aujourd'hui encore, il y subsiste de nombreux témoignages architecturaux de cette période faste : le Parthénon, l'Agora (avec le temple d'Héphaïstos), l'Olympéion, le théâtre de Dionysos, le stade Panathénaïque...

Comment ce miracle, qui a changé le cours du monde, a-t-il pu voir le jour ? Pour le comprendre, il faut repartir des travaux du grand helléniste Jean-Pierre Vernant. Ils attestent que la cité grecque doit sa naissance à une lutte victorieuse contre une tendance profonde de *l'âme* humaine : vouloir plus que sa part, autrement dit la *pléonexie* (de *pleon*, « plus », et *echein*, « avoir »). Je vais commencer par montrer que la *prohibition de la pléonexie* est le principe politique sur lequel se sont fondées les premières cités démocratiques en Occident, dont Athènes.

Dans *Les Origines de la pensée grecque*, Vernant montre parfaitement l'état de la Grèce vers – 550, soit la période dite archaïque. À cette époque, toutes les conduites humaines sont guidées par la pléonexie :

« La richesse remplace toutes les valeurs [...] car elle peut tout procurer. [...] C'est alors l'argent qui compte, l'argent qui fait l'homme. Or, contrairement à toutes les autres "puissances", la richesse ne comporte aucune limite : rien en elle qui puisse marquer son terme, la borner, l'accomplir. L'essence de la richesse, c'est la démesure ; elle est la figure même que prend l'*húbris* dans le monde. Aux formules de Solon passées en proverbe, "Pas de terme à la richesse" [...], font écho les paroles du poète Theognis : "Ceux qui ont aujourd'hui le plus convoitent le double. La richesse, *ta chrèmata*, devient chez l'homme folie, *aphrosunè* [...]." À la racine de la richesse, on découvre donc une nature viciée, une volonté déviée et mauvaise, une *pleonexia* : désir d'avoir plus que les autres, plus que sa part, toute la part[2]. »

La pléonexie relève donc d'une forme d'*húbris*, c'est-à-dire de démesure. L'*húbris* est une notion plus ancienne encore que la pléonexie. On la trouve en effet, avant la philosophie, dans les mythes grecs fondateurs. On y découvre qu'*Húbris* fait couple avec *Némésis*, le châtiment. Car celui qui sort de la limite s'expose à être puni par les dieux pour être, plus ou moins brutalement, ramené dans la mesure, et afin d'être, en quelque sorte, *remis à sa place*, celle d'un mortel.

C'est ainsi qu'on trouve dans les mythes grecs beaucoup de personnages à *húbris* qui, comme tels, ont subi le châtiment. Par exemple, Prométhée – qui avait volé aux Olympiens le « feu sacré » (le savoir divin) pour le donner aux hommes. Ce franchissement de la limite lui a valu la condamnation de Zeus : être enchaîné sur un rocher du mont Caucase pour que, chaque jour, son foie soit dévoré par l'Aigle et que, chaque nuit, il se reconstitue. Par exemple Icare, châtié pour être monté trop haut et s'être approché trop près du soleil. Par exemple, Œdipe. Dont la geste – sortir de la roue de la succession des générations pour s'allier à sa mère – a déclenché deux punitions. Celle qu'il s'administre lui-même en se crevant les yeux. Et celle que subit sa descendance, devenue maudite.

Il faut croire que l'enchaînement *exploit hubrique-châtiment* est resté au cœur de la culture occidentale puisqu'on retrouve le même mécanisme au fondement des théories anthropologiques du XXe siècle, avec l'interdiction de faire correspondre les relations d'alliance et les relations de filiation (la fameuse prohibition de l'inceste). Interdiction qui ordonne, selon Lévi-Strauss, toutes les formes de parenté, aussi diverses soient-elles[3].

Ces quelques considérations permettent de penser qu'il existe le plus grand rapport entre la prohibition de l'inceste et la prohibition de la pléonexie. Pourquoi ? Parce que ce sont des excès. Le premier a rapport à l'*être* de celui qui, ne se limitant pas à sa place dans la succession des générations, est puni. Le second a rapport à l'*avoir* de celui qui veut plus que sa part. Or la recherche de la richesse sans limites, *ta chrèmata,* devenant chez l'homme folie, *aphrosunè,* déclenche elle aussi un cycle de punitions qui menacent non seulement la maison (celle de Thèbes en l'occurrence), mais aussi et surtout toute cité qui l'aurait autorisée.

On trouve cette question développée dans la *République* de Platon. La pléonexie, dès lors qu'elle est tolérée dans la cité, entraîne le châtiment. En l'occurrence, une crise politique, morale et sociale qui témoigne d'un conflit interne à la cité, notamment entre les riches et les moins riches. La discorde qui s'ensuit est alors si grave qu'elle peut déboucher sur la guerre civile, la *stasis* qui, à terme, entraîne la décadence de la cité. Et, si ce n'est pas vers la guerre civile interne que l'on débouche, c'est vers la guerre externe (avec une autre cité), puisque la recherche sans frein de la richesse conduit au désir de conquérir – par tous les moyens possibles, y compris la guerre – les ressources et les biens d'une ou de plusieurs cités voisines. La pléonexie entraîne donc deux types possibles de conséquences catastrophiques : premièrement la *stasis,* c'est-à-dire la guerre à l'intérieur de la cité, deuxièmement le *polémos,* qui désigne la guerre contre un ennemi extérieur.

On peut donc dire que notre civilisation occidentale, dès son origine grecque, a compris qu'elle devait *contenir* cette forme, au double sens du terme : la pléonexie y est présente et elle doit être contrôlée. Plus même : c'est justement parce qu'elle est nécessairement présente qu'elle doit être contrôlée.

Mais pourquoi est-elle présente ? On trouve la réponse dans un autre texte de Platon, le *Gorgias,* notamment la discussion entre Socrate et Calliclès (482d-495b). La réponse est intéressante : si la pléonexie est présente dans la cité, c'est parce que cette forme n'existe d'abord nulle part ailleurs que dans l'âme humaine.

L'âme, la *psuché,* est en effet constituée pour Platon de trois parties. C'est dans l'*épithumétikon* (ou « l'âme d'en bas », situé dans le bas-ventre) que naissent des *épithumiai,* des passions. Cet *épithumétikon* doit être tempéré et discipliné par le *logistikon,* (souvent dit « âme d'en haut »), siège du *logos.* Enjeu de cette lutte entre la troisième et la première âme : l'âme intermédiaire, le *thumos,* l'élément irascible situé dans le cœur. Il est susceptible d'emportement et de colères dévastatrices lorsque domine l'âme d'en bas, mais également capable du courage qui fait les héros, les héros de la cité, lorsqu'il est mis au service de l'âme d'en haut. Donc, le *thumos,* c'est un élément baladeur qui peut aussi bien verser du côté de l'*épithu-*

métikon que de celui du *logistikon*, c'est-à-dire du côté de ce qu'on appellerait aujourd'hui la pulsionnalité ou du côté de la symbolicité.

À noter que le terme « passion » n'a pas le sens positif qu'on lui connaît aujourd'hui, dans notre société où l'on n'arrête pas de dire qu'il faut « vivre ses passions ». Or, « passion » se dit en grec *pathos*, signifiant « souffrance » ; sens que le mot a gardé jusqu'au XIXe siècle et garde parfois encore, comme dans l'expression « la Passion du Christ ». Ce qui ne signifie pas que le Christ s'est payé une bonne tranche de rigolade « en vivant ses passions » au Golgotha. Et, de fait, *pathos*, comme son équivalent latin *passio*, signifie « quelque chose qui arrive à un homme », quelque chose dont il est la victime *passive*. Aristote, par exemple, compare l'homme dans un moment de passion à une personne endormie, démente ou ivre : sa raison est comme suspenduc[4]. Il n'est plus *agent* (celui qui agit), il est *patient*, celui qui *pâtit* (miracle de clarté lexicale : tous ces termes, *pathos, passion, passif, pâtir, patient* sont de même racine et s'enchaînent les uns les autres).

Cette perception négative de la passion n'est pas propre à Platon, on la trouve partout dans les textes de la Grèce ancienne. Par exemple, chez Xénophon qui, dans l'*Économique*, dit que les intempérants, ceux qui sont mus par leurs *épithumiai*, « sont esclaves de maîtres vraiment durs. [...] Ceux-ci règnent si durement sur les hommes qu'ils viennent à dominer que, tant qu'ils les voient jeunes et capables de travailler, ils les contraignent à leur apporter tout le fruit de leur travail » (I-22).

S'il faut absolument quelque chose pour contrebalancer la passion (ou la pulsion qui, comme telle, pousse à vouloir toujours plus), c'est que la passion possède une structure très spéciale. Elle est en effet « sans limites ». Aristote l'explique très bien dans l'*Éthique à Nicomaque* : « La pulsion est *insatiable* et tout l'excite chez l'être dépourvu de raison ; l'exercice de la convoitise en augmente la force initiale, et si ces convoitises sont grandes et en nombre excessif, elles peuvent aller jusqu'à exclure la réflexion » (III-15. 1119 b3).

Or, ce qui décrit le mieux ce côté sans limites de la pulsion, c'est justement le terme de *pleonexia* qui sera utilisé par tous les philosophes du IVe siècle, comme si c'était là, au moment du grand développement de la cité grecque, le problème principal à résoudre[5]. Dans le *Gorgias*, Socrate utilise une image pour décrire cette illimitation de la pulsion. Il compare celui qui se laisse aller à vouloir toujours plus au « pluvier », cet oiseau qui mange et qui défèque en même temps. Parce qu'il n'a jamais assez. On peut aujourd'hui le dire autrement : le pléonexe, celui qui veut toujours plus (d'argent, en l'occurrence) est un « *addict* ». Un *addict* qui, tout comme le drogué, veut toujours plus parce qu'il est toujours en manque. Là aussi, on voit se profiler à l'horizon le châtiment : la destruction, voire l'autodestruction de l'intempérant. En d'autres termes, le *thumos*, élément irascible, se met, chez le pléonexe, au service de l'âme d'en bas et se transforme en fureur de vouloir toujours plus, jusqu'à détruire tout autour de lui, voire lui-même. Si le premier texte que j'ai mentionné mettait l'accent sur la destruction de la cité par la *stasis* ou sa destruction par le *polémos*, le second y ajoute un autre plan : l'autodestruction du sujet qui n'a rien su faire d'autre de ses pulsions que de s'y livrer.

On peut ici remarquer la grande permanence avec laquelle on décrit en Occident, de Platon à Freud, la structure tripartite de l'âme. *Épithumétikon/thumos/logistikon*, d'un côté, et *ça/surmoi/moi*, de l'autre.

En fait, ces deux séries sont apparentées. 1. Le *ça* (réserve pulsionnelle) correspond, sans conteste possible, à l'*épithumetikon*. 2. Quant au *moi* (le *Ich* freudien), il hérite du *Je* transcendantal kantien, qui hérite lui-même du *logistikon* grec, lieu de la délibération critique. 3. Enfin, le *thumos* et le *surmoi* présentent le même clivage : chacun possède une face répressive (« Tu dois te limiter dans la pulsion » – ce que Freud développera longuement dans *Malaise dans la civilisation*[6]) et une face incitative qui intime au sujet de ne pas se retenir quoi qu'il arrive (Lacan, qui a développé cet aspect, parle alors de la face « féroce et obscène[7] » du surmoi).

Bref, c'est donc toujours une machinerie psychique ternaire qui doit *contenir* (au double sens de ce verbe) ce dont elle s'alimente : l'excès pléonexique initial. Sinon la machine s'emballe et explose.

Or, il est arrivé un moment où, dans l'histoire occidentale, le surmoi-*thumos* s'est aligné sur le « ça » pour dicter aux sujets l'impératif de la jouissance. Ce moment apparaît très clairement dans un texte aujourd'hui peu connu, mais alors très diffusé, *La Fable des abeilles* de Mandeville (1705). Dans ce texte, Mandeville, précurseur des Lumières anglaises (Hume, Adam Smith, les Utilitaristes), clame que nous devons passer de l'idée (ancienne) de contrôler la pléonexie inhérente au désir humain, à l'idée (moderne) de la libérer, au motif que cela apporterait à tous la richesse. Il fallait, selon la célèbre formule de Mandeville, libérer les « vices privés » pour que la « vertu publique » (la richesse) advienne.

Le texte de Mandeville est très important puisqu'il permet d'établir un lien entre l'économie psychique (la libération des passions et des pulsions) et l'économie des biens (l'accroissement de la richesse).

Selon l'hypothèse que j'ai développée dans plusieurs livres[8], c'est dans cette équation que se sont fondés le capitalisme et le libéralisme (économique). Le libéralisme commence en effet au moment où il pose que la richesse (et donc le bonheur du plus grand nombre) ne peut provenir que de la levée de la prohibition des passions en général et de la pléonexie en particulier. Bref, le libéralisme, c'est d'abord la libération des passions et des pulsions.

L'hypothèse de Mandeville ayant triomphé, on voit aujourd'hui, soit trois siècles plus tard, où cela a finalement mené. La levée de la prohibition de la pléonexie a entraîné, plutôt que le bonheur du plus grand nombre, la formation d'une hyperclasse, de moins en moins large, caractérisée par l'hyperconcentration de la richesse[9], et d'une hypoclasse, de plus en plus nombreuse, sujette à la paupérisation (cf. les thèses actuelles de Piketty[10]). Cela se vérifie au fait que, dans nos démocraties modernes (où nous sommes, dit-on, tous libres), l'écart des salaires peut aller de 1 à 1 000 (avec les primes), et infiniment plus si on englobe les revenus financiers. Rappelons que Platon, dans les *Lois*, préconisait un écart maximal des patrimoines appartenant aux hommes libres allant de 1 à 4.

Ces éléments permettent de poser une question simple : sommes-nous vraiment, aujourd'hui, tous libres ? Ou, sachant que « la richesse des 1 % les plus riches de la planète dépassera bientôt celle détenue par les 99 % restant », certains ne le sont-ils pas beaucoup plus que d'autres[11] ?

Le grand poète et philosophe Paul Valéry remarquait en 1919, au lendemain de la Première Guerre mondiale, que : « Nous autres, civilisations, nous savons maintenant que nous sommes mortelles. » Or, nous sommes en train de remarquer que la pléonexie, libérée depuis trois siècles, n'est pas pérenne. Car elle provoque la destruction des individus, des institutions et des villes entraînés dans de folles spirales aussi dévastatrices que les récentes hyper-tornades dues aux changements climatiques. Comme celle, par exemple, de 2008, qui résulte de ce qu'on s'est mis à prêter de l'argent qui n'existait pas à des gens qui n'avaient pas de quoi rembourser pour acheter des biens immobiliers surévalués. Ce phénomène est affublé du joli nom de *subprimes*. Et, évidemment, cela a fait exploser le système financier mondial, nerf de la guerre. Une explosion qui a été contenue on ne sait comment : l'immense dette privée résultant des opérations frauduleuses comme les *subprimes* et la titrisation des dettes (qui créait de faux actifs) a été subrepticement transférée du secteur privé au secteur public. Il s'est alors appliqué un principe bien connu : privatisation des bénéfices, socialisation des pertes. Et cela a donné la dette souveraine des États qui est aujourd'hui en train de détruire l'Europe, État par État, à commencer par la Grèce.

Est-ce que cela a remis en cause le fondement pléonexique du capitalisme dans sa forme néolibérale actuelle ? Pas du tout. Pourquoi ? Parce que la pléonexie est au cœur du système. Elle est passée de l'hyperclasse à l'hypoclasse. Bref, elle contamine tout. Ce qui peut se dire ainsi : le vouloir toujours plus de l'oligarchie financière a généré le vouloir toujours plus d'objets des individus ainsi réduits à de purs et simples consommateurs, ce qui oblige sinon à détruire, du moins à reconfigurer la vieille cité culturelle pour la rendre compatible avec la nouvelle ville mercantile, à exploiter encore plus toutes les ressources, quitte à perturber gravement les équilibres écologiques fondamentaux sans lesquels il n'y a pas de vie possible sur terre.

Bref, la pléonexie descend facilement. La preuve, c'est que le Marché est cette instance qui promet d'offrir (c'est-à-dire de vendre) constamment à chacun tout objet manufacturé, tout service marchand, tout fantasme, produits par les industries culturelles afin de satisfaire toutes les appétences, quelles qu'elles soient. On peut le dire autrement : Calliclès a gagné. La civilisation occidentale est passée d'une nécessité de contrôle des passions et des pulsions à l'exploitation industrielle de l'âme d'en bas. On peut parler ici d'un tournant libidinal du capitalisme[12]. Autrement dit : après que le capitalisme, pour produire plus, a imposé une prolétarisation du producteur (hautement dommageable pour le *sujet* devenu un simple auxiliaire de la machine), il a fallu, pour qu'il gagne toujours plus, imposer une prolétarisation du consommateur : ses pulsions doivent être formatées pour être dirigées vers des objets manufacturés supposés les satisfaire.

Les villes actuelles sont le symptôme de cette transformation : partout les objets manufacturés, souvent aliénants et addictifs, y sont présentés comme libérateurs. En d'autres termes, ils sont vantés (publicité partout et sous toutes ses formes) et vendus – soit dans des anciens espaces restructurés pour y accueillir les marchandises, soit dans des espaces nouveaux, « fonctionnels », comme les *mega malls* (avec des magasins de grandes marques, plus des restaurants fast-food, plus des pistes de bowling, plus des cinémas, plus des patinoires, plus des salles de musculation, plus des éros centers…). Mais ce n'est pas tout, car il faut bien sûr pouvoir rejoindre ces lieux de « libération » le plus rapidement possible, un peu grâce aux transports en commun et beaucoup grâce aux voitures, ce qui met donc en jeu l'un des objets de consommation les plus aliénants et polluants qui soit.

On prendra la mesure de l'horizon ainsi ouvert en considérant ce qui se passe en Chine, avec les anciennes villes et leurs lieux communautaires détruits (les *hutongs*) et remplacés par des villes nouvelles construites par et pour la spéculation, l'hyperconsommation et la voiture omniprésente. Soit un « paradis » d'hypermodernité… où les habitants souffrent dans leur tête de déprime chronique et étouffent dans leur corps sous la pollution de l'air, responsable en Chine d'au moins 4 millions de morts par an.

C'est là où la vieille question du châtiment ressurgit: le principe pléonexique accrédité par un Occident ayant gagné le monde (la mondialisation actuelle) se change en menace de destruction de ce monde, notre monde. Lorsque la pulsion ne se symbolise plus, elle se transforme en pulsion de mort.

On peut le dire autrement: la pulsion, libérée, a permis, au cours de ces trois derniers siècles, sinon l'augmentation du bonheur, du moins de la richesse (surtout pour quelques-uns). Or, aujourd'hui, il semble bien que persévérer dans un vouloir-avoir-toujours-plus risque de mettre en cause la pérennité du monde par une augmentation très périlleuse des risques:

1) Risques de guerres civiles (*stasis*), plus ou moins larvées, opposant les pauvres aux riches (demandez par exemple aux habitants de Rio de Janeiro si leur ville n'est pas déjà en proie à une guerre civile larvée).

2) Risques de guerres externes (*polémos*) entre belligérants en compétition pour avoir plus ou pour dominer plus (demandez par exemple aux habitants de Bagdad si leur ville n'a pas été détruite pour que la puissance américaine s'empare des champs de pétrole irakiens).

3) Risques de dérèglement de la *psuché*, c'est-à-dire d'atteintes psychopathologiques des individus résultant d'un appui de plus en plus fort sur l'âme d'en bas, l'*épithumetikon*. Ce qui se traduit par une prévalence de la pulsionnalité sur la symbolicité et se solde souvent par une multiplication des passages à l'acte contre soi et/ou contre les autres (demandez par exemple aux habitants des grandes villes américaines pourquoi ils vivent dans la peur de fusillades commises par des «déséquilibrés» [264 fusillades de masse aux États-Unis en 2015[13]]).

4) Risques de perturbations dramatiques de ce que les Anciens appelaient le *cosmos*. Socrate, dans le *Gorgias*, insistait déjà sur ce point auprès de Calliclès:

«Le ciel et la terre, les dieux [*c'est-à-dire, dans le polythéisme grec, les forces de la nature*] et les hommes sont liés entre eux par une communauté, faite d'amitié et de bon arrangement, de sagesse et d'esprit de justice, et c'est la raison pour laquelle, à cet univers, ils donnent le nom de *kósmos* ["monde ordonné" en grec] qui veut l'arrangement, et non le dérangement et encore moins le dérèglement» (Platon, *Gorgias*, 507e-508a).

Pour le dire en termes actuels, les équilibres métastables de la vie sur terre sont dérangés par les effets d'une exploitation à outrance des ressources et des biens communs comme l'eau et l'air (demandez par exemple aux habitants de Pékin, de Téhéran, de Milan, de Rome, de Paris, de Sarejevo, de Delhi… qui respirent un air saturé de microparticules et de polluants divers, si nous sommes dans l'arrangement ou dans le dérèglement avec les forces de la nature).

1. Cet article reprend et développe certaines idées exposées dans *Le Délire occidental et ses effets actuels dans la vie quotidienne: Travail, loisir, amour* (Les liens qui libèrent, 2014) et *Pléonexie: [Dict.: «Vouloir posséder toujours plus»]*, Le Bord de l'eau, 2015.
2. Jean-Pierre Vernant, *Les Origines de la pensée grecque*, PUF, 1962, p. 80 *et sq.*
3. Claude Lévi-Strauss, *Les Structures élémentaires de la parenté*, PUF, 1949.
4. Voir Eric Robertson Dodds, *Les Grecs et l'irrationnel*, Flammarion, 1977 (1959), p. 185.
5. Voir Christian Bouchet, «La *pleonexia* chez Isocrate», *Revue des études anciennes* n° 109, 2007, p. 475-489.
6. Sigmund Freud, *Malaise dans la civilisation* (1929), Payot, 2010.
7. Jacques Lacan, *L'Éthique de la psychanalyse* [1959-1960], Le Seuil, 1986, p. 13.
8. Par exemple, dans *Le Divin marché*, Denoël, 2007, Folio, 2012.
9. L'ONG Oxfam a, en 2014, montré que les 67 personnes les plus fortunées de la planète possédaient autant de richesses que la moitié la plus pauvre de la population mondiale.
10. Thomas Piketty, *Le Capital au XXIe siècle*, Le Seuil, 2013.
11. *Le Monde* daté du 19 janvier 2015, reprenant une étude de l'ONG Oxfam.
12. Cf. Dany-Robert Dufour, «Le tournant libidinal du capitalisme», *Revue du MAUSS* n° 44, 2014.
13. Cf. www.gunviolencearchive.org/

DÉCROISSANCE OU BARBARIE

Par **Jean-Claude Michéa**

—

Philosophe, il a notamment écrit *L'Empire du moindre mal : essai sur la civilisation libérale* (Climats, 2007), *Le Complexe d'Orphée* (Climats, 2011) et *Les Mystères de la gauche* (Climats, 2013).

—

Il n'est plus possible, aujourd'hui, de s'interroger sur les raisons *philosophiques* de la faillite morale et intellectuelle de la gauche moderne – celle qui en est venue à voir dans la domination planétaire du capital le dernier mot de l'aventure humaine – sans remettre simultanément en question ce « mythe du Progrès » (Orwell) sur lequel la gauche originelle avait déjà bâti toutes ses églises. Autrement dit, sans questionner le dogme, né avec la philosophie des Lumières, selon lequel il existerait un mystérieux « sens de l'Histoire », dont nul n'aurait le pouvoir de modifier la direction ni les paramètres, et qui conduirait mécaniquement le genre humain de sa terrifiante « barbarie » précapitaliste (thème central de l'idéologie coloniale que l'inénarrable Jean-Loup Amselle a récemment remis au goût du jour) à ce règne mondialisé de la Raison dont l'Occident moderne se prétend l'incarnation.

Il n'est naturellement pas question de nier ici le puissant soutien moral et psychologique que cette foi déterministe en un sens de l'Histoire a pu procurer à ses premiers fidèles. Comme l'écrivait Gramsci, « quand on n'a pas l'initiative de la lutte et que la lutte même finit par s'identifier avec une série de défaites, le déterminisme mécanique devient une formidable force de résistance morale, de cohésion, de persévérance patiente et obstinée. *Je suis battu momentanément, mais à la longue la force des choses travaille pour moi.* La volonté réelle se travestit en acte de foi, en une certaine rationalité de l'histoire, en une forme empirique et primitive de finalisme passionné qui apparaît comme un substitut de la prédestination, de la providence, des religions confessionnelles » (*Cahiers de prison*, 1932). Le problème, c'est que si cette religion du Progrès s'est effectivement révélée très efficace tant qu'il ne s'agissait que d'abattre les derniers bastions de la droite d'Ancien Régime (cette droite monarchiste et cléricale qui a, pour l'essentiel, disparu en 1945), elle allait inévitablement perdre la plus grande partie de sa force critique au fur et à mesure que le nouvel ordre capitaliste étendait son ombre sur l'ensemble de la planète.

Nul mystère à cela. Comme le rappelle en effet David Harvey, « le capitalisme n'est rien s'il ne bouge pas » (« *parce que le monde bouge* » est d'ailleurs l'un des slogans clés de l'industrie publicitaire). C'est qu'à la différence des sociétés de classes du passé, sa logique repose moins sur la nécessité de reproduire à l'identique ses conditions initiales de fonctionnement que sur « ce bouleversement continuel de la production, ce constant ébranlement de tout le système social, cette agitation et cette insécurité perpétuelles *qui distinguent l'époque bourgeoise de toutes les précédentes* » (Marx). La dynamique de l'accumulation du capital, qui contraint chacun de ses agents – du fait de la concurrence économique mondiale – à accroître sans cesse la valeur du capital existant (fût-ce en recourant massivement, comme c'est le cas depuis 30 ans, à l'expédient de la dette et du « capital fictif »), ne saurait en effet connaître – comme l'écrivait Marx – « la moindre limite morale ou naturelle ». Il est, du reste, significatif que plusieurs gouvernements libéraux envisagent déjà d'inclure dans le calcul du PIB le *chiffre d'affaires de la délinquance et du crime organisé*. De là, cet impératif continuel de croissance (ou de « compétitivité ») qui s'impose aujourd'hui à tous les peuples de la Terre et qui confère à chaque étape du développement capitaliste le caractère structurel d'une *fuite en avant*.

On mesure alors mieux l'ambiguïté constitutive de cette apologie abstraite et indifférenciée du « Progrès » – le « mouvement » considéré comme fin en soi – qui constitue, de Victor Hugo à Manuel Valls (pardon pour l'auteur des *Misérables*!) l'épine dorsale de tous les discours de la gauche. Suffisante, encore une fois, pour garantir à cette dernière – tout au long du XIXe siècle – une assise métaphysique plausible dans son combat contre les ultimes survivances de l'Ancien Régime (« le cléricalisme, *voilà l'ennemi!* », proclamait encore Gambetta en 1877), l'idée d'une marche en avant automatique de l'Histoire laissait, en revanche, la gauche originelle dans le désarroi idéologique le plus complet (contrairement, bien sûr, au mouvement ouvrier socialiste) dès lors qu'il s'agissait de porter un regard critique sur ce nouveau système capitaliste – dynamique, urbain et mondialisateur – dont Marx constatait, dans *Le Capital*, que sa « *base est révolutionnaire* tandis que celle de tous les modes de production antérieurs était essentiellement conservatrice ». C'est pourquoi, une fois ce système définitivement émancipé des dernières limitations politiques, morales et culturelles qui entravaient encore, jusqu'à la révolution néolibérale de la fin des années 1970, son libre développement planétaire (John Ruggie et David Harvey ont forgé le concept d'*embedded liberalism* – ou « libéralisme encastré » – pour désigner cette époque du capitalisme où il devait encore composer avec des éléments étrangers à son essence), il allait forcément devenir de plus en plus difficile, pour des esprits « progressistes » formés au seul combat contre les fantômes du passé (*retour* de l'autorité, *retour* de l'ordre moral, *retour* des années 1930, etc.) de poser la moindre distinction cohérente entre l'idée qu'*on n'arrête pas le Progrès* et l'idée qu'*on n'arrête pas le capitalisme.* Il suffit de penser ici – je renvoie aux travaux de Fred Turner – à tout ce que l'imaginaire futuriste de la *Silicon Valley* – Google, Apple, Facebook, Amazon – doit à la « contre-culture » de la nouvelle gauche américaine des années 1960 et à ses Cohn-Bendit locaux.

La conviction reposante (et source, en général, d'une bonne conscience inébranlable) selon laquelle tout *pas en avant* – qu'il s'agisse de l'élimination de l'agriculture paysanne par la biochimie de Monsanto, du dernier gadget de Microsoft, ou de la fabrication en série d'enfants « parfaits » par les tenants d'un nouvel eugénisme libéral – représenterait, par définition, un *pas dans la bonne direction* (alors que seule une innovation contribuant à « nous rendre plus humains » pouvait constituer, aux yeux d'Orwell, un authentique progrès) suffit ainsi à expliquer – abstraction faite de tout autre facteur historique concret – l'incapacité pathétique de la gauche moderne à rompre avec cet imaginaire de la croissance perpétuelle qui soutient, depuis le XIXe siècle, chaque nouvelle avancée de la société libérale. Elle explique également ce qui devait nécessairement conduire, un jour ou l'autre, cette « gauche de progrès » à voir dans toute critique un peu radicale des conditions *morales, psychologiques et culturelles* de l'accumulation illimitée du capital (et, par conséquent, dans toute notion de *limite,* de *seuil* ou d'*interdit*) le signe même d'une « droitisation » de la société, voire – pour les plus inventifs (ou les plus « confusionnistes ») – celui d'un inquiétant complot « rouge-brun ».

Il reste que tous les efforts des gardiens du Temple pour conférer au déclin libéral de la gauche la noble apparence d'une croisade « antifasciste » (selon la stratégie mise au point par BHL, dès 1981, dans *L'Idéologie française*) se heurtent désormais au scepticisme grandissant des gens ordinaires. C'est qu'aujourd'hui – comme le constatait déjà Guy Debord dans *In Girum* – « il ne reste *rien* des caractères d'une lutte entre la conservation et le changement ». En réalité, ce sont bien deux conceptions irréconciliables du « changement » (ou du « progrès ») qui s'affrontent à présent, dont l'une coïncide – depuis bientôt un demi-siècle – avec la marche en avant suicidaire du capitalisme, et l'autre avec le projet d'un monde égalitaire et convivial dont l'idéal de liberté s'enracine dans le sens des limites et la décence commune. Le choix crucial, en somme, entre *décroissance* ou *barbarie.*

EN FINIR AVEC LE MYTHE DU PROGRÈS

Par **Thierry Jaccaud**

—

Journaliste, rédacteur en chef de *L'Écologiste*.

—

Le saviez-vous ? Quarante-neuf prix Nobel ont lancé un appel afin de réduire les émissions de gaz à effet de serre, en affirmant : « Le réchauffement planétaire se révèle la menace environnementale la plus grave du XXIe siècle. Le seul moyen de ne pas mettre en danger les générations futures est d'agir maintenant. » Il y a eu tant d'appels de sommités à agir pour le climat, jusqu'à une encyclique du pape, que vous avez quelques excuses à avoir oublié cet appel des Nobel qui date de… 1990. Et depuis, nous en sommes au même stade : l'appel incantatoire.

Alors la critique est facile, l'art est difficile… Pourquoi en sommes-nous toujours là ? Parce qu'à l'évidence, il ne s'agit pas ou pas seulement d'un problème technique appelant des solutions techniques, mais d'une vision du monde à changer, et en particulier d'une croyance à abandonner : celle du mythe du progrès, dont on annonce régulièrement la disparition mais qui imprègne *de facto* plus que jamais nos sociétés industrialisées.

On a ainsi pu entendre il y a quelques mois sur une grande radio : « On ne peut pas arrêter la recherche par principe. » Cette sentence définitive est de Maud Fontenoy, navigatrice, déléguée responsable des questions d'écologie pour le parti Les Républicains, lors d'une interview sur RMC mardi 23 juin 2015. Je voudrais ici défendre exactement le contraire : on peut, et même on doit, arrêter la recherche dans certains secteurs, justement par principe. On peut, et même on doit, contester cette absence de choix que nous impose la croyance au mythe du progrès, et retrouver notre liberté de choix.

Pourquoi ? Parce que l'enjeu, c'est le maintien d'une vie authentiquement humaine sur notre planète, mais aussi la survie de l'humanité elle-même, non restreinte à quelques groupes de rescapés plus chanceux ou plus fortunés que les autres.

Or, précisément, c'est ce que refuse d'envisager Maud Fontenoy – et l'immense majorité de nos dirigeants politiques avec elle. Il est ainsi saisissant d'écouter l'échange entre Jean-Jacques Bourdin, qui a travaillé son sujet, et la navigatrice, qui semble avoir un peu moins travaillé, au sujet de l'étude de l'université de Stanford sortie quelques jours plus tôt. L'intervieweur résume l'étude, dirigée par Paul Ehrlich : les espèces disparaissent aujourd'hui à un rythme 100 fois supérieur au rythme naturel, à un rythme sans équivalent depuis la disparition des dinosaures il y a 66 millions d'années, nous sommes à l'aube d'une sixième extinction des espèces, l'existence de l'espèce humaine elle-même est menacée. Question du journaliste : « C'est si grave que cela ? L'espèce humaine peut vraiment disparaître ? » Réponse : « Alors, euh… moi j'espère incarner une écologie qui soit un peu plus optimiste. Pas de parler sans cesse des problèmes. Parler des solutions, de ce qui bouge, des États qui se mobilisent. Restons s'il vous plaît dans une vision pragmatique et positive. » Et Jean-Jacques Bourdin d'approuver chaleureusement : « On est bien d'accord, on est bien d'accord », et de passer au sujet suivant.

Rappelons quand même que l'étude de Stanford n'est pas la première du genre, et c'est un euphémisme. Disons que cela fait au moins 50 ans, depuis la publication du best-seller *Avant que nature meure* de Jean Dorst en 1965, que le signal d'alarme sur la pérennité d'une planète habitable pour l'homme est tiré.

Que peut bien recouvrir l'optimisme de Maud Fontenoy ? Elle le dit dans la même émission : « Aujourd'hui, on veut tous avoir le progrès » ; suivi de : « On ne peut pas paralyser le développement économique de la France. »

Autrement dit, l'objectif politique suprême est le progrès ou son autre nom, le développement économique. Que les dégâts de ce développement soient si importants qu'ils remettent en question l'existence même de l'espèce humaine n'atteint toujours pas, en 2015, la conscience de nos gouvernants.

Il y a quelques décennies, à la naissance de l'écologie, cet objectif de « développement » ou de « progrès » avait pourtant été remplacé… avant de revenir plus vigoureusement que jamais. Ainsi, le premier sommet international pour la protection de la vie sur Terre à Stockholm, en 1972, s'intitulait « Conférence des Nations unies sur l'environnement humain » : « l'environnement humain », son amélioration, voilà qui était un objectif parfaitement clair, qui laissait donc espérer des mesures tout aussi clairement orientées. Las : cela n'a pas duré longtemps. Sans mentionner le discret « Stockholm + 10 » à Nairobi en 1982, le sommet suivant de 1992 à Rio s'intitulait « Environnement et développement » avant de devenir totalement flou à Johannesburg en 2002 et à nouveau à Rio en 2012 en prenant le titre « Développement durable ».

Ce flou concerne la protection des conditions de vie sur Terre. En revanche, il n'y a aucun flou sur le développement économique. Et ses thuriféraires veulent toujours l'exporter dans le monde entier. Maud Fontenoy veut ainsi la « croissance et le développement » pour l'Afrique et tous les malheureux dans le monde qui en seraient encore privés, n'imaginant pas une seule seconde un autre modèle de société que le nôtre, avec haut niveau de consommation, écrans numériques à foison, télévisions et autres voitures.

Pourtant, un président de la République, Jacques Chirac, de la même famille politique que notre navigatrice, avait prononcé en 2002 un discours à Johannesburg affirmant : « Notre maison brûle et nous regardons ailleurs. La nature, mutilée, surexploitée, ne parvient plus à se reconstituer et nous refusons de l'admettre. [...] La Terre et l'humanité sont en péril et nous en sommes tous responsables. » L'ancien président expliquait dans la foulée : « Si l'humanité entière se comportait comme les pays du Nord, il faudrait deux planètes supplémentaires pour faire face à nos besoins. » Comme, manifestement, c'est impossible, que faire ? Une autre personnalité l'a écrit, dans un discours encensé par tous les dirigeants de la planète : il faut renoncer au « mythe du progrès » selon lequel « les problèmes écologiques seront résolus simplement grâce à de nouvelles applications techniques, sans considérations éthiques ni changements de fond ». Et concrètement, la même personnalité préconise « une certaine décroissance dans quelques parties du monde, mettant à disposition des ressources pour une saine croissance en d'autres parties ». Vous l'avez peut-être reconnue, il s'agit de l'étonnante encyclique sur l'écologie du pape François.

Revenons à la recherche. Maud Fontenoy propose de continuer à financer la recherche sur les gaz de schiste, c'est-à-dire de continuer le *business as usual*. Comme si la crise climatique n'existait pas. Comme s'il ne fallait pas, au contraire, laisser en terre l'essentiel des réserves d'énergies fossiles. Voilà une recherche *nuisible*.

Ce n'est pas la seule. Faut-il, avec l'argent du contribuable, que l'INRA fabrique un agneau-méduse ? Faut-il persister dans les chimères des OGM, qui asservissent les petits paysans au nom d'une promesse permanente et jamais réalisée de nourrir le monde ? Faut-il que les scientifiques chinois continuent sur leur lancée, eux qui ont annoncé au printemps 2015 avoir produit les premiers embryons humains génétiquement modifiés ? Faut-il financer les recherches sur l'utérus artificiel promu depuis des années par Henri Atlan ? Faut-il accepter la commercialisation des bébés sur catalogue ? Faut-il, dans tous les domaines, privilégier les solutions hypertechnologiques plutôt que les solutions simples et à échelle humaine ?

Si tout n'est pas acceptable, tout est discutable. Mais une discussion, c'est précisément ce qui n'arrive jamais – ou qui n'est pas suivi d'effets.

Une discussion en amont, avant d'engager des recherches – et non pas après, une fois le produit fini prêt à être lancé sur les marchés.

Bien sûr, on dira : il est impossible de discuter de chacune des mille et une applications de la technoscience. Certes. Le choix est donc entre continuer sur la lancée du progrès ou bifurquer. Comment bifurquer ? Comment choisir ?

Pour pouvoir effectuer des choix, il faut déjà admettre, accepter, vouloir, que des choix soient possibles. Il faut donc que le oui ne soit pas la seule réponse ; que le non soit non seulement une possibilité mais également un choix réel suivi d'effets. J'aime beaucoup à cet égard le proverbe africain rappelé par Aminata Traoré : « Pour que le oui soit valable, il faut que le non soit possible. »

Choisir, cela suppose concrètement des critères de choix. Cela suppose donc ce qui s'appelle une morale, un terme qui est presque devenu inconvenant dans la société libérale actuelle. Je ne parle pas de l'éthique, qui est devenue le concept rideau de fumée qui sert à faire accepter les pires horreurs. Cette « éthique » a la propriété effarante de se modifier à chaque nouvelle « avancée » scientifique pour l'accepter, sans jamais fixer la moindre limite. Le cas d'école à cet égard est constitué par la loi de bioéthique de 2004, qui prévoit expressément d'être « révisée » tous les cinq ans, comme si une société pouvait changer de critères moraux vingt fois par siècle !

Pour conclure, retrouver la capacité de dire non à certaines techniques et à la société que ces techniques produisent me paraît essentiel. Pour cela, il faut se libérer du mythe du progrès.

UN NOUVEAU MATRICIDE

Par **Marie-Josèphe Bonnet**

—

Historienne et militante féministe, elle a notamment écrit *Adieu les rebelles !* (Flammarion, 2014).

—

Avec la mondialisation, nous sommes confrontés à un sentiment d'impuissance à changer les choses. Nous ne savons pas qui prend les décisions, comment elles sont prises et dans quel but, si ce n'est celui d'étendre la logique libérale à toutes les activités humaines, y compris la fabrication de l'humain.

La seconde guerre du Golfe constitue un moment exemplaire de ce sentiment d'impuissance à changer la société, puisqu'elle a eu lieu en dépit des nombreuses manifestations pour la paix qui ont réuni des millions de personnes dans le monde. Non seulement la voix du peuple n'a pas influencé la décision de la grande puissance américaine, mais cette grande puissance n'a pas hésité à mentir publiquement sur les armes de destruction massive. Nous avons donc été trompés, nos protestations n'ont servi à rien et cette guerre a eu lieu avec les terribles conséquences que nous subissons de plus en plus aujourd'hui à travers, notamment, le clivage entre le monde occidental et le monde musulman.

Comment changer les choses quand la mondialisation des échanges, des flux d'argent, des marchandises, des communications internet s'est imposée jusque dans l'intimité de nos vies sans que nous n'ayons la moindre possibilité de nous en passer ? Nous sommes bombardés d'informations inutiles que nous ne pouvons plus hiérarchiser. Une machine capable de les sélectionner selon nos goûts, nos intérêts, notre histoire, notre âge, notre sexe, notre religion, est devenue indispensable, ce qui nous rend encore plus dépendants de la machine. Et impuissants à changer les choses.

Cette impuissance est une des conséquences de la mondialisation, qui impose ses règles de concurrence et de rivalité alors que nous aurions tant besoin de coopération.

La concurrence entre prédateurs est devenue la loi de développement de nos sociétés mondialisées. Derrière nos écrans d'ordinateur, la réalité virtuelle envahit les esprits au point de nous couper de la « réalité vraie ». Celle du corps, des échanges humains, de la parole, de la vie sociale concrète et surtout de l'acceptation des limites de nos existences terrestres. Le marché s'étend partout. Tout se vend et s'achète. Le désir de possession dynamisé par le monde virtuel connaît un développement infini. Mais si, d'un côté, tout devient possible dans le monde néolibéral du « libre-échange », on assiste de l'autre à un repli vers des modèles traditionnels « normaux » qui entrave encore plus l'imaginaire du changement social.

AU NOM DU DROIT AU MARIAGE, L'ABANDON DE L'ÉGALITÉ HOMMES-FEMMES

Le mouvement homosexuel LGBT (lesbiennes, gays, bi et trans) nous en a donné une bien paradoxale illustration ces derniers temps à travers la revendication du droit au mariage et du droit à l'enfant[1]. Les deux allant de pair, grâce au progrès, nous allons voir comment.

Pour les promoteurs du mariage pour tous, il s'agit d'établir « l'égalité entre les sexualités » homo et hétéro. C'est-à-dire une égalité entre les couples, car s'il s'agissait d'établir l'égalité des droits entre les personnes, nous ne serions pas obligés de passer par le mariage. Nous aurions réformé la loi des successions qui taxe les célibataires et nous nous serions attaqués à d'autres situations injustes. Mais il a été impossible de débattre sur les différentes stratégies possibles de reconnaissance des droits des homosexuels à travers le Pacs ou l'union libre, parce que les opposants au mariage étaient systématiquement qualifiés d'homophobes. Ce qui est le meilleur moyen de tuer toute réflexion collective, réduisant au silence les féministes et tous les anti-mariage bourgeois. L'homophobie a été instrumentalisée pour faire taire les opposants. Comment ? En pensant le progrès en terme de « droit à » et non plus en terme d'alternative au modèle dominant, de respect de l'altérité, de la dignité des femmes. Car c'est bien le fait d'être victime de l'homophobie qui authentifie la demande de droits. Droit au mariage, droit à l'enfant, droit à la famille. Une demande qui peut aller très loin. On ne voit pas pourquoi les partisans de la polygamie, voire du « polyamour », ne revendiqueraient pas l'égalité des droits avec les monogames. Patience, cela arrive en catimini[2].

Le droit au mariage est l'indice de cette régression de la conscience collective vers des revendications communautaristes. En effet, si les féministes se battent depuis deux siècles contre le mariage, c'est bien parce qu'il est un instrument de domination et d'exploitation du travail ménager des femmes. Sans parler du travail des épouses de paysans et de commerçants. S'il ne l'est plus aujourd'hui du côté du droit (mari et femme ont les mêmes droits), il l'est resté du côté de la symbolique normalisatrice, du conformisme et de la régression des acquis des femmes. Le symbolique est aussi un enjeu politique. C'est par lui, et non par le marché néolibéral, que nous pouvons changer les choses en exprimant nos besoins anthropologiques profonds.

On a choisi la normalisation sur le modèle hétérosexuel, lui conférant du même coup valeur d'autorité normative universelle. Les pro-mariage homo ne se réclament-ils pas du désir d'« être comme tout le monde », c'est-à-dire se marier et avoir des enfants ? Ils ne supportent plus leur « différence » et ne l'assument pas. Ils sont pour l'indifférence, la respectabilité néolibérale, avec en prime la reconnaissance de leur « volonté » de devenir parents. En un mot, le conformisme.

Ceci se fait surtout aux dépens des femmes qui se voient réduites au rôle de mère porteuse à qui on commande un enfant « pour autrui », lequel est ensuite arraché à sa mère dès sa naissance pour être « donné » au couple commanditaire.

LA RÉGRESSION DE LA CONSCIENCE COLLECTIVE

Ce repli sur des intérêts communautaristes qui se font passer pour universels comporte un autre danger : celui de se désolidariser des femmes et de ses semblables humains non homosexuels. En effet, si les homosexuels sont des victimes, ils n'ont plus à se sentir solidaires de ceux qui les oppriment, les hétéros, autrement dit de la majeure partie de la population. Ainsi, le progrès que constitue la reconnaissance légale du mariage homosexuel se paie de la régression de la conscience collective vers des schémas traditionnels et communautaires. Avec en prime le désintérêt envers les moyens mis en œuvre pour obtenir le « droit à l'enfant ». Pouvoir médical renforcé sur la procréation au moment où les femmes ont enfin conquis la maîtrise de leur fécondité à travers la contraception et le droit à l'avortement. Et abandon de toute réflexion éthique sur ce « progrès » qui agit comme un stupéfiant sur la conscience collective. Il endort la critique.

LE PROGRÈS VA-T-IL TUER LA MÈRE ?

Comme la nature n'a pas encore trouvé le moyen de faire des enfants sans l'autre sexe, et comme l'adoption est de plus en plus difficile, le « progrès » des biotechnologies a trouvé la formule magique qui se résume à trois lettres : GPA.

Les couples stériles, que ce soit pour des raisons médicales ou « sociales » (le couple homo étant sous le coup de la « stérilité sociale ») ont ainsi la possibilité de se payer les services d'une location d'utérus, dite gestation pour autrui (GPA), en réalité « mère porteuse » ou maternité de substitution, pour « concevoir » l'enfant de leurs rêves.

On mesure l'énorme marché qui s'offre à la convoitise des prédateurs. À défaut d'être « éthique », cette pratique se présente volontiers sous le régime des droits. « Droit à l'enfant », droit à la filiation, à la parentalité, et par extension à « avoir » des enfants à 50 ans, ou, pour les jeunes filles, à congeler ses ovocytes pour plus tard. L'enfant n'est plus le fuit du hasardeux désir amoureux. Il est le fruit de la volonté de devenir parent. Volonté de fer, qui fait force de loi.

Voilà comment le droit à l'enfant devient le cheval de Troie des biotechnologies qui se comportent avec l'humain comme les capitalistes néolibéraux avec les choses. Fabriquer de l'humain comme un objet d'échange.

Et nous sommes loin d'avoir tout vu. Aujourd'hui, ce sont les jeunes femmes nullipares (qui n'ont pas eu d'enfant) qui subissent un forcing procréateur pour alimenter en ovocytes les agences dites de fertilité ou pour répondre à une « demande sociale » en bébés qui ne connaît plus de frontières. Car les ovocytes féminins sont une matière première moins facile à récolter que le sperme. Ils deviennent le nouvel « or noir » des technologies de la reproduction. On n'hésite plus à soumettre les jeunes femmes à une hyperstimulation hormonale pour produire vingt ovocytes par cycle au lieu de l'unique produit naturellement. Et on leur propose d'en congeler gratuitement la moitié en attendant qu'elles fassent un enfant. Passé la quarantaine ou quand elles auront rencontré le père ou le parent idéal.

SURPUISSANCE DANS LE DOMAINE DE LA PROCRÉATION

Grâce aux « progrès de la science » qui rendront possible la fécondation hors du ventre maternel, un formidable mouvement de délocalisation de la procréation s'est développé qui « mondialise » tout. La stérilité, devenue insupportable, la maternité, devenue partageable, l'une donne ses ovocytes, l'autre loue son ventre, la troisième fait reconnaître par la loi sa « volonté de devenir parent », tandis que le père biologique, celui que la science peut déclarer vrai père grâce aux tests génétiques, donne son nom à l'enfant. Et vive le patriarcat ! Pendant ce temps, la mère est niée, effacée, disparue... Le marché n'a plus besoin de mère mais de « gestatrice ». Comme les animaux...

Ainsi, la filiation de l'enfant est désormais régie par la loi de l'offre et de la demande. Elle est gérée par les agences de fertilité, les avocats (pour rédiger les contrats de maternité de substitution), les « parents d'intention » et la Cour européenne des droits de l'homme (CEDH) qui vole au secours des couples ayant fabriqué un enfant à l'étranger, alors que c'est interdit en France, pour obliger notre pays à inscrire l'enfant né par GPA à l'étranger à l'état civil français. Où sont les limites ? Nulle part. Et c'est le tour de force qu'a réussi « le progrès » ces dernières années : transformer ce sentiment d'impuissance à changer la société en sentiment de surpuissance dans le domaine de la procréation. Tout semble possible avec la technique. Elle nous promet même « l'homme augmenté ». La machine remplace Dieu.

Ainsi, on compense avec la technologie notre incapacité à réguler l'économie, à intervenir dans les choix politiques, à freiner le changement climatique, à produire une nourriture sans pesticides ni engrais, à respecter les abeilles, à instaurer une vraie coopération entre les humains.

Mère nature souffre beaucoup de la mainmise néolibérale sur la terre. Et ce n'est pas un hasard si elle est attaquée en même temps que la maternité.

SORTIR DU DÉSERT SPIRITUEL

Le libéralisme suppose un conformisme, une normalisation des comportements indispensable à l'expansion du marché. Tout se vaut, à condition que tout rentre dans les critères standardisés. C'est le règne du quantitatif qui n'a plus face à lui de contre-pouvoir qualitatif, c'est-à-dire de réflexion commune sur le sens de la vie, de nos existences, sur la société future dans laquelle nous souhaitons vivre et respirer et sur l'éthique de développement. Car s'il n'y a plus d'éthique, c'est la loi du marché qui gouverne.

Le libéralisme prospère d'autant plus facilement que nous lui opposons un désert spirituel. Ce n'est pas avec Marianne et la laïcité que nous pourrons faire face aux dogmatismes religieux qui s'emparent de nos sociétés. La mondialisation ne génère aucune espérance. Seulement la peur, la peur d'être exclu, mangé ou rejeté du développement, de la croissance, de l'expansion, mots magiques censés résoudre la crise économique. Au lieu d'inciter à chercher de nouvelles voies, cette peur entretient le sentiment d'impuissance collective alors que de nombreuses personnes expérimentent actuellement de nouveaux comportements face à la nature et à nos semblables. La vie spirituelle a besoin d'être alimentée par ces expériences, ces utopies, l'espérance humaniste.

1. Voir Marie-Josèphe Bonnet, *Adieu les rebelles*, Flammarion, « Carré Voltaire », 2014.
2. Voir la présentation de la journée d'étude « Au-delà du mariage », qui dit : « Les attaques homophobes contre la polygamie ne doivent pas davantage occulter une interrogation sur le polyamour : la conjugalité renvoie-t-elle nécessairement au couple ? » 8 avril 2016, EHESS.

« UNE SOCIÉTÉ FOLLE AYANT PROGRAMMÉ LA TRANSGRESSION TOUS AZIMUTS DES LIMITES »

Entretien avec **Dominique Bourg**

—

Philosophe. Derniers ouvrages qu'il a coordonnés : *La Pensée écologique, une anthologie* (PUF, 2014) et *Dictionnaire de la pensée écologique* (PUF, 2015).

—

Vous avez cosigné dans *Le Monde* du 2 avril 2011 une tribune avec Michel Rocard expliquant que la croissance et l'idéologie du progrès nous envoyaient droit à la « barbarie ». Or, le même Michel Rocard vient d'affirmer à *La Tribune* que « la décroissance nous conduirait tout droit à la guerre civile » (29 mai 2015). Pour votre part, vous affirmez que « c'est la décroissance ou le clash » (*Le Temps*, 13 octobre 2014). Que croire ?

Michel Rocard est quelqu'un qui fluctue, néanmoins, c'est un des rares de sa génération à avoir pris conscience de la gravité de la situation écologique, bien avant les autres. Maintenant, il est pris dans des contradictions. Il n'est pas le seul. Néanmoins, il a tout sauf tort quand il dit qu'une décroissance contrainte et forcée est génératrice de violence et de désespoir. Bien sûr, la décroissance organisée et volontaire est une idée totalement différente. Une décroissance voulue par le grand nombre n'a rien à voir avec une récession. C'est comme le jeûne : il y a une différence entre le fait de faire un jeûne et lorsqu'il n'y a rien à manger. Un jeûne est une démarche volontaire, qui a un sens. Hélas, aujourd'hui il n'y a qu'une minorité qui voit les choses de la sorte. Nous nous trouvons dans une difficulté liée au fait que nous sommes les héritiers de trois siècles de modernité, où nous avons été convaincus que le progrès était infini, que le seul bien que nous avions était l'enrichissement matériel individuel, et qu'avec ça il fallait donner un sens à la vie. Tout le monde est là-dessus. Cela fait trois siècles que l'on nous a rebattu les oreilles avec cette histoire. Nous avons fini par y croire et par y adhérer de façon extrêmement profonde.

Toujours dans *Le Monde,* vous affirmez que des membres de la gauche gouvernementale, Europe Écologie-les Verts compris, «ont opté pour l'individualisme libéral, pour l'affirmation sans limites des droits individuels, choses qui ne font guère bon ménage avec ce qu'exigerait une authentique défense des biens communs comme le climat ou la richesse génétique des populations. Point de défense des biens communs sans règles communes, démocratiquement assumées. Une telle défense est inconcevable sans opposer des limites à l'affirmation absolue, et nécessairement à court terme, de l'individu et de ses droits» (11 avril 2014). S'en prendre ainsi au libéralisme culturel, n'est-ce pas déclarer le clivage droite-gauche pernicieux, comme l'ont fait nombre de précurseurs de la décroissance?

Le fondement de l'humanité est l'interdit et la limite. Or, notre société est devenue totalement folle, c'est-à-dire que le programme de la modernité s'est transformé en programme de transgression des limites tous azimuts. Nous sommes ainsi en train de casser tous les repères anthropologiques. Affirmer, comme le font les Verts, que les limites sont indispensables pour la nature tout en déniant toute limite aux individus est absurde. Le seul enjeu consiste à définir ces limites puis à les assumer. Hélas, nous assistons à un dévoiement de l'idée d'égalité, générant des revendications extrêmes dans tous les domaines. Dans le cas des *gender studies* par exemple, cette idée amène à une espèce de guerre de sexes effrayante. Sur la question de limites, on ne peut différencier les limites de la biosphère et celles des relations sociales. Claude Lévi-Strauss réaffirmait qu'il ne pouvait pas y avoir de société sans règles et sans normes. Aujourd'hui, nous sommes confrontés à une espèce de déni face à cela. C'est quelque chose de totalement destructeur. Bien sûr, les lois arbitraires sont aussi destructrices, mais l'absence totale de règles l'est tout autant. Une civilisation qui abat ses règles les unes après les autres engage un processus d'autodestruction. Une fois que certains repères traditionnels sont détruits, il devient très difficile de reconstruire. Imaginer qu'un individu a tous les droits n'est pas vrai ni possible sans qu'il finisse par se détruire lui-même.

Au sujet du clivage entre la droite et la gauche, il n'est pas advenu pour rien. Ces grands clivages sont nécessaires et donnent beaucoup de dynamisme à la démocratie. Ils permettent de répartir les choix des citoyens. Ce n'est pas idiot et on ne voit pas très bien comment nous pourrions y échapper. Néanmoins, le fait est qu'aujourd'hui nous voyons bien que le clivage droite-gauche est obsolète. Droite et gauche partagent l'obsession de maximiser la production. Elles ne se distinguent même plus, ou si peu, sur la question de la redistribution de la richesse. En fait, ce clivage droite-gauche est fondé sur deux questions. La première est : « Comment maximiser la production de richesses ? », et ce n'est aujourd'hui plus notre problème. Notre question est au contraire : « Comment réduire la production matérielle en répartissant de la façon la plus juste la richesse produite ? » Or le moteur de la maximisation de la croissance, ce sont les inégalités entre les individus. Pour que les gens soient amenés à consommer de plus en plus, il faut des inégalités très fortes et il faut une élite qui tire la consommation des autres. Et toute société qui tente de maximiser sa croissance ne peut que courir à la faillite. Tous ces fondements me paraissent totalement contre-productifs, car, d'une part, notre problème n'est plus de maximiser la production de richesses, et d'autre part, il faut retrouver des règles de vivre ensemble.

N'y a-t-il pas un autre clivage qui doit se substituer au clivage droite-gauche pour que le débat puisse se développer ? Par exemple, Dwight Macdonald imaginait un clivage entre les progressistes et les radicaux.

En gros, je crois que le véritable clivage actuel est à faire entre les transhumanistes et les Terriens. C'est un clivage de civilisation. Soit nous gagnons face à eux, soit nous allons entrer dans un monde de plus en plus artificialisé, celui que sont en train de créer Google et Facebook. Aujourd'hui, il est terrible d'observer que le transhumanisme est accueilli avec enthousiasme dans toute la presse occidentale.

Cela renvoie à deux autres questions : le refus des limites est-il la matrice de l'effondrement écologique actuel, et l'idéologie des Lumières, progressiste, positiviste, scientiste, n'est-elle pas largement fondée sur ce refus des limites ? Et dans ce cas, la décroissance comme système philosophique n'est-elle pas l'hérésie de nos temps modernes ?

Certes, mais je le nuancerais énormément. Les Lumières représentent l'avènement de la modernité, incarné par la philosophie hégélienne et la physique newtonienne. Nous pensons toujours dans le contexte des Lumières, celui d'un monde ouvert à l'infini. Or il n'est plus nôtre. Nous sommes dans celui d'une domination de la nature, d'une planète finie avec des injustices gigantesques. Nous devons intégrer ce contexte nouveau, nous demander comment on fonctionne avec ces fragilités que nous avons découvertes, comment retrouver un nouvel équilibre entre la société, la nature et l'individu. Chaque citoyen doit prendre part à la loi commune pour en produire une qui engendre une liberté positive et non pas une liberté négative, c'est-à-dire totalement hégémonique, comme actuellement. Dans un pays comme la Suisse, où je réside, il existe une démocratie semi-directe, la liberté positive, qui est quelque chose de très important, que les gens prennent très sérieusement. Effectivement, une interprétation maximaliste des droits de l'homme empêche de régler n'importe quelle situation environnementale, mais, en même temps – nous allons être hégélien –, la société d'aujourd'hui est celle des systèmes complexes, où le mouvement de l'art et des sciences nous ramène à réintégrer l'homme dans la nature. Ce qui veut dire que nous devons intégrer une part de l'héritage des Lumières. Il est clair que nous n'allons pas revenir à une conception simplement holiste d'où la notion d'individu est exclue par rapport à un tout. Il existe un équilibre à retrouver. D'une certaine manière, cela revient à affirmer la primauté de la question sociale. Cependant, on ne revient pas dans le passé : le respect de l'individu est un acquis incontournable. Nous avons tous du mal à retrouver cet équilibre aujourd'hui. C'est toute la difficulté du travail actuel : « Comment retrouver un droit de l'individu quand nous savons qu'un individu seul est une simple fiction, que cela n'existe pas ? » Vous comme moi sommes devenus humains parce que nous avons été engendrés par d'autres hommes, parce que les institutions nous ont humanisés, etc. Pour retrouver cet équilibre entre l'individu et le tout, nous ne devons ni revenir à l'Antiquité ni en rester aux Lumières.

L'écologie comme « opportunité de croissance » (François Hollande), qui a été défendue par tous les contributeurs de la COP 21, n'est-elle pas finalement pire que le discours productiviste classique qui avançait sans fard ?

Les institutions délivrent le discours de la croissance verte, du développement durable ou du découplage et s'avèrent incapables d'en sortir. Pourtant, il n'y a pas assez de métaux pour réaliser leurs projets, il n'y a pas assez de cuivre pour les réseaux électriques ni de néodyme et dysprosium pour mettre de l'éolien partout. Cette croissance « verte » est une illusion ; ce vers quoi nous devons aller, c'est vers « moins ». Ils font comme si le réel n'existait pas, comme si nous pouvions encore découpler la croissance de l'empreinte écologique.

[Interview : Vincent Cheynet]

DU VENIN PUBLICITAIRE À L'INERTIE CIVIQUE EN PASSANT PAR LE BROUILLARD MENTAL

Par **Yvan Gradis**

—

Écrivain, militant antipublicitaire, rédacteur du *Publiphobe*,
auteur de *Détruire Notre-Dame* (Pascal Galodé éditions, 2014).

—

(1) Il y a des plantes artificielles, il y a des plantes carnivores ; il y a une plante artificielle carnivore : la publicité. Mais la diaboliser n'aurait pas plus de sens que de diaboliser un couteau : l'une et l'autre, tantôt outils, tantôt armes, servent au meilleur comme au pire.

(2) Que faut-il donc diaboliser ? La surpublicité, qui est à la publicité ce que la surdose est à la dose. Où se trouve la limite ? Il y a surpublicité quand il y a violence ou manipulation : violence quand la réclame, ou propagande, ou « communication », s'impose à nous, prouvant par là même, incidemment, sa profonde inutilité ; manipulation quand elle nous injecte une goutte plus ou moins subliminale d'endoctrinement tout en faisant mine de nous raconter autre chose ; quand, par le divertissement, elle nous soutire de la salive, du sperme ou un sourire complice.

(3) Un fléau ancien. Sans remonter aux philosophes des Lumières et à leur dénonciation de l'obscurantisme, arrêtons-nous au XIXe siècle. En 1871, dans *La Gazette des Beaux-Arts*, Charles Garnier, architecte de l'Opéra de Paris, dans un article que l'on croirait extrait du *Publiphobe*, « Les affiches agaçantes », stigmatise, déjà, les débordements de la publicité : « Je dénie le droit, écrit-il, que s'arrogent quatre ou cinq industriels de maculer avec leurs enseignes outrecuidantes la ville qui abrite un million d'habitants ! » Nul doute que, 100 ans plus tard, en 1968, l'architecte aurait scandé : « Sous les pavés, la plage ! » Et qu'il s'écrierait, 150 ans plus tard, aujourd'hui : « Sous les panneaux, le paysage ! »

(4) Un fléau universel. On sait, grâce aux voyageurs, que la *pubtréfaction* est devenue la norme de l'« esthétique » urbaine mondialisée. Sous tous les horizons – de Los Angeles à Djakarta en passant par Paris, Le Caire ou Saïgon –, un même comité d'accueil : la publicité, misérable ou clinquante, de l'enseigne criarde de l'échoppe du vendeur de soupe à la rutilante bâche-cataracte vantant le dernier colifichet de la technologie.

(5) Pire qu'universel, un fléau tectonique. La plaque publicitaire, socle de notre anticivilisation, déclenche ses propres séismes et tsunamis. Sous la pression, non pas des couches géologiques, mais des sponsors et des États propagandistes, les catastrophes récurrentes induites par le système publicitaire s'appellent « dopage », « paris truqués » et autres tricheries de tous acabits dans tous les azimuts.

(6) Un fléau double. La publicitose, maladie de l'espace et de l'esprit, cancer du cadre de vie et du libre arbitre, s'attaque aussi bien aux paysages qu'à la vie intérieure. Double pollution, visuelle et intime, et même la première des pollutions. Car, du bombardement incessant – à coups d'affiches, de placards, de vidéos, de spots, de clips, de prospectus… – au viol des consciences, il n'y a que le temps nécessaire à l'anesthésie, à l'aliénation. Submergé par les immondices de l'horreur publicitaire, marée noire sur la matière grise, le citoyen se retrouve piégé par les barreaux d'une invisible geôle et noyé dans la confusion jusqu'au soupçon généralisé.

(7) Est-ce vraiment à ce pauvre citoyen, victime de son imaginaire colonisé, enjeu d'une guerre psychologique, manipulé par la secte à domicile – une secte qui n'a pas besoin de l'attirer dans un château, encore moins dans le lit du gourou, puisque radio, télévision, Internet et presse écrite font le siège de son bureau, de sa cuisine, de son salon, de sa chambre à coucher –, est-ce à ce citoyen, neuroscientifiquement décervelé jusqu'à la surcharge cognitive, que des chefs d'État et de gouvernement, réunis, sous le signe de la panique ainsi que des manchots empereurs sur un îlot de glace fondant, pour conférer sur l'avenir de la planète, veulent donner – cette fin 2015 à Paris – une leçon de civisme et d'écologie ?

(8) Devant la panique, en effet, d'une humanité prise au piège de la folie productiviste, en face des périls qui menacent jusqu'à son existence, on voudrait mobiliser le citoyen en lui inculquant les gestes qui sauvent – le mobiliser tout en le démobilisant, voire l'immobilisant, jour après jour, par l'instillation du venin publicitaire, ce poison idéologique concocté dans les officines du conditionnement totalitaire, concentré

d'individualisme, d'égoïsme, d'esprit de compétition, d'encouragement au gaspillage et à la surconsommation.

(9) Veut-on un exemple de démobilisation induite par la publicité ? Avec ma facture de téléphone, je reçois un dépliant, dit « lettre d'information », au contenu censément important. Le seul sourire de la séduisante famille, jamais la même, sur la photo du premier volet, suffit à m'évoquer un vulgaire prospectus que je m'empresse de jeter à la poubelle ; ce faisant, je pollue l'environnement par le brûlage d'encres nocives et je sclérose ma conscience en me privant d'une information utile qu'après tout la lettre comportait peut-être. Je me referme.

(10) Ainsi procède la publicité, cette fumisterie fumigène, source d'un brouillard mental qui envahit tout, le dedans comme le dehors, où l'homme se perd et le monde s'annule. Car ce brouillard, telle une buée sur la fenêtre, obstrue notre vision des grands problèmes de l'heure. Aussi les antipublicitaires, qui luttent contre l'obnubilation générale, sont-ils des laveurs de vitres. À cause de la publicité, qui décrédibilise tout sur son passage, les grandes causes humanitaires ou environnementales sont ravalées à un jeu de stimulus-réaction dont les ficelles sont entre les mains de politiques et de groupes de pression qui cherchent, plutôt qu'à sauver l'humanité, à entrer dans l'histoire ou à augmenter leur chiffre d'affaires.

(11) Exemple paroxystique d'autodestruction d'une cause – celle du climat de la planète – et d'une conduite d'échec politique : la présence, parmi les financeurs de la conférence internationale sur le réchauffement climatique, et parmi bien d'autres partenaires privés dénichés par l'association Résistance à l'agression publicitaire, du premier afficheur mondial JCDecaux, le Monsieur Sale de l'environnement, ce grand enquiquineur diurne mais aussi vandale nocturne, par sa destruction brutale de la poésie de la nuit, cette poésie tout en nuances et en ambiance, marquée aux fers rouge, bleu, jaune, vert et blanc de ses obstacles urbains qu'il ose appeler « mobilier » et qui nous éblouissent jusqu'à ternir l'éclat des étoiles. JCDecaux qui, au moment même où je vous parle, et comme des fonctionnaires l'ont avoué à l'association Paysages de France, dicte au ministère de l'Écologie, inféodé à celui de l'Économie, un décret livrant villes et campagnes au champignon proliférant qu'il faudra bien un jour appeler « maladie de Decaux ». JCDecaux qui, entre shampoing et charité, entre soda obésifiant et soutien-gorge anorexigène, entre prêt-à-manger étatsunien et vœux municipaux, promeut la voiture, cause d'hécatombe et de réchauffement climatique. JCDecaux, tout de même, auquel la jus-

tice a refusé, en octobre 2015, les 895 euros qu'il réclamait à six membres du Collectif des déboulonneurs, barbouilleurs d'affiches non violents, faucheurs d'IGM – images gravement manipulatrices –, relaxés par la même occasion pour état de nécessité.

(12) N'en doutons pas : les publicitaires, chargés par l'État de promouvoir la conférence climatique, sortiront gagnants de la mascarade. Ces industriels du mensonge, stipendiés par la dictature de la marchandise, vont pouvoir encore plus, en urinant partout, marquer leur territoire, ou plutôt celui de leurs clients annonceurs, et occulter les objectifs ou les effets pervers de leur activité : la confiscation de la démocratie au profit d'une minorité d'intérêts privés, l'organisation de la grande partouze matérialiste où Dieu, s'il existe, n'a plus sa place ; enfin, comme le prouve l'actualité, conséquence du déballage, à tous les coins de rues, à tous les coins d'écrans, petits et grands, d'un ordre moral inversé déshabillant la femme, l'homme et l'enfant, l'engraissement des fondamentalismes de tout poil, ici la tentation de l'extrême droite, incarnée par des marionnettes populistes dont raffole la télévision assoiffée d'audience publicitaire ; là-bas la décapitation sous prétexte de guerre sainte contre l'Occident devenu obscène à force de défiguration.

(13) Soyons-en sûrs aussi : d'une grosse machine encrassée telle qu'une conférence environnementale confiée notamment à des publicitaires, que peut-il sortir ? Un déluge de vœux pieux. Et puisqu'il est question d'encrassement, permettez-moi d'achever sur une image poétique. Certains crasseux croient noyer leur puanteur sous du parfum au lieu de se laver, ainsi d'une civilisation en perdition qui s'asperge de publicité.

PETITS GESTES, GRANDE ARNAQUE

Par le journal ***Moins***

—

Journal romand d'écologie politique, créé en Suisse en 2012.

—

Sale temps pour les oracles. Autrefois passerelles entre le divin et l'humain, ils ont aujourd'hui été remplacés par des ordinateurs et des moteurs de recherche. Bien dans l'air du temps, la ville de Fribourg (Suisse) a accueilli en 2014 « L'Oracle du papillon », une grande exposition interactive et « durable ». À grand renfort d'écrans de toute sorte, elle aura abreuvé d'une multitude de chiffres et de données sur la crise écologique mondiale presque 100 000 visiteurs, parmi lesquels un grand nombre d'élèves romands. Le but ? Sensibiliser le public à l'impact des « *petits gestes quotidiens* » qui, multipliés par 7 milliards, seraient en mesure de réduire les émissions de CO_2 et de conjurer le changement climatique « dans le plaisir, sans prise de tête ni culpabilisation [1] », comme le clament les concepteurs, Gilles Bersier et Pascal Edelmann de la fondation Petite Cause, Grands Effets. À quoi bon repenser notre mode de vie quand il suffit d'éteindre la lumière en quittant une pièce, programmer son lave-vaisselle en mode éco ou opter pour le dernier modèle de voiture « propre » ? Inspirés par l'adage qui veut qu'un battement d'ailes de papillon peut engendrer une tornade aux antipodes, les deux organisateurs portent ainsi aux nues le principe de l'agrégation des comportements vertueux, l'un des mantras du développement durable et… des théories néolibérales, selon lesquelles la société n'existe tout bonnement pas.

Le parcours de l'exposition, qui aura coûté un million de francs, dont une partie de financement public, s'achève en apothéose lorsqu'on franchit le seuil du *Solution Center,* « une vitrine en réalité augmentée des technologies, produits et services durables dans les domaines de l'habitat, de l'énergie, de la consommation et de la mobilité ». Les visiteurs, sommés de « devenir des acteurs du changement », reçoivent une tablette qui permet d'interagir avec l'une des nombreuses bornes proposant des mesures pour sauver la planète. Ainsi, si vous pensez qu'il est important de toujours vérifier que les pneus de votre voiture sont bien gonflés, vous pouvez scanner le code QR disponible à la borne sponsorisée par Michelin : votre tablette vous communiquera la quantité de CO_2 ainsi épargnée.

Simple et efficace, à l'instar des 39 autres mesures suggérées grâce à l'aimable soutien de quelques sponsors privés. C'est ce que les organisateurs appellent *The Power of One*, notre seule possibilité pour un avenir meilleur. « Ou alors, précise Pascal Edelmann, lors d'une inoubliable visite guidée, on peut faire comme en Corée du Nord, pays au bilan écologique enviable : c'est moi qui commande, et vous faites ce que je dis. » Nul n'ignore en effet qu'entre l'illusion de la toute-puissance individuelle et les délires d'une dictature mortifère, il ne peut y avoir de moyen terme : ce serait déjà s'aventurer dans la dimension politique de l'agir.

Postuler l'existence de responsabilités collectives, comme celles des entreprises et des gouvernements ? Idéologique[2] ! Introduire une distinction entre M. Bersier, l'ouvrière textile chinoise et le réfugié érythréen ? Culpabilisant ! Suggérer que notre mode de vie n'est pas généralisable et qu'il faut donc le refonder ? Moralisateur ! Les consignes de l'expo sont claires : pas-de-prise-de-tête ! Ce qui compte, par-dessus tout, c'est que le visiteur puisse se sentir acteur – quitte à se découvrir par la suite protagoniste d'une farce qui simplifie de manière caricaturale les interactions sociales et réduit la question des responsabilités de façon que le problème reste « à portée de tous ». La technologie se chargera du reste, et les papillons pourront continuer de voler la conscience légère.

Qu'il s'agisse de papillons ou de gentils colibris, l'exposition fribourgeoise est emblématique d'une approche particulièrement pernicieuse de l'écologie, qui rencontre sans surprise la faveur des médias dominants – et ce, bien au-delà des frontières nationales. La glorification des « petits gestes » et « des réflexes verts » relève, au mieux, d'une forme de naïveté aiguë, au pire, d'une vision atomisée de la société qui, loin d'en remettre en cause les logiques, s'y inscrit confortablement. Harald Welzer dénonce ce travers avec brio dans *Les Guerres du climat* : « Non seulement il y a une disproportion grotesque entre ce genre de propositions et l'ampleur du problème auquel on est confronté, mais elles réduisent radicalement le niveau de complexité des responsabilités et des obligations liées au changement climatique, en individualisant celles-ci. L'idée fausse, mais facile à suggérer, selon laquelle les changements sociaux commencent dans les petites choses, devient une idéologie lorsqu'elle exempte de leurs obligations les acteurs corporatifs et politiques, et elle devient irresponsable lorsqu'elle prétend qu'on peut s'attaquer [...] par des précautions prises individuellement à des problèmes qui sont dus au principe de la croissance économique par exploitation des ressources[3]. »

Si ces hymnes à la responsabilité individuelle rencontrent autant de succès, c'est parce qu'ils surviennent dans un contexte largement dépolitisé. Autrefois porteuse de revendications authentiquement radicales, visant à changer la société à partir de ses racines, l'écologie politique actuelle – ou ce qu'il en reste – a fait les frais d'au moins deux décennies de politiques « durabilistes ». Sans avoir la prétention de retracer l'histoire d'un concept en quelques lignes[4], signalons simplement qu'avec l'émergence de la chimère du développement durable et son adoption enthousiaste par l'ensemble des institutions, la plupart des discours écologistes ont progressivement été vidés de tout contenu subversif. Personne ne s'étonne aujourd'hui, en Suisse, qu'il puisse exister un parti nommé « Verts'libéraux » – même pas les Verts « classiques » qui, fidèles à la ligne « pragmatique » de la nouvelle génération d'élus, s'allient régulièrement à leurs cousins sans avoir l'impression de commettre aucun acte contre… nature. Au contraire, la tendance est plutôt à saluer ces grands pactes écologiques : les bonnes âmes appellent l'humanité à dépasser ses divisions, à redécouvrir un sens d'appartenance commun pour « sauver la planète » avant qu'il ne soit trop tard.

Digne héritier de Nicolas Hulot, Bertrand Piccard et son joujou *high-tech Solar Impulse* incarnent on ne peut mieux cet appel à l'union sacrée. Véritable héros national, le Suisse volant n'est qu'en apparence le paladin du développement des énergies renouvelables ou de l'immense potentiel du solaire. La vraie raison de son incroyable succès médiatique est l'habileté avec laquelle il vend aux spectateurs éblouis l'illusion que l'on pourra continuer indéfiniment de vivre comme nous le faisons aujourd'hui, par le truchement d'innovations technologiques qui viendront toujours à notre secours. Ce qu'il propose dans les airs est, en fait, un gigantesque spot publicitaire pour le rejet des limites et, à la fois, de toute forme de clivage social. Que l'on soit patron ou femme de ménage, riche ou pauvre, habitant du Nord ou du Sud, nous serions toutes et tous à bord d'un même bateau, partageant les mêmes responsabilités et les mêmes aspirations consuméristes. Or, les quelques scènes de naufrage auxquelles il nous a été donné d'assister nous montrent qu'un bateau ne prend jamais l'eau simultanément à la proue et à la poupe : des centaines de milliers de personnes se noient déjà, au propre comme au figuré, à cause de nos modes de vie.

À la nécessité d'analyser toute domination de manière intersectionnelle, prenant en compte les variables de race, de classe et de genre, Razmig Keucheyan[5] propose ainsi d'ajouter une quatrième dimension : la nature. Les inégalités écologiques existantes, conçues à la fois en tant qu'inégalités d'accès aux ressources (l'eau, la terre, l'énergie, l'air propre…) et d'exposition aux risques et pollutions (érosion des sols, épidémies, dissémination d'OGM…), témoignent déjà d'une manière difficilement contestable qu'il est temps d'arrêter de considérer la nature comme externe aux rapports sociaux. Au Nord comme au Sud, dans nos sociétés matériellement riches comme dans les pays que notre système économique a réduits à la misère, l'une des premières actions à entreprendre, individuellement aussi bien que collectivement, est peut-être alors celle de déconstruire ces discours consensuels, qui dépolitisent les enjeux écologiques et occultent, de fait, l'existence d'intérêts divergents. Qu'une telle conscience écologique de classe puisse voir le jour en Suisse, l'un des pays les plus nantis du monde, où même les classes exploitées participent largement, à l'échelle planétaire, à l'exploitation d'autres travailleurs, n'est pas le moindre des défis que les objecteurs de croissance ont à relever. Dans l'espoir de pouvoir un jour donner raison à Hölderlin, quand il affirme que « là où croît le péril, croît aussi ce qui sauve »...

1. *La Liberté*, 8 mars 2014.
2. ... et suicidaire : où trouver ensuite le pognon pour financer une telle exposition ?!
3. Harald Welzer, *Les Guerres du climat*, Gallimard, 2012, p. 323.
4. D'autres s'en sont chargés avec efficacité : cf. notamment Romain Felli, *Les Deux Âmes de l'écologie*, L'Harmattan, 2008.
5. Razmig Keucheyan, *La Nature est un champ de bataille*, Zones, 2014.

DÉVELOPPEMENT

« IL FAUT SE PRÉOCCUPER DE MORALE, CE MOT QUI A ÉCHAPPÉ AU XXIe SIÈCLE »

Entretien avec **Chems Eddine Chitour**

—

Professeur émérite de thermodynamique à l'École polytechnique d'Alger.

—

Pensez-vous que si la finitude des ressources était prise en considération, cela conduirait à ne pas croire aux chimères du développement durable et des technologies vertes ?

L'utopie du progrès infini remonte au XIXe siècle. Depuis deux siècles, on croit que la science peut tout résoudre. On a oublié de prendre en compte un paramètre essentiel : les capacités de la Terre ne sont pas illimitées. Chaque année, on calcule que l'*overshoot day*, le « jour du dépassement », arrive 10 à 15 jours plus tôt : la Terre met à disposition un viatique, à consommer en 365 jours, mais chaque année nous consommons en moyenne dix jours plus tôt le viatique qui devait durer une année. Nous vivons de ce fait dans une situation de dette écologique, nous faisons comme si nous avions 1,8 planète à disposition. Un habitant des États-Unis a besoin de 9 hectares en moyenne pour alimenter son mode de vie, alors que 2 000 m² suffisent à un Sahélien. La consommation d'énergie est inégalement répartie, même au sein des pays développés. Plus globalement, 20 % de la population mondiale consomme 80 % de l'énergie produite dans le monde. Voilà où nous a conduits le développement qui a été jusqu'à présent fait de consommation débridée.

Le gros problème, c'est que cette situation n'est quasiment pas prise en compte, alors qu'un tsunami arrive : le réchauffement climatique est catastrophique, et la perte de biodiversité est si massive qu'on parle beaucoup ces temps-ci de la sixième extinction des espèces. L'homme lui-même est concerné. Mais malgré cela, on continue. Toutes les kermesses du Giec ont beau attirer l'attention, vous avez toujours des climato-sceptiques qui nient la réalité. Les efforts qui sont entrepris ne suffisent pas : ni le nucléaire, ni les énergies renouvelables, ni l'efficacité énergétique ne peuvent compenser notre consommation d'énergie débridée. On va d'illusion en illusion, de bulle en bulle. Aux États-Unis, la bulle du gaz de schiste va exploser dans moins de 10 ans. Mais ce qui ne va pas disparaître, c'est l'acidification des océans, le changement des courants maritimes, la destruction de la faune et de la flore. La concentration de CO_2 dans l'atmosphère a déjà franchi les 400 ppm ; or le Giec considérait que c'était la limite supérieure à ne pas dépasser. La température va continuer à augmenter. Et je ne pense pas que la conférence de Paris permette de prendre les mesures nécessaires pour stabiliser la hausse des températures à 2 °C, il y a tellement d'intérêts en jeu, de lobbies puissants, comme les entreprises de l'énergie fossile... Bref, à moins d'un sursaut planétaire, on va droit vers le chaos.

Pourquoi faut-il remettre radicalement en cause l'économie et opter pour la décroissance ?

Un habitant des États-Unis consomme en moyenne 8 tonnes d'équivalent pétrole, un Européen 4. Est-ce que les Européens sont deux fois moins heureux que les Américains pour autant ? Nous devons interroger les finalités de nos sociétés, réfléchir aux dimensions philosophiques de l'existence : qu'est-ce que le bonheur ? La publicité nous fait croire que le bonheur est assimilé à la consommation. Si on continue comme cela, on va vers l'autodestruction de l'espèce humaine. Nous devons faire un inventaire de ce qu'il reste, une sorte de moratoire, pour chercher comment réconcilier l'homme avec la nature. Pendant que des Qataris ou des Koweïtiens consomment deux fois plus d'électricité que les Américains, 600 millions d'Africains n'ont pas accès à l'électricité, 2,4 milliards de personnes sont privées d'eau potable dans le monde. Où est l'éthique là-dedans ? Nous devons remettre en cause ce néolibéralisme qui par beaucoup de côtés est prédateur, et qui ne laisse pas de place au peuple. Souvenez-vous du slogan de Thatcher, elle disait que dans une société, elle ne voyait pas de citoyens, mais des consommateurs. On ne nous demande pas de penser, mais de dépenser : c'est le slogan du libéralisme.

Le philosophe Dany-Robert Dufour a beaucoup écrit sur cette civilisation de l'ecstasy, où l'on consomme un bonheur artificiel. C'est une civilisation du toujours plus, qui a fait disparaître les limites, qui nous incite à consommer, consommer, consommer sans cesse. Pour entretenir la consommation débridée, les produits doivent vite devenir obsolètes : tout ce que vous achetez doit vite disparaître, un portable dure 3 ans maximum. Cette obsolescence programmée devrait être combattue. Nous devons retrouver des savoirs que nous avons toujours su mettre en pratique pendant des centaines d'années : faire durer les choses, recycler, réparer, retrouver le sens des saisons. Ne pas s'éblouir de la modernité. Il faut remettre l'humain au centre de ces problématiques, ne plus le considérer comme un consommateur, mais comme un acteur responsable, qui a aussi des obligations envers les générations futures. Nous devons prôner une sobriété multidimensionnelle, et pas seulement énergétique, et faire émerger ce que Bourdieu appelait une « économie du bonheur », où le but ne serait pas de maximiser l'argent, mais de viser l'épanouissement de chacun.

Quelles actions politiques pourrions-nous envisager pour éviter le chaos ?

Je ne suis pas naïf au point de croire que cela pourrait se faire du jour au lendemain, mais il nous faut tracer des lignes rouges à ne pas dépasser. Nous devons changer de paradigme, mutualiser les moyens pour aller vers la sobriété énergétique. On ne peut pas préserver le climat si l'on continue avec une consommation débridée. Faire le plein d'un 4x4 en biocarburants, cela représente 225 kg de maïs, de quoi nourrir un Sahélien pendant une année. Chacun doit mesurer ses responsabilités, s'interroger sur la dimension éthique. On sait que nous allons droit dans le mur, le constat est fait. La majorité des perturbations actuelles sont anthropiques, l'homme est responsable. Les températures s'emballent, et si on continue comme ça, la hausse de 2 °C sera déjà là dans 10 ou 20 ans. La hausse du niveau de la mer affecte déjà des pays côtiers, le Bangladesh, de petites îles... Nous devons commencer, ici et maintenant, à réduire massivement les émissions de gaz à effet de serre, et non pas attendre 2025 ou 2030 comme le font la Chine et les États-Unis. Si on ne va pas vers une décroissance voulue, nous allons la subir. Mieux vaut s'organiser tout de suite. Cela ne veut pas dire que notre vie en pâtira, au contraire : la frugalité est le chemin vers le bonheur. Il faut se préoccuper de « morale », ce mot qui a échappé au XXe siècle.

Dans l'interview que vous nous aviez accordée en février 2012, vous disiez que l'Algérie était vulnérable du fait du déclin de ses réserves en pétrole. Quels risques planent aujourd'hui sur ce pays, avec l'épuisement des ressources et le réchauffement climatique ?

C'est un vaste problème. Par rapport à 2012, il n'y a rien de nouveau sous le soleil, sauf l'apparition du gaz de schiste. On estime les réserves à 21 000 milliards de mètres cubes, ce qui ferait de nous le troisième pays après la Chine et l'Argentine. On pense à tort que le gaz de schiste va régler le problème du déclin pétrolier. Mais le coût économique est colossal : un forage aux États-Unis revient à 7-8 millions de dollars, pour l'Algérie on l'évalue à 25 millions de dollars. Pour une seule fracturation, il faut 15 000 mètres cubes d'eau douce, des produits chimiques, avec des perturbateurs endocriniens cancérigènes et des gaz radioactifs qui remontent en surface... Dans le sud de l'Algérie, il y a beaucoup de manifestations contre l'exploitation, c'est tout à fait normal : le Sahara, qui a tant été éprouvé par les expériences de toutes sortes, est un écosystème, avec une flore, une faune, des gens qui y vivent, et tout cela serait bouleversé par les fracturations.

Quand on a annoncé la découverte du gaz de schiste, c'est comme si on nous avait dit : « Continuons à gaspiller, nous avons encore un sursis. » Alors qu'il nous faut sortir au plus vite de ce modèle de consommation débridée. En Algérie, on consomme 1,2 tonne d'équivalent pétrole par habitant et par an. Nous sommes encore loin des États-Unis qui en consomment 8, mais nous avons tendance à avoir la mentalité du suivisme. On croit à tort que tout ce qui vient des pays développés est du pain béni. C'est dramatique. Ce n'est pas parce que les gens roulent en 4x4 en Europe qu'il faut rouler en 4x4 ! On importe déjà 600 000 voitures par an, autant que l'Espagne et deux fois plus que le Portugal. Le problème, c'est qu'ici les prix de l'énergie sont administrés. Un litre de gazole coûte 13 dinars, c'est dix fois moins qu'en France. On ne peut pas continuer comme ça. Nous devons sortir de l'ébriété énergétique actuelle, pour aller vers la sobriété.

L'exploitation des énergies fossiles atteint son maximum, elle est actuellement sur un plateau ondulé. Comme le disait Christophe de Margerie, ce serait un miracle que la production puisse aller à 120 millions de barils par jour. On est actuellement à 97-98 millions de barils/jour, et on ne pourra pas aller beaucoup plus loin. Le viatique qu'offre la Terre est un invariant. Çà et là, on trouve encore quelques gisements d'hydrates de carbone, on saccage l'Alberta pour exploiter des sables bitumineux, on fore toujours plus profondément malgré la marée noire de Deepwater… mais on n'ira pas beaucoup plus loin, la demande en combustibles fossiles est trop importante. Est-ce qu'il faut attendre la fin pour passer à autre chose, ou passer à autre chose avant qu'il ne soit trop tard ? Il faut changer de paradigme. Un pays comme l'Algérie est vulnérable au réchauffement climatique. Une tentative de barrage vert est en train d'être mise en place pour endiguer l'avancée du désert.

Dans les pays industrialisés, on se prépare à contrer les effets dévastateurs des changements climatiques. Le Nord, qui est responsable de la pollution (900 milliards de tonnes de CO_2 dans l'atmosphère qui vont stationner pendant 120 ans !), a la parade. Ainsi, en France, l'INRA anticipe déjà la hausse des températures, pour adapter l'agriculture à un climat plus chaud. Ceux qui vont trinquer, ce sont les pays du Sud, qui ont émis nettement moins de CO_2. Eux, ils n'ont pas de parade technologique. L'ancien économiste en chef Nicholas Stern avait évalué à 5 000 milliards de dollars sur 20 ans le coût de la parade au changement climatique. Rien n'est fait. En revanche, les conséquences des convulsions climatiques s'élèvent chaque année à 500 milliards de dollars, et le fonds d'aide aux «pays en voie de développement» de 100 milliards de dollars, même s'il est opérationnel, ne permettra pas de lutter efficacement.

Au lieu de prendre le chemin de la sobriété, ne sommes-nous pas en pleine fuite en avant ?

Pour l'instant, nous sommes en train de laisser aux générations futures le soin de prendre en charge ces problèmes. Ce n'est pas cela, le développement durable ! Est-ce que la croissance débridée est synonyme de confort ? De bien-être ? Penser une décroissance de ce qui n'est pas essentiel, est-ce « revenir à la bougie » ? Encore que cela soit poétique ! Il faut aller vers des sociétés matériellement frugales, écologiquement soutenables. L'enjeu est de revenir à une société beaucoup plus simple, à un autre type de confort matériel. Retrouver aussi ce qui a été détruit : la convivialité, la solidarité, la « vie bonne ». Nous sommes face à l'effondrement d'une civilisation. Le but de la décroissance est d'ouvrir des possibles de pensée, de décoloniser notre imaginaire, de changer nos habitudes. D'où viendrait le salut en absence de décroissance, ce mot maudit ? Pour Dany-Robert Dufour : « Pour sortir de la crise de civilisation, il convient de reprendre un élan humaniste. » Comment faire advenir un individu qui serait enfin « sympathique », c'est-à-dire libre et ouvert à l'autre ? Pierre Rabhi, avec sa symbolique du colibri, nous incite à prendre notre part de responsabilité. C'est peut-être cela, le début de l'avènement de la sagesse ! Amen !

[Interview : Pierre Thiesset]

RETROUVER LE PRÉSENT

Par **Gustavo Esteva Figueroa**

—

Théoricien de l'après-développement, il a créé l'Université de la Terre à Oaxaca (Mexique). Il est l'auteur de plusieurs essais, dont *The Future of Development. A Radical Manifesto* (Policy Press, 2013).

—

En 1996, tous les secteurs de la société allemande et le gouvernement ont adopté le « projet postindustriel pour l'écologie et l'équité », élaboré par les meilleurs scientifiques du pays. Avec des objectifs de réduction des activités polluantes allant jusqu'à 90 %, ses ambitions en matière de protection de l'environnement étaient les plus radicales et les plus ambitieuses jamais proposées à travers le monde pour atteindre la soutenabilité. Le programme reste une référence, mais le temps a permis d'éclairer sa véritable nature : ce fut un simple « guépardisme[1] », l'intention de « tout changer pour que rien ne change ». La gravité de la situation était reconnue, tout comme l'urgence de contenir l'irresponsable destruction de la planète. Mais on cherchait en même temps à maintenir le mode de vie qui la provoquait, confiant dans le fait que la technologie pourrait corriger la contradiction.

Pourtant, c'est toujours le modèle dominant dans les gouvernements, les entreprises et les institutions internationales pour répondre à la pression sociale et à l'aggravation des catastrophes naturelles. Mme Merkel et ses collègues du G7 sont allègrement restés dans cette contradiction lors de leur réunion début juin 2015. Jeffrey Sachs, qui dirige le Réseau des solutions pour le développement durable auprès du secrétaire des Nations unies, a immédiatement salué l'engagement de décarboner l'économie mondiale d'ici à la fin du siècle et de contenir le réchauffement climatique en dessous de 2 °C. Son enthousiasme vient du fait qu'il est convaincu, comme le G7, que pour atteindre ces objectifs il suffira d'améliorer l'efficacité et de proposer des solutions techniques adaptées ; c'est-à-dire de tout changer pour que rien ne change (*Project Syndicate*, 10 juin 2015[2]). C'est pourquoi, si la position du G7 anticipe la COP 21, nous pouvons être certains que ce rendez-vous sera un échec. Nous prendrons juste un peu plus conscience qu'il n'y a pas grand-chose à attendre des pouvoirs dominants. Comme l'a dit Avaaz avec enthousiasme, la déclaration du G7 n'est pas négligeable et représente une avancée, mais il semble impossible d'aller bien loin tant qu'on restera dans ce cadre. Du fait qu'elle s'en démarquait franchement, l'encyclique du pape François *Laudato si'* : « La sauvegarde de la maison commune », mise en circulation le 18 juin, a immédiatement déclenché une intense controverse.

« En défendant l'environnement, François accuse le capitalisme global » : c'est ainsi que le *New York Times* a intitulé, le 18 juin, une longue analyse sur l'encyclique. L'article comprend des commentaires élogieux, comme celui du président de la Banque mondiale, mais le ton général questionne et discrédite l'approche du pape en des termes que résume bien la posture de Robert Stavins, directeur du Programme d'économie de l'environnement de Harvard : « Je respecte l'appel du pape à l'action, mais cela ne correspond pas à la pensée et au travail d'analystes politiques éclairés du monde entier qui reconnaissent que l'on peut faire plus, plus rapidement et mieux si nous utilisons des leviers politiques fondés sur le marché. »

Dans l'influent *Financial Times*, l'influent Martin Wolf a publié le 23 juin un article qui semble répondre à l'encyclique : « Viser la Lune pour sauver une planète qui se réchauffe. » Pour lui, le chemin à suivre face aux problèmes écologiques abordés par le pape ne consiste pas à s'occuper de la pauvreté et de la justice sociale, ou à abandonner la prospérité de quelques-uns, mais à stimuler la prospérité et à impulser des innovations technologiques majeures, à l'image du programme Apollo. Il s'agit donc de viser la Lune et non pas d'accuser le capitalisme.

À l'opposé, Vandana Shiva a célébré sans réserve l'approche de l'encyclique : soutenabilité et justice sociale sont inséparables. Pour elle, l'encyclique montre clairement à quel point notre liberté et notre survie sont menacées. « En mettant la beauté, le bien-être et la joie de vivre en harmonie avec la nature au centre des préoccupations humaines, l'encyclique éveille notre humanité et notre conscience profondes. Être humain, ce n'est pas vénérer le "dieu de l'argent", les moyens technologiques ou le mythe du progrès, défini comme la conquête de la nature et des hommes. Être humain, c'est être profondément conscient de tous les êtres qui partagent avec nous cette magnifique et précieuse maison[3]. »

La controverse ouverte par l'encyclique ne fait que commencer. Ce texte n'est pas un rideau de fumée. Il ne dénonce pas le péché pour absoudre le pécheur. Il ne se réduit pas à mettre le doigt sur la plaie pour balayer les urgences du jour sous le tapis paralysant du « changement climatique ». C'est un effort engagé pour ébranler, en utilisant à la fois l'émotion et les arguments, afin d'inciter à l'action. Et cette action ne se limite pas à remettre en cause les principaux responsables du désastre, les entreprises et les gouvernements, mais aussi tous ceux qui habitent la planète : elle exige de changer radicalement de mode de vie, ce qui est finalement le fond du problème, que n'abordera jamais la COP 21.

Jeb Bush, catholique converti, s'est empressé de prendre ses distances avec l'encyclique, déclarant qu'il ne permettrait pas que ses évêques ou son pape lui dictent sa politique ; pour Leonardo Boff, un des fondateurs de la théologie de la libération, le document est une grande charte d'écologie intégrale, « cri de la Terre, cri des pauvres ». Ces réactions illustrent bien les termes de la controverse que l'encyclique a déchaînée en liant la destruction écologique à la justice sociale. Ce lien était parfaitement explicite dans le projet allemand, orienté simultanément vers l'écologie et l'équité, mais dissous dans un baratin technologique et dans la logique économique et politique de ceux qui devaient le mettre en œuvre.

L'encyclique exprime un changement radical dans les postures traditionnelles de l'Église catholique, et plus généralement de l'institution religieuse et politique. Elle dénonce à la fois la perversion de la technique et la perte du sens de la mesure comme les traits inhérents de la société économique dominante, le capitalisme. Il fallait que ce soit une voix religieuse qui mette ces points sur les i. Comme disait Walter Benjamin, le capitalisme est la religion la plus féroce et la plus implacable qui ait existé, car elle ne reconnaît ni trêve ni merci. Au sein de ce régime, il est impossible de contenir le processus destructeur dans lequel nous sommes.

Toujours est-il que, comme l'a récemment souligné Giorgio Agamben, la voie d'accès au présent se trouve dans l'archéologie, pas dans la futurologie. Pour comprendre ce qui arrive et agir en conséquence, il est nécessaire de regarder derrière nous.

Les années 1980 furent appelées en Amérique latine « la décennie perdue du développement ». Pour beaucoup d'entre nous, ce fut la décennie durant laquelle le développement s'est perdu. Le mythe a commencé son agonie.

Le sous-développement est une condition humiliante et indigne. On ne peut plus faire confiance à son propre flair ; il faut se fier à celui des experts qui nous guideront vers le développement. On ne peut plus rêver ses propres rêves : ils ont déjà été réalisés, il s'agit d'être comme *eux*, comme les *développés*.

Avec le sous-développement vient aussi la fascination du développement. Dans les années 1940, Hollywood présentait l'*American way of life* comme le mode de vie le plus proche du paradis. En donnant une consécration politique au terme « sous-développement » dans son discours du 20 janvier 1949, Truman a proposé de partager avec nous les progrès scientifiques et technologiques des États-Unis, pour nous permettre de vivre comme eux. Il a ainsi pénétré notre imaginaire. Atteindre le développement est devenu notre projet de société.

40 ans plus tard, le rêve s'était transformé en cauchemar. Truman avait promis l'égalité entre les pays, à mesure que les sous-développés

rattraperaient les développés. En 1960, les pays riches étaient 20 fois plus riches que les pays pauvres ; en 1980, ils étaient 46 fois plus riches. Il était clair que le développement était un *business* juteux pour eux, catastrophique pour nous. Il était aussi évident que le projet était illusoire. Même s'il avait été économiquement viable que chacun atteigne le même niveau de consommation énergétique que la classe moyenne américaine (et ça ne l'est pas), la planète exploserait sous les contradictions écologiques.

Dans les années 1980, le mouvement écologiste a pris forme en Amérique latine avec le souffle de la critique radicale du système économique et politique qu'impulsèrent les premiers Verts allemands. Au Mexique, le Pacte des Groupes écologistes commençait à avoir une grande influence, dénonçant aussi bien les menaces sur les Chimalapas, une forêt tropicale aussi riche que l'Amazonie, que la tragédie de vivre dans la ville la plus polluée au monde.

Nous disions alors que, si quelqu'un vivait à Mexico, il devait être très riche ou très peu sensible pour ne pas se rendre compte que le développement empestait. Aucun désodorisant ne pouvait en dissimuler la puanteur. C'est pourquoi nous étions prêts à sourire quand apparut la doctrine du développement durable – justement l'année du quarantième anniversaire du discours de Truman, l'acte de naissance du développement. Il nous parut alors évident que le développement « soutenable » voulait avant tout soutenir le développement, et non pas la nature ni la culture.

Dans les années 1990, il commençait à être possible de soumettre au débat public le précepte central de la religion dominante : l'objectif de croissance économique accélérée. La propagande avait converti ce dogme d'économistes en présupposé général. On acceptait sans discussion que c'était quelque chose de désirable. Il était temps d'abandonner cette obsession si pernicieuse.

Que l'économie croisse indéfiniment, en même temps que la population, cela semble être un principe de sens commun. Mais ça ne l'est pas. Beaucoup de choses doivent grandir jusqu'à atteindre leur taille optimale : les plantes, les animaux, les personnes. Quand quelqu'un atteint sa taille normale et qu'une partie de son corps continue de grandir, nous appelons cette protubérance un cancer. Une bonne partie de ce qui s'accroît quand l'économie progresse est un cancer social. La spéculation augmente, la production irrationnelle et destructive, la corruption et le gaspillage, au détriment de ce qui est nécessaire d'améliorer : la justice sociale, le bien-être des majorités. Un taux élevé de croissance économique, qui se mesure selon la croissance du produit national brut, montre souvent que ce qui continue de grandir est déjà trop grand – un authentique cancer social –, et que ce que l'on devrait continuer à améliorer se réduit.

La croissance économique produit le contraire de ce qu'elle promet. Elle n'implique pas plus de bien-être ni d'emploi pour les majorités, ni une meilleure efficacité dans l'utilisation des ressources. Au contraire : elle génère misère, inefficacité et injustice. Nous avons une longue expérience historique pour soutenir cet argument. Continuer de proposer un important taux de croissance économique comme projet de société relève de la pure stupidité. Il faut l'attribuer à l'ignorance béate ou au cynisme, ou à une combinaison des deux.

Il y a 40 ans, Paul Streeten a rigoureusement documenté, pour l'Organisation internationale du travail, l'association perverse entre croissance économique et injustice. Il a démontré qu'à une plus grande croissance coïncidait une plus grande misère, et qu'il existait une relation de cause à effet de l'une à l'autre. Il a aussi montré que la fameuse « théorie du ruissellement », l'idée que la richesse concentrée entre quelques mains finit par se répandre sur la majorité des gens et à améliorer leur bien-être, est une illusion perverse sans aucun fondement.

Concentrer l'effort social sur la croissance économique dissimule le but réellement poursuivi : plus d'opulence pour quelques-uns, au prix de la misère générale et de la destruction du patrimoine naturel. C'est une conséquence logique, car cette obsession d'économiste ne fait rien d'autre qu'appliquer à l'ensemble de la société l'exigence stricte du capital : un capital qui ne croît pas meurt ; sa croissance doit donc être infinie. Cultiver cette obsession pour la croissance revient donc à signer un chèque en blanc aux maîtres du marché ou à l'État, pour que leur objectif d'accumulation du capital se fasse au nom d'un bien-être général qui n'arrive jamais et qui, par cette voie-là, n'arrivera jamais.

Nous devons retrouver le sens de la mesure, qui n'est rien d'autre que le sens commun, celui de la communauté. Contre la société du gaspillage, du déchet, de la destruction et de l'injustice, celle qui provoque le réchauffement global, nous pouvons opposer la sobriété sensée et responsable, au nom d'objectifs sociaux viables, qui rejettent pour toujours le culte de la croissance économique.

Il est temps d'envisager sérieusement les avantages d'un taux de croissance générale négatif, en distinguant clairement ce que nous voulons continuer de développer. Le cauchemar des économistes – une chute de la production globale – pourrait être une bénédiction pour la majorité des gens. Et ce fut, bien sûr, ce que beaucoup apprirent dans les années 1980. Par l'expérience, nous sommes parvenus à démontrer les bienfaits d'une décroissance.

Il est temps de mettre fin à la folie dominante. Certaines choses doivent croître, d'autres se rétrécir. Qu'augmentent nos capacités de subsistance et notre autonomie vitale. Que s'agrandissent les espaces et les manières d'exercer notre liberté et de prendre des initiatives. Que se multiplient les opportunités propices à la vie bonne, selon les conceptions que chaque personne et chaque culture se fait de la vie bonne. Et, pour y parvenir, que soit réduit le poids d'une économie qui nous asphyxie et nous opprime, partout où elle contrarie le bien-être de tous ou détruit la nature.

[**Traduction : Iona de Beaulieu**]

1. Terme dérivé du titre du roman de Giuseppe Tomasi di Lampedusa, *Il Gattopardo* (*Le Guépard*).
2. Article en français : www.project-syndicate.org/commentary/g7-summit-germany-zero-emissions-by-jeffrey-d-sachs-2015-06/french
3. *Huffington Post Italia*, 19 juin 2015.

METTRE FIN AU DÉVELOPPEMENT

Par **Pierre G. Nakoulima**

—

Professeur à l'université de Ouagadougou, il a écrit *La Préservation de la planète* (L'Harmattan, 2010).

—

Le changement climatique est objet de préoccupation mondiale, mais davantage pour les pays pauvres. Il pose la question du développement sous un éclairage nouveau. Les conséquences du réchauffement sur les pays pauvres sont comme les conséquences du développement, elles se repèrent à plusieurs niveaux: un niveau matériel et un niveau immatériel.

Au niveau matériel ou physique, le changement climatique a des effets perceptibles sur la dégradation de l'environnement. Les réfugiés climatiques sont de plus en plus nombreux, à cause de la diminution et de l'irrégularité des pluies qui conduisent à la baisse des rendements, au rétrécissement et au tarissement des cours d'eau, mais aussi à des précipitations inondantes et des tempêtes jamais observées dans ces régions. On observe dans ces contrées une variation et une hausse des températures. La raréfaction des ressources et leur gestion sont source de conflits. En témoignent les déstabilisations en Côte d'Ivoire, au Liberia, en Sierra Leone.

Au niveau immatériel, ou au niveau des représentations, on peut noter la perte des indicateurs de saisons liés à certains éléments physiques du milieu. La représentation du foncier rural, qui varie en fonction des communautés, génère par ces temps de crise des conflits.

La situation en Afrique est très alarmante et l'on peut se demander, en reprenant le titre de l'ouvrage de Philippe Lebreton, si «le futur a encore un avenir».

Bien des concepts doivent être revisités. Que signifient de nos jours le développement et le progrès? Le progrès entendu comme évolution méliorative de la condition des Africains devient illusoire tant l'avenir s'annonce apocalyptique en raison des nuages qui s'amoncèlent.

L'Occident s'était cru dépositaire particulier d'une signification du bien-être, du bonheur, à vocation universelle. Le développement objectivé de l'Occident, l'accumulation matérielle, est le modèle transférable à la planète entière; il n'y a de développement qu'occidental.

Les années de développement ont engendré des résultats différents des objectifs assignés. La course de rattrapage se révèle être une course sans ligne d'arrivée. Le développement pensé en termes de matérialisme économique aboutira à ce qu'on peut appeler les dégâts du développement, c'est-à-dire les problèmes sociaux et environnementaux actuels. La question de l'utilisation durable des ressources se pose dans nos contrées avec une acuité sans précédent. L'agriculture intensive, par exemple, impose partout son mode de développement destructeur dont les dégâts sont de moins en moins compensés par les avantages. Ces dégâts spectaculaires ont pour cause la soumission brutale des paysans aux forces du marché, ce qui ne leur laisse d'autre choix que de tirer de leur sol tout ce qu'ils peuvent sans avoir les moyens de le reconstituer. Les conséquences d'une telle situation ont pour noms : surpâturage, pollution des eaux, destruction des forêts, dessiccation des nappes phréatiques, etc.

Les politiques de développement ont privé les pays dits pauvres du droit d'orienter leur destin et les ont installés dans une situation bien inconfortable qui se traduit par une double impossibilité : d'abord celle pour ces pays de parvenir à un développement analogue à celui des Occidentaux, ensuite celle d'échapper au sous-développement en renonçant à participer au système économique international auquel est pourtant imputable leur tragédie.

Que ce soit au Burkina ou ailleurs, les immeubles qui poussent comme des champignons et les quelques kilomètres de bitume ne doivent pas faire illusion : la pauvreté dans son acception moderne est bien réelle. On peut même parler de paupérisation. Encore et toujours une même question : que faire ?

En accolant l'adjectif durable à développement, la question du développement ne concernait plus seulement les pays du Sud, mais aussi ceux du Nord, par un appel à une gestion prudente de l'environnement. Le développement durable possède une incontestable dimension éthique avec le privilège accordé à la justice et à la responsabilité, à l'analyse des normes, au droit du développement, etc. Qui n'est pas frappé par la montée en puissance des crises écologiques, par exemple les changements climatiques, les problèmes d'eau, les pollutions globales, l'effet de serre, les trous dans la couche d'ozone, etc. ?

Mais, en vérité, il faut convenir qu'il y a incompatibilité entre environnement et développement, du moins le développement dans son acception actuelle. En effet, le développement comme paradigme occidental est une entreprise visant à transformer les rapports des hommes entre eux et avec la nature en marchandises. Il s'agit d'exploiter, de mettre en valeur, de tirer profit des ressources naturelles et humaines. C'est une entreprise agressive envers la nature comme envers les peuples. C'est ce modèle de développement qui domine la planète depuis plusieurs siècles, engendrant les problèmes sociaux et environnementaux actuels : exclusion, pauvreté, pollutions diverses, etc. Il ne peut plus se poursuivre.

L'impératif catégorique de notre temps s'appréhende sous la forme d'un changement sociétal aux antipodes de ce que propose le modèle dominant actuel. Les dirigeants africains n'ont pas conscience de toutes ces difficultés et n'ont rien à proposer dans ce sens. Il appartient à la société civile et à de fortes personnalités d'impulser une dynamique dans ce sens.

Dans son livre *Le Viol de l'imaginaire,* Aminata Traoré est on ne peut plus claire : les valeurs qui font aujourd'hui défaut à l'humanité sont des valeurs non quantifiables, non monnayables, qui ne nécessitent pas accaparement et donc, de ce fait, induisent de la prodigalité, contrairement à celles factices et futiles de l'environnement libéral et néolibéral, enjoignant de la parcimonie. Au titre de ces valeurs, on peut recenser : le sens, la reconnaissance, le souci de l'autre, etc. Ces valeurs sont à même de fonder une nouvelle culture, celle de l'altérité, aux antipodes de ce que nous sert le libéralisme. Il s'agit tout simplement d'un retour à l'humain.

Majid Rahnema ne dit pas autre chose en considérant que la lutte contre ce qu'il appelle « la pauvreté modernisée », c'est-à-dire la situation de l'être déchiré par la multiplication de ses besoins et son insolvabilité chronique, passe par une conversion sincère de chacun de nous à un mode de vivre, de faire, de créer, de partager et d'aimer qui serait autre. C'est ainsi que, « peut-être, sans nous donner des objectifs à atteindre, sans nous croire porteurs d'une mission émanant de notre appartenance à une idéologie, à une religion ou à l'un des "ismes" en vogue, nous serions amenés à participer à un mouvement beaucoup plus profond de régénération contagieuse. Un mouvement qui passerait d'un examen sincère de nos propres pauvretés pour nous conduire à choisir un mode de vie basé sur la simplicité volontaire, le refus du superflu et le sens d'un bien commun reconquis et partagé. De ce nouvel ordre de rapports avec soi-même et les autres, pourraient alors naître des alternatives libérées de la vision binaire, qui viseraient à un retour vers les équilibres et les proportions perdus, des alternatives grâce auxquelles une utilisation lucide et éclairée des potentialités présentes [...] serait peut-être possible dans le respect de ces équilibres[1] ».

1. Majid Rahnema, *Quand la misère chasse la pauvreté,* Fayard/Actes Sud, 2003.

LA DÉCROISSANCE CONTRE LE (DÉS)ORDRE DU CAPITAL

Par **Clarilton C. Ribas** et **Dario Fernando Milannez Melo**

—

Sociologues et chercheurs en agrosystèmes au Brésil.

—

L'Occident connaît une impasse civilisationnelle. Impasse qui se traduit par une multiplicité de phénomènes, de l'état d'agonie de la planète à la crise psychique profonde des personnes, caractérisée par une épidémie mondiale de détresse psychologique, de dépressions, d'anxiété, etc. Cette impasse s'exprime aussi dans l'affaiblissement des institutions républicaines construites depuis le XVIe siècle par les meilleurs philosophes de l'Occident, qui ont pensé la République comme un lieu où s'exercerait ce que Rousseau appelait la *volonté générale.*

Nous assistons actuellement à une superposition de plus en plus forte du marché sur l'État moderne. Ainsi, les droits des citoyens sont de plus en plus marchandisés, disponibles seulement à ceux qui pourraient se les acheter. Cette emprise des intérêts du marché sur le destin de l'État, et donc d'un peuple, a conduit les gouvernements à la recherche obsessionnelle d'une croissance économique irrationnelle, insoutenable, conduisant à la confluence de trois crises: environnementale, énergétique et sociale. Cette croissance économique nous condamne à la fuite en avant perpétuelle: il faut toujours générer des excédents budgétaires pour financer la douteuse dette des États envers le système financier international.

Nous assistons également à la construction d'une sorte de sens commun à tonalité néolibérale, selon lequel il n'y aurait pas d'alternative aux lois de l'économie, comme le disait la maxime de Mme Thatcher. Selon ce bon sens commun, le consensus néolibéral l'aurait définitivement emporté après l'échec des régimes socialistes en Europe de l'Est. Notre seul horizon serait le marché, et toujours plus de marché, *ad vitam æternam.*

Les grandes négociations internationales menées par l'Organisation des Nations unies sont trop souvent des usines à promesses qui ne seront pas tenues, même les plus élémentaires, comme celles issues des Objectifs du millénaire pour le développement. Les objectifs fixés pour 2015 par cet accord, qui prétendait préserver l'environnement, éliminer la misère et la faim, améliorer la condition des femmes, la santé, l'éducation par le développement économique, n'ont pas été atteints. Et pourtant, la croissance économique mondiale a augmenté…

Le développement ne résout pas les problèmes, il les aggrave. Les conséquences sociales, environnementales et énergétiques sont lourdes : la croissance économique irrationnelle se traduit par des émissions de polluants toxiques dans l'eau, la terre, l'air et la mer, la profusion de nouveaux dispositifs de guerre toujours plus puissants, le réchauffement climatique, la fonte inquiétante et rapide des calottes glaciaires, l'épuisement de l'énergie, une crise sanitaire pour les citoyens, bref, une planète dégradée pour les générations futures.

Les indicateurs de la crise environnementale sont clairement établis dans de multiples rapports scientifiques. Personne ne peut plus les ignorer. Au moment où ce texte est écrit, le Vatican, dans sa langue strictement diplomatique et édulcorée, publie une encyclique intitulée *Laudato si'*. Dans ce document, le pape François rapporte que le monde est devenu incapable d'absorber les effets du progrès économique, marqué par une technologie hyperpuissante, absolument dénuée de toute limitation éthique ou humaniste, dont les bénéficiaires se composent d'un petit groupe de grandes sociétés.

Des bibliothèques entières montrent que le « développement durable » n'est qu'un sophisme organisé, une moquerie à notre capacité de discernement, une insulte à notre intelligence. Comment peut-on penser que le développement peut être durable, lorsque l'on ouvre les yeux sur les conséquences évoquées ci-dessus ? Comment est-ce possible, en tenant compte :

1. De la crise environnementale et de l'appauvrissement de notre planète.

2. De la crise sociale planétaire, qui s'exprime dans tous les coins du monde par le chômage structurel, la faim qui frappe des régions entières, la situation d'urgence sociale des immigrants, actuellement représentée par le gigantesque cimetière que devient la mer Méditerranée, avec la fuite des misérables d'Afrique et du Moyen-Orient vers l'Europe. Mais aussi par la très forte précarité des relations de travail qui, dans certaines parties du monde, retrouve des analogies avec l'esclavage. Le développement de la science et de la technologie n'a pas apporté de soulagement, de bien-être, il n'a pas offert aux hommes et aux femmes plus de temps libre pour des activités créatrices, artistiques, politiques et intellectuelles ; la hausse de la productivité apporte justement l'inverse : des heures de travail exténuantes, malsaines, douloureuses, de telle sorte que l'entreprise est devenue un lieu de souffrance et d'angoisse pour beaucoup.

3. De la crise de l'énergie. La course folle orchestrée par les gouvernements pour la croissance économique à tout prix ne tient pas compte

des limites écologiques. Les réserves connues de combustibles fossiles sont en déclin. De nombreuses tentatives sont menées pour remplacer ces énergies fossiles, mais elles sont toutes, sans exception, inefficaces et insupportables par leurs coûts économiques, sociaux ou environnementaux. Prenons par exemple l'engouement pour les agrocarburants, assez répandus aujourd'hui : nous avons l'indécence de brûler la nourriture, de brûler des protéines, quand une personne sur sept souffre de la faim dans le monde. Avec l'éthanol produit à partir de canne à sucre, le Brésil est un des leaders de la production d'agrocarburants. Il suffit d'observer ce qui se passe sur les sites de production dans les États producteurs pour constater que l'exploitation des ouvriers ressemble au travail forcé, qui a duré dans le pays jusqu'à la fin du XIXe siècle. Alors, comment parler de développement durable dans un tel cadre ?

Les maîtres du monde ont réalisé l'exploit de dissocier la production de la satisfaction des besoins humains. Pour que le développement économique se fasse sans contrainte, que l'accumulation du capital se poursuive sans fin, il faut sans cesse dépasser les besoins fondamentaux. Ce que le philosophe Meszaros a appelé « production destructrice », représentée par la baisse du taux d'utilisation des produits. Ce qui revient à dire qu'il n'y a plus aucun lien nécessaire entre la production de biens et une sorte de bénéfice pour les humains. D'autre part, il y a un raccourcissement structurel de la durée de vie des produits : les industries planifient l'obsolescence des biens pour faire accélérer les échanges, et l'accumulation privée des bénéfices.

Nous allons nous risquer à dire que la décroissance économique doit être au cœur d'une lutte politique internationale, qui remet en cause les fondements de la production destructrice afin de préserver la planète et de réduire les besoins en énergie. Nous n'avons pas besoin de plus, mais de moins de puissance. Nous devons lutter sur le plan de la culture pour mettre en échec le sens commun néolibéral actuel. Nous ne devons pas rester indifférents face à la moindre agression commise envers la nature. Nous devons donc reprendre la lutte politique réelle et concrète en exprimant dans les rues la nécessité de la décroissance. Nous devons oser proposer un nouveau programme pour le processus de civilisation de l'humanité. Il est nécessaire, enfin, que cette lutte recentre la notion classique de la société organisée par la volonté générale, et plus que cela, que la solidarité envers l'autre et la planète constitue sa substance même. Nous sommes persuadés que, pour répondre aux grandes questions qui menacent la planète et l'humanité, notre programme doit combiner la lutte pour la révolution écologique, la lutte pour la sobriété énergétique et la lutte contre le capitalisme, pour la transformation de l'ordre social qui opprime l'humanité.

« LA CROISSANCE A TOUJOURS EXIGÉ L'APPAUVRISSEMENT »

Entretien avec **Firoze Manji**

—

Auteur kényan, fondateur de *Pambazuba News* et directeur de *Pan-African Barara*.

—

Les partisans du capitalisme vert veulent accélérer le déploiement de technologies et font croire à la possibilité d'un développement durable. Pourquoi cette stratégie a-t-elle échoué ?

L'échec est en partie dû à la promotion de fausses solutions, mais il est également dû au fait que la dynamique du capitalisme néolibéral exacerbe vraiment le problème.

Nous vivons dans une période de crise majeure du capitalisme, caractérisée par le déclin général du taux de profit. C'est aussi une période de concentration et de centralisation du capital sans précédent, où quelques centaines d'entreprises contrôlent tous les aspects de la vie, et de financiarisation inouïe du capital. La baisse du taux de profit dans la production pousse à la spéculation dans le crédit, les marchés immobiliers et boursiers – les secteurs non productifs de l'économie. Nous sommes dans une ère du « je prends, je ne construis pas ». Dans ces conditions, l'accumulation par la dépossession est à l'ordre du jour – tout faire pour obtenir un taux de rendement plus rapide : l'accaparement des terres, qui entraîne la privation des moyens de subsistance de millions de personnes ; la suppression d'emplois et la réduction des salaires ; l'extraction de ressources naturelles ; la marchandisation de la nature, pour la transformer elle aussi en source de profit par la spéculation ; l'ouverture par la force de territoires à exploiter (si besoin, en utilisant la puissance militaire). Et tout cela place nos gouvernements davantage sous la tutelle des entreprises, des banques et des institutions financières, que sous celle des citoyens.

Le néolibéralisme, pour résumer, est la politique promue par le capital comme solution à la crise du capital. Le capitalisme a engendré le réchauffement climatique, la destruction de la biodiversité, l'intensification de la déforestation et de la désertification, de la contamination et de la pollution de l'air, de l'eau et du sol. Face à l'inquiétude grandissante du public sur le changement climatique, le capital a cherché à tout prix à cacher sa soif de taux de profit plus élevés sous un voile « vert ». Mais ce vert n'a rien à voir avec la préservation de la nature : c'est plutôt le vert des billets d'un dollar.

Lutter contre les problèmes engendrés par le réchauffement climatique demande du long terme et des interventions mûrement réfléchies. Mais le capital, avec sa recherche désespérée de profits, fait obstacle à une telle approche. Les règles sont le court terme, la liquidation d'actifs, la recherche de rente, le vol, l'accaparement des ressources, la privatisation accélérée et toutes sortes de nouvelles escroqueries commises sous le nom de « valeur actionnariale ».

Conforme à l'idéologie néolibérale actuelle, la « solution » du « capitalisme vert » consiste à accroître la marchandisation et la financiarisation de la nature, des êtres vivants et des écosystèmes. Le « capitalisme vert » part du principe que tout a un prix sur le marché, même la régulation du climat. Parmi ses « solutions », il y a le REDD (Programme de réduction des émissions provenant de la déforestation et de la dégradation des forêts), la privatisation de l'eau, la promotion de l'agriculture industrielle, soumettant les petits paysans à la domination du complexe agro-industriel, la géo-ingénierie et les organismes génétiquement modifiés, les nanotechnologies, et ainsi de suite. Loin de réduire les émissions, il est prouvé que ces solutions ne font qu'exacerber les problèmes liés au réchauffement climatique. Ce n'est pas très surprenant. Comme l'a dit Einstein, on ne peut pas résoudre un problème avec le même type de pensée que celui qui l'a créé. Au fond, la prétendue « économie verte » est seulement une autre version du *business as usual*, c'est-à-dire la volonté d'accroître le taux de profit par tous les moyens et aussi vite que possible afin d'alimenter la croissance économique.

En Afrique, les conséquences du changement climatique sont plus dramatiques qu'en Europe : désertification, pénurie d'eau, problèmes alimentaires... Quelles sont les principales menaces ?

L'Afrique est l'un des continents les plus vulnérables à l'impact du changement climatique. Cela est non seulement dû au fait que les hausses de température prévues sur le continent devraient dépasser de plusieurs degrés les autres régions du monde, mais aussi à la dévastation économique, sociale et politique qui touche les pays africains depuis les 30 dernières années, engendrée par la mise en place forcée de politiques néolibérales. Celles-ci ont laissé les populations appauvries, vulnérables et déjà gravement touchées par le réchauffement climatique. La privatisation à grande échelle des biens communs, la submersion des marchés africains par les marchandises produites dans les pays capitalistes avancés, la baisse dramatique de la production à valeur ajoutée, la suppression des subventions aux agriculteurs, la location ou la vente aux sociétés multinationales de larges surfaces des terres les plus productives destinées à la spéculation, tout cela a conduit à des niveaux sans précédent de privation de terres et de chômage. Dans de grandes régions dédiées à l'agriculture de subsistance, la production a dû s'arrêter. Avec des prévisions sur la baisse des rendements de l'agriculture qui vont jusqu'à 50 % dans certains pays, le continent est confronté à une grave insécurité alimentaire. Même sans changement climatique, on estime que plus de 25 % de la population africaine (soit 200 millions de personnes) souffre déjà de « stress hydrique ». Les nappes phréatiques en déclin sont déjà empoisonnées par les effluents de l'extraction minière et de l'agriculture industrielle, que dirigent des multinationales. Selon les prévisions actuelles sur le réchauffement climatique, on estime que 600 millions de personnes supplémentaires risquent de subir des pénuries d'eau plus lourdes au cours des 20 prochaines années. Les terres de basse altitude situées sur les côtes et les petites îles sont déjà confrontées à des inondations avec la hausse du niveau des mers, et la situation va empirer ces prochaines années. Le changement des conditions météorologiques a déjà abouti à une plus grande imprévisibilité des saisons agricoles. Les contraintes écologiques dues au changement climatique contribuent à des conflits : la désertification pousse des communautés à se déplacer vers des régions plus fertiles et à imposer leur présence à des populations déjà établies et installées, un facteur qui a contribué, par exemple, à la crise du Darfour.

Diriez-vous qu'il existe une opposition fondamentale entre la croissance et la préservation des écosystèmes ?

Je pense qu'il y a une opposition fondamentale entre la croissance de l'économie capitaliste et la préservation d'un équilibre dans l'écosystème dont les humains font partie. La hausse du PIB reflète l'enrichissement de quelques-uns et l'appauvrissement de la majorité. Depuis ses origines, la croissance de l'économie capitaliste s'est toujours faite au détriment de cet écosystème. Elle a engendré l'esclavage de millions de personnes, les génocides, la colonisation, la destruction de ressources non renouvelables, le pillage, la piraterie, la militarisation, le vol, l'empoisonnement de la nature, la disparition d'espèces animales et végétales, la dépossession et la mise en captivité des cultures et des sociétés, enchaînées aux relations sociales de la production capitaliste, déterminées par l'intérêt que tire une minorité de l'accumulation du capital. La croissance du capital a toujours exigé une récession forcée, et l'appauvrissement qui en résulte, pour la grande majorité des peuples et des économies du tiers-monde. Beaucoup de gens prennent enfin conscience de l'effet cumulatif de ce mode destructif de production, à la fois sur la capacité de l'écosystème à se renouveler de manière soutenable, et sur la menace imminente qui pèse sur la viabilité de la planète considérée comme système vivant. Le système auquel nous sommes soumis aujourd'hui ne permet pas l'équilibre, puisqu'il est dans sa nature même d'utiliser tous les moyens possibles pour qu'une minorité puisse accumuler, par la dépossession et la destruction. C'est cette logique qui aboutit au grave déséquilibre de l'écosystème et menace son existence même.

Comment réorganiser nos sociétés vers la simplicité et la solidarité ?

Je n'aurai pas la place d'esquisser un manifeste, mais permettez-moi de faire quelques suggestions pour alimenter le débat. Les problèmes auxquels nous sommes confrontés ont été créés et perpétués par un système qui a un appétit vorace pour le profit, sans égards envers l'impact écologique. Ce que l'on oublie souvent, c'est que dans l'écologie sont comprises les sociétés humaines. La solution ne peut donc être considérée en termes technologiques, mais plutôt en termes sociaux et politiques. Pour rétablir un équilibre écologique, la condition préalable consiste à encourager et développer les mouvements populaires, notamment parmi les personnes les plus privées de droits et précarisées par le système. Sans la participation active des masses populaires, nous ne pouvons pas trouver une solution qui surmonte le déficit démocratique du système actuel. Peut-être que la première étape nécessite un débat public sur la question : comment démocratiser l'économie et les manières de prendre les décisions ? Qui décide de ce qui est produit, pourquoi on le produit, combien on en produit, pour qui on le produit ? Actuellement, c'est une minorité qui prend ces décisions, sans en rendre compte aux citoyens, ni même les en informer. Le débat public sur de telles questions est nécessaire pour contester le « droit » de cette minorité à prendre des décisions qui affectent la majorité. La démocratisation de tous les aspects de la vie – que ce soit à propos de la production, de la distribution, de la santé, du logement, de l'assainissement, de l'éducation, etc. – est un préalable indispensable. Nous devons nous pencher de la même manière sur la démocratisation de l'énergie, de la production alimentaire, de la gestion des ressources, et ainsi de suite. Mais tous ces aspects de la vie sont actuellement contrôlés par les sociétés transnationales qui sont soutenues par le pouvoir de la triade impérialiste – États-Unis, Europe et Japon. La lutte pour la démocratisation est inévitablement, par conséquent, une lutte anti-impérialiste.

[Interview et traduction : Pierre Thiesset]

DÉCROISSANCE !

Par **Filka Sekulova**

—

Née en Bulgarie, elle est chercheuse à l'Université autonome de Barcelone, membre du groupe Research and Degrowth (recherche et décroissance) et du Can Decreix (Centre pour une alternative décroissance).

—

Me promenant dans la petite ville bulgare de Karlovo, juste sous le massif du Grand Balkan, je m'assis sur un banc avec quelques dames âgées. D'une manière ou d'une autre, ma tenue de randonnée les a fait évoquer avec une certaine nostalgie le bon vieux temps des brigadiers[1], de cette époque où ils s'attelaient à un travail paysan ou artisanal en s'associant dans des groupes d'affinité, organisés par le Parti. Puis je les entendis dire qu'il n'y avait « rien » à Karlovo. En contemplant les superbes montagnes tout autour et la chute d'une rivière limpide, je demandai : « Qu'est-ce que cela signifie d'avoir "quelque chose" en ville ? » « Cela implique des immeubles en verre nouveaux, modernes, avec beaucoup d'étages », répondirent-elles. Je regardai, surprise, la place soignée de la ville et les maisons en brique qui ne semblaient pas si laides. Elles continuaient à se plaindre qu'il n'y avait pas de grands magasins, ni de grandes chaînes, mais simplement des petits commerces. Qui a mis dans les têtes de ces femmes de 80 ans l'idée que les grands centres commerciaux et les immeubles vitrés rendaient une ville plus jolie, plus divertissante, plus attractive ? Cette transformation – ou disons occidentalisation – des rêves et des imaginaires ne s'est réalisé qu'en l'espace de 10 ou 20 ans.

Étant donné que la Bulgarie est l'un des pays les plus pauvres et les moins développés de l'Union européenne, la rivalité sociale à l'intérieur du pays est exceptionnellement prégnante, et le rêve de l'« européanisation » est en train de l'achever… Les décideurs politiques et les officiels parlent du besoin d'avoir des « autoroutes européennes », des « centres commerciaux européens », des « stations de ski européennes », des « aéroports européens », et essentiellement de reproduire les paysages urbains et ruraux des pays de l'Ouest par tous les moyens. Certes, au détriment de la nature, des communautés locales et des valeurs humaines. On peut voir ce processus sur la côte de la mer Noire, fragmentée d'hôtels kitch, construits à la va-vite et de manière chaotique. On peut le voir à Bansko, petite ville de montagne et station de ski, dont la superficie s'est démultipliée avec des centaines d'hôtels et de rues mortes, qui ont émergé à une échelle démesurée dans toute la vallée, pour viser la croissance de l'industrie du ski en s'emparant massivement des montagnes du Pirin.

Les projets de grandes infrastructures ou de développement touristique entretiennent parfaitement « l'impuissance établie », commune chez beaucoup de Bulgares. On peut la décrire comme une certitude apaisante, profondément intériorisée, qu'il doit et devrait toujours y avoir quelqu'un de l'extérieur pour nous sauver en nous offrant du travail. Auparavant, il s'agissait de l'État (ou la mine d'État, ou la centrale électrique d'État), et maintenant ce sont les grandes entreprises (une station de ski, ou une usine). Quand l'un des deux manque, alors les gens se sentent souvent impuissants. Ce phénomène explique probablement pourquoi le niveau de bonheur est plus bas en Bulgarie que dans le reste de l'Europe de l'Est.

IL N'Y A PAS D'ALTERNATIVE

Un groupe d'écrivains et de blogueurs de Bulgarie a enfin fixé une traduction de « décroissance » en bulgare. Nous l'appelons maintenant « *derastezhizatsia* ». Cela signifie quasiment nous détacher de l'idéologie fondée sur la croissance (croissancisme). En fait, en regardant les performances économiques du pays, on pourrait dire que la Bulgarie a intentionnellement choisi une sorte de chemin vers la décroissance. La seule exception est l'infrastructure de transport, sacrée, qui repose sur l'énergie (le nombre de véhicules à Sofia est passé de 250 000 en 1989 à 800 000 en 2005). Beaucoup d'indicateurs économiques, comme la consommation d'électricité, la production industrielle, toutes deux à la fois lourdes (car insoutenables) et légères (comparées au standard européen), ont cependant diminué. Ceci est certainement dû à l'incapacité du pays, soudain sorti de la mainmise socialiste, à restructurer son économie et à défendre ses marchés après être entré dans l'Union européenne. Ici, un observateur pourrait encore voir de la nostalgie dans les yeux de nombreux Bulgares âgés, cette fois pour l'ancienne croissance industrielle, ou disons la prospérité industrielle. Il est intéressant de noter que prospérité en bulgare signifie la plupart du temps « prospérité industrielle ».

La fascination pour la croissance a émergé pendant l'époque socialiste et n'a jamais quitté l'agenda politique depuis, ni les imaginaires de bien des Bulgares. Le seul changement advenu concerne la manière dont la croissance est exprimée : de quantités physiques (le nombre de tabliers produits ou les tonnes de charbon extrait), elle est passée à des quantités monétaires (c'est-à-dire le PIB). Récemment, un économiste et homme politique bulgare bien connu (Karolev) s'est opposé à la déclaration de

Martin Schulz, qui affirmait que l'économie et la politique devaient être fondées sur les valeurs humaines de solidarité et d'équité sociale. Karolev est convaincu qu'il y a trop de solidarité et d'équité en Europe, et pas assez de dérégulation du marché. De telles positions sont assez fréquentes dans le pays. L'un des pires dommages que le communisme ait probablement faits aux Bulgares, presque irréparable – et je pense que c'est le cas pour l'ensemble de l'ex-bloc communiste – est celui d'avoir inculqué par réaction la foi dans le marché libre. Dans une certaine mesure, on peut comprendre la croyance en l'efficacité du marché, étant donné l'expérience historique et l'absence de toute autre sorte d'idéologie en dehors de l'économie néoclassique. Néanmoins, le refus d'imaginer des économies fondées sur la solidarité ou une organisation fondée sur la communauté, et l'acceptation globalement enthousiaste du marché comme la seule voie viable d'organiser la vie, sont partagés à la fois par la droite et par la gauche. De fait, la première fois que j'ai parlé de décroissance en Bulgarie, j'ai été directement accusée d'être une « communiste », et il s'agit là de la pire insulte que vous puissiez subir.

Pourtant, si l'imagination n'était pas rongée par le marché, et s'il n'y avait pas une telle focalisation sur les perspectives occidentales, la Bulgarie pourrait être une parfaite candidate pour le projet de décroissance. Elle dispose d'assez de lopins de terre fertile qui sont pour le moment laissés en friche. La tradition de faire pousser sa propre nourriture est toujours forte. La consommation d'électricité par personne est presque la plus basse d'Europe et continue à diminuer. On peut toujours voir des gens qui vivent sans voiture dans des villages de montagne isolés. La culture locale et la musique sont vivantes et continuent d'évoluer dans le tissu social, promettant une riche vie collective hors des innovations technologiques, de la télé et des écrans d'ordinateur. Reste bien sûr une question : quelles valeurs et quels modes de vie les gens désirent-ils, et dans quel contexte social ont-ils grandi ?

[Traduction : Pierre Thiesset]

1. Soit l'après-Seconde Guerre mondiale, quand le socialisme se mettait en place en Bulgarie, notamment sous l'impulsion d'un mouvement de jeunes brigadiers, qui travaillaient volontairement sur des chantiers (note du traducteur).

L'UTOPIE DES BIEN-PENSANTS

Par **Karim Ben Mustapha**

—

Chercheur en écologie marine, il travaille à l'Institut national des sciences et technologies de la mer, en Tunisie.

—

L'*économie* est le principal souci de nos sociétés aujourd'hui, plongées dans l'inversion des valeurs : elle n'est plus considérée comme un moyen, mais comme une fin en soi. Toute la société doit se mobiliser pour la « croissance économique ». Et le développement durable ? Ce *développement économique inscrit dans la durée*, qui serait respectueux de l'environnement et des hommes et qui est consacré comme le modèle absolu à généraliser sur l'ensemble de la planète ? Il est impossible à réaliser : plus de croissance économique, c'est plus de consommation d'énergie, donc plus de pollutions. Le découplage entre le développement et l'exploitation des ressources est impossible à réaliser, sauf dans les bureaux d'études et chez les technocrates et autres nantis de la technicisation de la nature. La croissance verte, la croissance propre, la croissance soutenable, comme le développement durable, tous ces oxymores ont le « vague à l'âme ». Car ils prêchent (du moins leurs hérauts) la volonté d'adapter la planète et l'humanité elle-même aux besoins du productivisme. Mais le développement est une chimère. Les pays riches consomment 80 % des ressources naturelles de la planète tout en ne représentant que 20 % de la population mondiale. Le niveau actuel de « surdéveloppement » des pays riches est déjà insupportable pour la biosphère. Il n'est bien sûr pas réalisable pour les autres 80 % des habitants du globe. Les contraintes écologiques interdisent que le niveau de vie occidental se généralise à l'échelle du monde. Il devra donc baisser pour que chacun ait sa juste part.

Ce qu'il faut proposer comme futurs choix économiques et sociétaux tunisiens, c'est exactement l'opposé de ce que propose notre actuel gouvernement (et ceux qui l'ont précédé), qui mène tambour battant une politique libérale pour la divine croissance tant vénérée et adulée. D'après nos valeureux experts, en Tunisie, un point de croissance du PIB équivaut à la création de 25 000 à 30 000 emplois ; est-ce là le but ultime de nos gouvernants : créer de l'emploi dans une société inégalitaire ? Et après ? Avec quelle énergie, avec quelles eaux (bientôt nous serons à la limite du déficit hydrique), avec quelles ressources naturelles l'économie pourra progresser ces vingt prochaines années ? Est-ce que cette croissance sera viable pour le système social tunisien qui s'enfonce chaque jour un peu plus dans le consumérisme ?

Une étude des services de renseignement américains parue en 2012 montre qu'au cours de ces dernières années, le monde a consommé plus de nourriture qu'il n'en a produit. Elle estime par ailleurs que les besoins en eau atteindraient 6 900 milliards de mètres cubes, soit 40 % de plus que les ressources durables actuelles, et que presque la moitié de la population mondiale vivrait dans des régions touchées par la sécheresse, provoquant ainsi de gros risques de conflits pour l'eau. Enfin, ce rapport souligne que 60 % de la population mondiale vivra en ville en 2030. Ce qui aura des conséquences graves pour l'environnement. Car l'urbanisation croissante a conduit à des coupes drastiques de forêts, des changements négatifs dans le contenu nutritif et la composition microbienne des sols, une érosion de la biodiversité et des systèmes naturels complexes, ainsi que d'une réduction de la disponibilité et de la qualité de l'eau douce.

Le rapport de l'Agence internationale de l'énergie (AIE) pour 2035 prévoit que le charbon et le gaz assureront l'essentiel des besoins en électricité. Les fameux gaz/pétrole de schiste et sables bitumineux ne seront qu'une parenthèse ne dépassant pas l'horizon proche de 2020. Quant au pétrole brut conventionnel, selon les réserves prouvées, la production sera en chute drastique à cette date. Ce rapport table pourtant sur une croissance mondiale de 3,6 % par an jusqu'à 2035, pour une population de 9 milliards d'habitants et un nombre de véhicules en circulation double de l'actuel (près de 1,5 milliard de personnes se déplacent avec des automobiles aujourd'hui).

Cette frénésie croissante engendrera des taux de gaz à effet de serre qui dépassent l'entendement : l'agence prédit en effet une concentration en dioxyde de carbone dans l'atmosphère de près de 700 ppm pour 2100, alors que le Groupe d'experts intergouvernemental sur le climat (Giec) recommande de ne pas dépasser 450 ppm en 2100, pour rester sous la barre fatidique de 2°C de réchauffement planétaire. 700 ppm, cela voudra dire un réchauffement planétaire de 3,6°C.

Ces rapports montrent, si besoin était, l'inefficacité des mesures « écologiques » que les Nations unies soutiennent à travers le développement durable, l'économie verte… En effet, ni le marché du carbone, ni le captage-stockage, ni les subventions massives du renouvelable, ni l'efficacité énergétique ne nous feront éviter l'impasse. Et pour ce qui est de la Tunisie, nos choix économiques « durables » ne nous éviteront ni une pénurie d'eau ni une crise énergétique aiguë.

Le modèle économique proposé aujourd'hui pour le futur de notre pays repose principalement sur une course vers la croissance, qui valorise la surconsommation et détruit les ressources, au détriment du sens même de la vie et de sa qualité. Aussi, l'alternative à ce modèle obsolète qui favorise les inégalités est toute simple : elle met en valeur la nécessité de consommer moins et de mieux répartir la richesse. À travers un modèle social démocratique, égalitaire, juste et équitable qui induira automatiquement de nouveaux modes de production, un mode de vie plus sobre et une relation à l'environnement plus respectueuse de ses limites.

L'industrialisation, l'urbanisation et la surconsommation caractérisent la modernisation de la société tunisienne. Elles s'accompagnent d'une ponction sur les ressources naturelles et d'une dégradation de l'environnement de plus en plus accentuée. Le fragile milieu naturel tunisien est mis sous pression pour subvenir aux besoins croissants de la dynamique de développement de ces dernières décennies. Les perspectives de libre-échange avec l'Union européenne risquent par ailleurs d'accroître les convoitises pour l'exploitation de nos ressources naturelles. Parmi les projets les plus stupides, il y a notamment deux exemples emblématiques de la mondialisation : le port en eau profonde d'Enfidha et le port financier de Raoued, deux méga-chantiers dont l'un créerait 20000 emplois pour un investissement de 3,5 milliards de dollars, et l'autre 15000 emplois pour un investissement estimé à plusieurs milliards de dollars. Soit respectivement 175000 et 200000 dollars par emploi créé. C'est tout simplement aberrant, sauf pour les penseurs de l'économie libérale de marché, sans vision à long terme. Combien de Tunisiens trouveraient quiétude, bonheur et estime de soi si ces sommes étaient investies dans la promotion de notre monde rural et de notre paysannerie ? Sans même tenir compte de l'empreinte écologique colossale que ces projets engendreraient directement (occupation des sols, changement des fonctions des systèmes naturels investis, impact sur la ligne de côte maritime et changements majeurs engendrés dans l'écosystème marin littoral) et indirectement (transports, asphaltage des routes, demandes en énergie et en eau démesurées, émissions de gaz à effet de serre, comportement sociétal perturbé, etc.)...

Dans le cadre d'un modèle économique décroissant, la protection des ressources naturelles impose d'opter pour la sobriété. Cette sobriété est ancrée dans les valeurs sociales et culturelles des Tunisiens ; nos traditions ne sont pas un folklore destiné à attirer le touriste, mais un modèle de sagesse que nous partageons avec les pays africains, méditerranéens et arabes.

Nos gouvernants, qu'ils soient de droite ou de gauche, islamistes ou laïques, veulent nous placer de plain-pied dans la modernité. Mais doit-on poursuivre ce consumérisme effréné et outrageant ? Doit-on préserver ce mode de vie égoïste qui soutient l'accroissement du PIB sans accroître le bien-être de la population, mais en aggravant au contraire la crise écologique, les disparités sociales, le chômage et la précarité ? Doit-on utiliser des modes de production trop prédateurs ? Contre l'avidité, la sobriété doit être la règle dans la nouvelle politique tunisienne, aussi bien pour préserver les ressources que pour éviter les conflits et luttes d'intérêts qui pourraient compromettre les acquis naissants de notre démocratie. Produire moins, vivre plus simplement, répartir : cela amènerait au peuple une richesse équitable et collective, bien différente de la croissance prônée par l'économie classique. Il y a urgence à réfléchir à un modèle social, démocratique, égalitaire, juste, équitable, qui induira automatiquement de nouveaux modes de production, un mode de vie plus sobre et une relation à l'environnement plus respectueuse de ses limites. Il faut en appeler à une alternative pour une société soutenable. Si cet appel est entendu, alors le modèle économique s'adaptera pour valoriser l'Homme à travers des choix stratégiques qualitatifs, et non l'inverse. Cela ne pourra se réaliser que si nous optons volontairement pour une décroissance économique.

« UNE CONTRADICTION ENTRE EXPANSION ÉCONOMIQUE ET PRÉSERVATION DE L'ENVIRONNEMENT »

Entretien avec **Joan Martinez Alier**

—

Économiste et professeur à l'université autonome de Barcelone, il a écrit *L'Écologisme des pauvres* (Les Petits Matins, 2014).

—

Certains sociologues prétendent qu'il faut que les sociétés soient riches avant que ne s'y diffuse une « conscience écologiste ». Qu'en pensez-vous ? Pourquoi l'écologie politique n'a-t-elle pas attendu l'avènement des prétendues valeurs « postmatérialistes » pour apparaître ?

Le politologue américain Ronald Inglehart pensait qu'après 1968, de nouvelles valeurs sociales émergeaient en Europe et aux États-Unis, qu'il a appelées à tort « valeurs postmatérialistes ». Il pensait que les gens se sentiraient moins concernés par des questions matérielles, comme les salaires et les conditions de travail, que par le féminisme, les droits humains, l'environnement (environnement, dans le sens « souci des baleines et de la beauté des paysages »). Il avait raison dans une certaine mesure. Mais il avait tort sur deux points :

1. Les écologistes des années 1960, 1970 et 1980 se souciaient de sujets très terre à terre, comme les insecticides, l'énergie nucléaire, la couche d'ozone, exactement comme aujourd'hui l'on se préoccupe de l'épandage de glyphosate ou du changement climatique. Il s'agit là de questions tout à fait matérielles. Aussi matérielles, sinon plus, que les salaires et les conditions de travail.

2. Les pauvres et les peuples autochtones sont eux aussi préoccupés par l'environnement, parce qu'ils ont besoin de terre et d'eau potable pour assurer leur subsistance. Dans les années 1970 et 1980, les paysans ont mené des luttes importantes en Inde pour défendre des forêts : c'était le mouvement Chipko, et il n'avait rien d'exceptionnel. Au Brésil, Chico Mendes a été assassiné en 1988, lui aussi en défendant la forêt, contre les éleveurs de bétail. C'est à partir de ce moment-là que j'ai commencé à écrire sur l'écologisme des pauvres. C'est un thème sur lequel plusieurs

personnes ont commencé à réfléchir en même temps, à la fin des années 1980. Aux États-Unis, à la même époque, il y avait aussi le mouvement pour la justice environnementale, qui venait du mouvement pour les droits civiques : les Noirs se révoltaient contre la pollution de leurs milieux de vie, ils disaient être victimes de « racisme écologique ». Tout cela a par la suite donné naissance à un mouvement international pour la justice environnementale. Ronald Inglehart n'en a toujours pas connaissance.

Les promoteurs du « développement durable » disent que les pays les plus pauvres doivent d'abord se développer avant de se préoccuper d'écologie. Le développement est justifié au nom de la « lutte contre la pauvreté ». En quoi « l'écologie des pauvres » est-elle au contraire une critique frontale du développement, en quoi se rapproche-t-elle de la décroissance ?

Je pense que nous devons considérer deux idées ici : l'idée de l'anti-développement ou de l'après-développement, et l'idée de décroissance.

L'écologisme des pauvres est très proche des critiques du développement faites par des gens comme Arturo Escobar, Gustavo Esteva, Serge Latouche, Wolfgang Sachs, Shiv Visvanathan, Smitu Kothari, Ashis Nandy, et aujourd'hui Ashish Kothari en Inde, qui parle de « démocratie radicale écologique ». Cette critique montre que la notion de développement vise à entraîner tous les pays dans une même voie, vers le mode de vie américain, ce qui détruit toute la diversité des cultures et des agricultures dans le monde.

Alors que les Nations unies et toutes les autres institutions parlent de *sustainable development* depuis 1987, ce qui a été traduit par « développement durable » en français, des gens dotés d'un grand bagage intellectuel ont non seulement attaqué l'oxymore du « développement durable », couronné dans le rapport Brundtland, mais aussi l'idée même du développement. Ils étaient très courageux. Ils représentaient une petite minorité. Ils avaient raison. Dans la revue *Ecological Economics* (« Économie écologique »), nous nous en sommes aussi pris au « développement durable » : par exemple, Herman Daly a écrit qu'il s'agissait d'un oxymore, qu'il ne pouvait pas y avoir de croissance économique durable. Mais moi-même, je n'ai rejoint les critiques du développement que bien plus tard. Et donc, même si j'avais lu le livre *Demain la décroissance* de Nicholas Georgescu-Roegen (paru en 1979), et si je connaissais Georgescu-Roegen lui-même, je n'ai commencé à écrire sur la décroissance qu'en 2008. Les critiques du développement ont toujours été très proches de la décroissance. Certains, comme Serge Latouche, se situent dans les deux mouvements. Des liens évidents unissent l'écologisme des pauvres, la justice environnementale et la décroissance.

Vous montrez que, dans les luttes écologistes populaires, la défense de la terre est à la fois vitale et sacrée. L'écologie politique doit-elle porter un langage qui ne soit pas celui de l'économie et de la science, en opposant d'autres valeurs à celles de la marchandisation et de la quantification ?

Les économistes aiment tout mesurer en termes monétaires, et les politiciens aiment les économistes. Mais les gens défendent leur milieu de vie, leurs moyens de subsistance, contre des barrages, des projets miniers, des infrastructures et autres grands projets inutiles imposés, en utilisant d'autres « langages d'évaluation ». Ils ne demandent pas toujours de compensation monétaire. Ils affirment parfois le caractère sacré d'une montagne, d'une rivière ou de la nature, ils parlent de valeurs écologiques, comme la richesse de la biodiversité, ils mobilisent des valeurs archéologiques, historiques, ou revendiquent encore les droits territoriaux des indigènes. Il y a là un conflit de valeurs fondamental. Par exemple, la valeur de la démocratie locale contre le prétendu « intérêt national », la contestation de faits scientifiques ou de risques mal évalués car incertains (nous ne connaissons pas encore la probabilité mathématique d'un nouveau Fukushima...).

Vous écrivez : « Il existe une contradiction irrémédiable entre l'expansion économique et la conservation de l'environnement. » Pourtant, depuis 40 ans, les négociations internationales sur le climat prônent le développement et l'innovation.

Il y a des concepts qui sont absurdes, qui sont autant mensongers à Bruxelles qu'à Pékin, comme l'« économie circulaire » ou la « croissance verte ». L'économie n'est pas circulaire, elle est entropique : nous ne pouvons pas brûler deux fois du charbon, du pétrole ou du gaz. Par conséquent, nous allons chercher des combustibles fossiles au sommet des montagnes, dans les profondeurs de la mer, en Patagonie, en Amazonie, en détruisant la biodiversité et en détruisant les peuples. Nous voyons que le commerce international est en train d'appauvrir les régions qui exportent des matières premières. En 2015, l'évolution des termes de l'échange se fait au détriment du Brésil, de la Colombie, de l'Argentine, du Pérou. Aux États-Unis, la contradiction entre la croissance économique et la préservation du climat a produit un phénomène psychologique massif d'irrationalité : de nombreuses personnes et de nombreux politiciens nient le changement climatique.

Les pays qui ont le plus de poids dans les négociations internationales sont les grandes puissances, notamment le G20. Comment faire entendre la voix de « l'écologie des pauvres » ?

Il existe un mouvement général pour la justice environnementale.

Nous devons apprendre à écouter leurs voix, et oublier les gouvernements. Je peux vous donner une liste de combats émanant du mouvement international pour la justice environnementale :

– Racisme écologique : en 1982, le mouvement étatsunien pour les droits civiques milite contre les injustices écologiques en Caroline du Nord. Les « gens de couleur » et les populations à faibles revenus sont plus exposés aux déchetteries, aux raffineries, aux incinérateurs, aux infrastructures de transport. La notion de « racisme écologique » est dénoncée : la lutte contre la pollution touchant les lieux de vie des Noirs, des Hispaniques, des Indigènes, est considérée comme une lutte contre le racisme.

– Dette écologique : l'Institut d'écologie politique du Chili en 1992, ou Acción Ecológica en Équateur en 1997, pointent la responsabilité des pays riches dans le pillage des ressources, leur utilisation disproportionnée d'espace et leurs émissions de déchets.

– Épidémiologie populaire : il s'agit de développer une connaissance locale sur les maladies causées par la pollution.

– Écologisme des pauvres : luttes des pauvres et peuples indigènes contre la déforestation, les barrages, les mines… Initiatives collectives pour la récupération d'eau, et la préservation des forêts.

– Souveraineté alimentaire : Via Campesina milite depuis 1996 pour la reconnaissance du droit fondamental à ce que chacun ait accès à une nourriture saine, adaptée à sa culture, produite de manière soutenable. Les gens ont le droit de prendre en charge leurs propres systèmes alimentaires et agricoles.

– Biopiraterie : contre l'appropriation des ressources génétiques (plantes médicinales ou agricoles) par des firmes du Nord, sans la reconnaissance des savoirs et des droits de propriété des peuples autochtones.

– Justice climatique : il s'agit de réduire radicalement les émissions de dioxyde de carbone et d'autres gaz à effet de serre des pays riches.

– Justice de l'eau : en Amérique latine notamment, des peuples luttent pour que l'eau ne vienne pas alimenter l'argent ou le pouvoir, mais aille à ceux qui en ont besoin pour vivre. L'accès à l'eau a été reconnu aux Nations unies en 2011 comme un droit de l'homme à part.

– Accaparement des terres : contre la vague d'acquisitions de terres dans les pays du Sud, destinées à l'exportation de produits agricoles.

– Laisser le pétrole dans le sol pour préserver les droits humains et la biodiversité, et lutter contre le changement climatique : actions de l'ERA au Nigeria, d'Acción Ecológica en Équateur, d'Oilwatch. Cette revendication est aussi portée par ceux qui luttent contre la fracturation des roches de schiste, l'exploitation de sables bitumineux et de mines de charbon à ciel ouvert.

– Masses critiques : ces défilés de cyclistes réclament le droit d'occuper l'espace et de se réapproprier les rues, contre l'envahissement de l'automobile.

– Contre l'incinération et la « valorisation énergétique » des déchets urbains : des unions ou des coopératives de ramasseurs de déchets se mettent en place, avec un impact environnemental positif (comme à Delhi, Pune, Bogota).

– Grands projets inutiles imposés : un réseau européen s'est constitué contre les grands travaux publics superflus, comme le TGV entre Lyon et Turin.

– Colonialisme toxique ou impérialisme toxique : le Basel Action Network lutte contre les exportations à longue distance de déchets toxiques vers les pays pauvres, interdites par le traité de Bâle.

– Post-extractivisme, en Amérique du Sud : contre la « reprimarisation » des économies d'Amérique du Sud.

– Droits indigènes territoriaux : les communautés demandent l'application de la législation, qui défend le droit des autochtones contre les mines, les barrages, les projets pétroliers.

– Mafias de sable : c'est le nom que des écologistes et des journalistes ont donné en 2005 aux carrières illégales de sable et de gravier qui se multiplient en Inde, du fait de la croissance des chantiers.

– Villages du cancer : en Chine, c'est un nom populaire, adopté aussi par les universitaires et les fonctionnaires, qui qualifie les villages ruraux pollués par l'industrie (par exemple aux métaux lourds), où l'on sait que les maladies sont dues à la contamination de l'environnement, et où il y a des protestations.

– Pueblos fumigados en Argentine : contre la pulvérisation de glyphosate sur les plantations de soja OGM.

Ce dont on a besoin, c'est d'une alliance entre la décroissance et tous ces mouvements pour la justice environnementale.

[Interview et traduction : Pierre Thiesset]

CINQ THÈSES DE L'ÉCOLOGIE RÉVOLUTIONNAIRE DES PEUPLES DU SUD

Par **Mohammed Taleb**

—

Philosophe algérien, il a notamment écrit *Nature vivante et Âme pacifiée* (Arma Artis, 2014) et *L'Écologie vue du Sud. Pour un anticapitalisme éthique, culturel et spirituel* (Sang de la Terre, 2014).

—

Les cinq thèses présentées ci-dessous sont d'une certaine façon un condensé des orientations politiques, philosophiques, éthiques et spirituelles des grands mouvements de la résistance socio-écologique des peuples du Sud, et, notamment, des mouvements éco-paysans, des peuples autochtones, des mouvements de libération nationale, des réseaux tricontinentaux et plurireligieux de la théologie de la libération.

1re THÈSE. PROCÉDER À LA DÉLÉGITIMATION DU DÉVELOPPEMENT DURABLE

Même si l'idéologie du « développement durable » exerce une énorme pression sur les sociétés du Sud, elle ne peut prétendre au monopole en matière d'idées et d'alternatives. Beaucoup l'ont montré : le développement durable correspond à un réaménagement formel de la civilisation capitaliste. La durabilité envisagée n'est pas celle de l'environnement, mais celle de l'économie libérale de marché. Et, pour que cette dernière dure le plus longtemps possible, il devient nécessaire pour elle d'intégrer le paramètre environnemental en tant que contrainte. Cette approche véhicule une représentation technocratique et économiciste de l'environnement. Elle est aussi étroitement « ressourciste ». En effet, l'environnement naturel qui nous entoure n'est qu'un ensemble de matières premières, qu'un stock de ressources. La seule relation que le développement durable propose avec cet environnement est celle de la « gestion ». Dit autrement, le développement durable n'est pas une réponse sérieuse à la crise socio-écologique. Au contraire, il fait partie du problème. Heureusement, nous connaissons d'autres modes d'organisation sociale et de valeurs, comme, pour l'Amérique afro-latino-indienne, le *buen vivir,* le *Sumak Kawsay* de la langue quechua, ou encore le *Suma Qamana* de l'aymara, expressions qui renvoient à la notion de « plénitude ». En réalité, toutes les cultures de l'humanité sont porteuses de visions écologiques et de socialités alternatives.

2e THÈSE. RECONNAITRE LA LUTTE DES CLASSES QUI TRAVERSE L'ÉCOLOGIE

Si, en Occident, l'écologie, dans le sillage du développement durable, est largement prise en charge par les classes moyennes aisées, dans les pays du Sud, elle est essentiellement l'affaire des prolétaires de la terre, des paysans sans terre, des peuples autochtones, des dépossédés, des « réfugiés climatiques », de ces centaines de millions de personnes qui survivent dans ces *no man's land* sociaux, culturels, et psychiques que sont les zones périphériques des grandes métropoles du Sud, du Caire à São Paulo, de Manille à Mexico, de Delhi à Rio de Janeiro. Dans le Sud, l'écologie porte l'empreinte des classes populaires. C'est pourquoi la réforme agraire, la souveraineté alimentaire et le droit des peuples à se nourrir eux-mêmes, le refus du gigantisme des projets économiques et techniques (comme les barrages en Inde ou au Brésil) font le lien entre les quêtes de justice sociale et de justice écologique. On peut avec raison parler d'un écosocialisme à propos de l'écologie des peuples du Sud.

3e THÈSE. PENSER LA MONDIALISATION CAPITALISTE COMME MASQUE MORTIFÈRE DE L'OCCIDENTALISATION DU MONDE

Le capitalisme est d'abord la « mégamachine » qui affecte l'humanité et la Terre, les plongeant dans l'infernale tourmente d'une entreprise qui fait la guerre au vivant. Son cadre idéologique (la modernité capitaliste) est l'alliance entre la raison technoscientifique, la raison économique et le mythe du progrès. Ils sont au cœur de la crise socio-écologique, déterminant les processus de la mondialisation dans lesquels évoluent les peuples du Sud. Mais le discours mondialitaire ne doit pas nous faire oublier ceci : la mondialisation, loin de faire émerger un « village planétaire », une « économie-monde », une « modernité-monde », une « science-monde », se manifeste réellement comme un « village planétaire occidentalisé », une « économie-Occident », une « modernité-Occident », une « science-Occident ». La mondialisation est d'abord la projection à l'échelle planétaire de la civilisation capitaliste occidentale. La mondialisation est un terme qui voile l'« occidentalité » des dynamiques en cours, qu'elles soient économiques, technoscientifiques, agricoles, juridiques, culturelles, etc. Les peuples, les mondes, les univers socioculturels de l'humanité ne sont pas parties prenantes, en tant que sujets historiques autonomes, de cette mondialisation.

4e THÈSE. RETROUVER LES ACQUIS DES TRAVAUX DE « L'ÉCOLE DE LA DÉPENDANCE »

La crise socio-écologique, si elle trouve un déploiement planétaire avec la mondialisation, plonge d'abord ses racines dans le capitalisme qui en constitue la dynamique historique. Or, le capitalisme demeurera inintelligible si nous n'avons pas conscience de l'injustice et de l'inégalité qui structurent les rapports Nord-Sud (dits aussi centre-périphérie). Ils sont fondés sur l'*échange inégal*. Ce concept est important si nous voulons comprendre les crises socio-écologiques d'aujourd'hui. L'échange inégal suppose l'existence, non pas de deux systèmes différents et juxtaposés (un Nord développé à côté d'un Sud sous-développé), mais d'un unique système dans lequel le développement du Nord et le sous-développement du Sud sont intimement articulés. Plus que de sous-développement, il faut parler de « mal-développement » dans le Sud, car, même si des pays d'Amérique du Sud ou d'Asie peuvent, dans certaines conditions, augmenter les capacités d'exploitation, de production, de consommation, ce « développement » ne sera jamais autre chose qu'un « capitalisme dépendant ». On ne dira jamais assez à quel point les travaux de l'École de la dépendance sur l'échange inégal, dès les années 1960, restent d'une grande actualité : le pillage écologique et l'exploitation des peuples du Sud sont la règle des rapports Nord-Sud. Samir Amin, Immanuel Wallerstein, Arghiri Emmanuel, Celso Furtado, André Gunder Frank, Raúl Prebisch, Fayçal Yachir, et bien d'autres, malgré les changements importants que la scène économique et stratégique planétaire a connus, restent les références sûres d'une analyse de l'économie-monde capitaliste.

5e THÈSE. POUR EN FINIR AVEC LE DÉSENCHANTEMENT CAPITALISTE DU MONDE

C'est dans la mesure où l'universalité que nous voulons défendre déconstruira l'universalisme bourgeois et occidental qu'elle pourra fonder une philosophie écosociale de la libération. L'Un se décline au pluriel. Nul ne peut prétendre incarner, seul et définitivement, le sens ou la vérité. Il n'y a que des figures multiples, des façons diverses de dire le vrai, des visages à chaque fois différents. Notre universalité sera plurielle, bariolée, multiforme, frappée du sceau de la diversité. Une pensée socio-écologique forte peut le montrer : la biodiversité n'est pas seulement écosystémique et environnementale, mais aussi culturelle, civilisationnelle et spirituelle. Il ne peut y avoir d'alternative écosociale sur fond d'amnésie, non pas seulement celle des luttes anciennes, mais aussi et plus fondamentalement celle des cultures de l'humanité. Les peuples du monde ne prendront en charge leur émancipation et leur écologie que dans la mesure où ces causes peuvent se dire avec les « mots de la tribu ». Ce n'est pas un repli sur soi, mais, au contraire, la conjugaison au pluriel d'un humanisme concret, d'un universalisme ancré dans la diversité du monde. À ce titre, les Occidentaux soucieux du bien commun feraient bien de participer, eux aussi, à la remise en question de ce hold-up de l'universel par le monde occidental. De même qu'il y eut, un temps, un non-alignement géopolitique en Afrique, en Asie et en Amérique du Sud, de même l'écologie doit se relier à un non-alignement philosophique, éthique et spirituel. Ce n'est donc pas uniquement le climat ou la biodiversité qui doivent être guéris, c'est l'histoire et le futur du monde et des mondes qui doivent être sauvés de la noyade « dans les eaux glacées du calcul égoïste ».

EN SORTIR

CAPITALISME VERT *VS* AUSTÉRITÉ RÉVOLUTIONNAIRE

Par **Pierre Thiesset**

—

Journaliste à *La Décroissance*, éditeur au Pas de côté.

—

En juin 2012, le n° 92 de *La Décroissance* titrait en une : « La revanche de l'austérité ». Le dessin de couverture représentait un Gandhi tirant la langue. Dans l'article d'ouverture du journal, le philosophe Olivier Rey expliquait que l'austérité ne devait pas être réduite au rigorisme, au sacrifice, à la privation ou la mortification. Mais que ce terme recouvrait aussi des vertus, qu'il pouvait être un appel salutaire à la sobriété, à l'entraide et au recentrage sur l'essentiel.

En publiant des propos aussi hérétiques, *La Décroissance* s'exposait au courroux des bien-pensants. « Il n'y a rien de pire pour un monde drogué à la consommation que de lui annoncer un dosage moindre de son stupéfiant », annonçait Olivier Rey. Aussitôt, un politologue du Politburo, Paul Ariès, sautait sur l'article pour se répandre en imprécations à notre encontre. Sur toutes les tribunes qui lui sont offertes, de *Libération* aux sauteries écosocialistes du Front de gauche en passant par des conférences à mille euros sur la gratuité, le mélenchoniste s'entête depuis à excommunier le « journal de la joie de vivre », à le couvrir de calomnies, à le dénoncer comme une obscure feuille de dames patronnesses bigotes, de droite, qui feraient le jeu du Fonds monétaire international. J'en passe et des plus cocasses.

Pourtant, les plus éminents précurseurs de la décroissance défendaient une conception vertueuse de l'austérité. À la société de la croissance industrielle et de la puissance technologique destructrices, Ivan Illich opposait une « société conviviale », où « l'homme contrôle l'outil » et n'est pas dominé par un système technicien qui le dépasse. « L'homme qui trouve sa joie et son équilibre dans l'emploi de l'outil convivial, je l'appelle austère. Il connaît ce que l'espagnol nomme la *convivencialidad*, il vit dans ce que l'allemand décrit comme la *Mitmenschlichkeit*. Car l'austérité n'a pas vertu d'isolation ou de clôture sur soi. Pour Aristote comme pour Thomas d'Aquin, elle est ce qui fonde l'amitié. En traitant du jeu ordonné et créateur, Thomas définit l'austérité comme une vertu qui n'exclut pas tous les plaisirs, mais seulement ceux qui dégradent la relation personnelle.

L'austérité fait partie d'une vertu plus fragile qui la dépasse et qui l'englobe : c'est *la joie, l'eutrapelia, l'amitié*[1]. »

La vertu de l'austérité a été célébrée et pratiquée par les plus grands philosophes depuis l'Antiquité, comme le notent Majid Rahnema et Jean Robert : « Les Occidentaux sont les héritiers d'une tradition qui valorisait l'austérité, une tradition dans laquelle les meilleurs faisaient vœu de pauvreté[2]. » Socrate prônait le dépouillement. Pour Épictète, « le premier moyen d'échapper à la tyrannie des richesses, c'est de ne leur rien demander, et de vivre au milieu d'elles dans des habitudes de tempérance et d'austérité[3] ». Quant à Sénèque, il ne cherchait pas à plaire aux consommateurs oisifs de son temps : « La singularité de sa vie, son ton libre et dégagé, et aussi, il faut bien le dire, l'austérité de conduite qu'il prêchait, n'étaient point faits pour lui concilier la sympathie du grand nombre[4]. » Ces immenses philosophes préféraient vivre dans l'ascèse, renoncer aux possessions asservissantes et à la superficialité, pour explorer les tréfonds de l'âme et chercher ce qui fait la substance de l'existence. Ils considéraient la tempérance comme l'une des plus hautes qualités à cultiver pour une vie collective apaisée et fraternelle.

Cette austérité, que l'on retrouve encore valorisée chez Montaigne[5], chez Thoreau, Tolstoï, Gandhi, est aujourd'hui un mot-épouvantail, que tous repoussent. Toutes les manifestations défilent sous le mot d'ordre « non à l'austérité », dans une belle unanimité. Les Verts, les Rouges, les Bruns, la CGT, la CFDT, le NPA, le FN, Lutte ouvrière, le PC, EELV, les alter-économistes, mais aussi l'UMP ou le PS, tous-ensemble-tous-ensemble-ouais-ouais, disent « non à l'austérité ». Même les gouvernements qui sont accusés de mener des politiques d'austérité affirment qu'ils ne mènent pas de politique d'austérité. L'austérité, c'est un mot condamné, insupportable. Presque plus honni que « décroissance ». Dans une époque qui valorise l'accumulation, la satisfaction immédiate de la moindre envie, le crédit et la consommation à perpétuité, c'est évidemment un sacrilège de vouloir mettre fin à la fuite en avant.

Pendant que les dictionnaires se remplissent ces dernières années de termes nouveaux qui trahissent l'avènement d'un monde de plus en plus soumis aux machines[6], d'autres mots sont vidés de leurs sens et deviennent inaudibles, infréquentables. Pourtant, liquider l'austérité, cette vertu célébrée par nos plus illustres aïeux, qui a de quoi nous inspirer, nous interroger, nous ressaisir, ce serait comme laisser le socialisme à Emmanuel Macron ou l'écologie à Emmanuelle Cosse. Non, les mots n'ont pas une définition univoque. Ils portent des nuances et leurs usages sont chargés d'histoire. Si l'on consent à n'utiliser que des dictionnaires allégés, expurgés de pages entières, si l'on accepte de se contenter d'un vocabulaire appauvri, creux, convenu, où les mots ne doivent pas s'écarter des lieux communs, alors toute bataille politique est perdue d'avance. Car quand le langage s'effrite, c'est la parole qui s'étiole, la réflexion qui s'éteint, et l'horizon des possibles qui se rétrécit.

Pour penser en dehors des sentiers battus de la croissance et contester le système techno-économique, nous avons besoin de nous écarter des idées dominantes, qui n'ont jamais été que les idées de la classe dominante, comme disait Karl Marx. Dans ce conflit idéologique, il faut au préalable savoir parler un autre langage que celui de « l'air du temps » pour nommer le réel. Au lieu de « plan social », dire « plan de licenciements ». Au lieu d'« investisseurs », préférer « spéculateurs ». Au lieu de qualifier les politiques de l'Union européenne d'austères et de marcher vaguement « contre l'austérité » (donc pour la gabegie ?), désignons ce qu'elles sont : un programme libéral et inégalitaire de destruction sociale. Rien à voir avec l'austérité d'Ivan Illich.

Comme la décroissance, l'austérité est de ces mots impies, capables de nous sortir du consensus mou et de tracer des perspectives politiques alternatives. Le mot porte en lui une critique radicale de la trajectoire productiviste, et un appel à la bifurcation. C'est pourquoi, quand les écologistes portaient un véritable projet de rupture, quand ils proposaient de sortir du capitalisme, de réévaluer les besoins, de réorganiser les rapports sociaux pour sortir de l'emprise de la technique et de la marchandise, ils n'avaient pas peur de revendiquer l'austérité. Comme Serge Moscovici : «Voilà l'austérité que nous proposons : non pas une austérité de privation, de rareté, d'angoisse, de menace, celle que nous allons vraiment finir par connaître si nous continuons dans la même direction ; mais la privation qui consiste à ne pas utiliser ce dont on peut se passer, donc à préserver les possibilités d'abondance, et à les répartir de manière plus équilibrée. [...] L'austérité, cela signifie donc : consommer mieux, travailler mieux, ne gaspiller aujourd'hui que ce qu'on recyclera demain, ne produire que ce qu'on reproduit[7]. » Cette austérité-là, elle n'est pas libérale. Au contraire, elle en appelle à la décence commune, elle lutte pour l'égalité. Elle lie justice sociale et écologie, modération et solidarité, comme l'exposait René Dumont : « Lorsque j'emploie le terme d'écologie socialiste, je veux dire ceci : une société respectueuse de l'écologie exige une certaine austérité – par opposition au gaspillage –, et cette austérité n'est acceptable qu'avec une réduction marquée des inégalités[8]. »

En 1977, le secrétaire du Parti communiste italien Enrico Berlinguer défendait lui aussi un tel projet. Son austérité « révolutionnaire », il l'opposait à l'austérité bourgeoise. Il lui donnait un contenu de classe, insistait sur la justice, la lutte contre le gaspillage, proposait de réorganiser la production et la consommation, de revoir les modes de vie, de tenir compte de la finitude des ressources naturelles, de chasser l'automobile des villes. De quoi désespérer Fiat et Billancourt et susciter, comme le notait Lutte ouvrière, des « réactions d'incompréhension ou d'hostilité de la classe ouvrière[9] ». « Même en lui ajoutant l'adjectif "révolutionnaire", l'idée de l'austérité passait mal, explique Serge Latouche. La gauche et les syndicats étaient imprégnés par le productivisme, Berlinguer était minoritaire. »

L'austérité révolutionnaire, la gauche n'en a donc jamais voulu, hier comme aujourd'hui. Ce n'est pas payant, électoralement, d'appeler à se restreindre. Pour séduire, mieux vaut vendre des bagnoles, de la vitesse, du fun, des semaines aux Seychelles, de l'expansion illimitée, du pouvoir d'achat en veux-tu en voilà. Comme l'observait Jacques Ellul, une propagande « qui présenterait l'avenir de l'homme sous l'aspect d'une austérité et d'une contemplation n'aurait aucune audience. Une propagande qui mettrait en doute le progrès ou le travail scandaliserait et ne pourrait atteindre personne[10] ». Pourtant, Ellul considérait que l'austérité communiste de Berlinguer, la « frugalité commune, générale, volontaire et organisée, provenant d'un choix pour plus de liberté et moins de consommation de biens matériels », était ni plus ni moins que « l'option décisive de notre société ». Qui conduirait non pas à la rareté, mais à l'abondance : car c'est dans l'autolimitation, dans la capacité à se contenter de peu, à satisfaire facilement ses besoins, sans courir sans cesse après de nouvelles superfluités, que l'on atteint la plénitude ; certainement pas dans la consommation compulsive. « Il ne s'agira pas d'un appauvrissement, car ce dont on serait privé c'est de satisfactions de plus en plus marginales (l'immense domaine des gadgets par exemple), mais il faut mettre un peu d'abondance là où il y a de la misère, et de la frugalité là où il y a gaspillage (public et privé), un peu moins d'ardeur dans le travail productif et un peu plus de rigueur dans la consommation. Telles sont les *étapes inévitables et leur ordre pour la suppression des aliénations*[11]. »

À *La Décroissance*, nous nous situons dans la filiation de tous ces penseurs. Nous n'avons pas peur de revendiquer, à leur suite, une austérité révolutionnaire. Nous pensons qu'une remise en cause radicale de la production, de la consommation, de la mobilité, des modes de vie, est bien plus adéquate pour faire face à la destruction avancée des écosystèmes que d'opter pour l'accélération, le déploiement de nouvelles technologies, la marchandisation de la nature, bref toutes les orientations mortifères du capitalisme vert, qui ont fait la preuve de leur échec.

1. Ivan Illich, *La Convivialité*, Le Seuil, 1973.
2. Majid Rahnema et Jean Robert, *La Puissance des pauvres*, Actes Sud, 2008.

3. Charles Delabar, « Introduction », in Épictète, *Manuel*, Librairie Ch. Poussièlgue, 1895.
4. Eugène Maillet, « Notice sur la vie de Sénèque », in Sénèque, *De Vita beata*, Belin, 1882.
5. Qui conseillait, pour éduquer ses enfants, de « les dresser à la frugalité et à l'austérité ».
6. Exemples, ces mots qui ont fait leur entrée dans *Le Petit Larousse* ces derniers temps : transhumaniste, geek, big data, vapoteur, vidéoprotection, googliser, hashtag, twitter, cyborg, nanoparticule, e-learning, transgène…
7. Entretiens de Jean-Paul Ribes, *Pourquoi les écologistes font-ils de la politique ?*, Le Seuil, 1978.
8. *Ibid.*
9. *Lutte de classe* n° 92, mars 1982.
10. Jacques Ellul, *Propagandes*, Economica, 1990 (1962).
11. Jacques Ellul, *Changer de révolution. L'inéluctable prolétariat*, Le Seuil, 1982.

« LA GAUCHE DOIT REVENDIQUER L'AUSTÉRITÉ PLUS QUE QUICONQUE »

Entretien avec **Julio Anguita**

—

Homme politique espagnol, il a été maire de Cordoue, député, secrétaire général du Parti communiste et coordinateur d'Izquierda Unida (gauche unie).

—

Comme le communiste italien Berlinguer, vous faites l'éloge de l'austérité. Pourriez-vous nous préciser ce que vous entendez par « austérité » ?

J'entends par austérité l'application de la vertu propre à l'être humain de disposer des biens que la nature lui a donnés, sans que cela signifie décimer celle-ci ou porter préjudice à ses prochains. Par bonheur, nous sommes capables de nourrir et de soigner les 7 milliards d'habitants de la planète terre. Et ceci est valable pour toutes les ressources naturelles. La seule limite qui doit guider notre action, c'est le respect de la planète, des écosystèmes et des autres êtres humains. Il faut également garder à l'esprit que l'homme doit acquérir une culture que j'appelle « supérieure », et qui, par le temps libre, la création, la relation aux autres, l'épanouissement de l'intelligence et l'art, permet de faire avancer l'humanité. C'est ce que permet l'austérité.

En quoi l'austérité peut-elle être une réponse aux enjeux actuels, notamment écologiques ?

Le système capitaliste se développe en créant des besoins totalement superflus, en faisant en sorte que les êtres humains entrent dans une dynamique de consommation qui se fait au détriment des autres, des laissés-pour-compte qui n'ont pas le minimum pour se nourrir. À l'inverse, l'austérité désigne un état supérieur de l'humanité, dans lequel tous les hommes disposent du nécessaire et, par conséquent, peuvent profiter des bienfaits de la science et de la technique appliqués à la production, mais sans que cela n'entraîne la violation de l'égalité stricte entre les êtres humains. Il s'agit donc d'une forme de conduite éthique. Cela ne veut pas dire que tout le monde vit exactement de la même manière, mais si l'écart actuel de richesse de 1 à 7 000 et quelques se réduisait de 1 à 10, ce serait déjà bien mieux…

Pourquoi la gauche doit-elle revendiquer la vertu de l'austérité au lieu de la rejeter en bloc comme elle le fait aujourd'hui ? Cette gauche n'a-t-elle pas tendance à abandonner la critique de la société de consommation ?

La gauche doit revendiquer l'austérité plus que quiconque. Depuis longtemps, elle s'est contentée (et je le comprends) de lutter pour obtenir une plus grande part du gâteau. C'est-à-dire qu'elle a demandé d'étendre la consommation, la possession de voitures, tant dans l'Occident développé que dans le tiers-monde. Mais la réalité, c'est que la préservation de la planète s'oppose au concept de développement durable, qui est impossible. C'est pour cela que je défends aussi la décroissance. Pourquoi ? Parce que la planète a ses limites. Des limites dans lesquelles 7 milliards, ou même 12 milliards de personnes peuvent vivre, mais en vivant d'une manière qui ne nuise pas à l'environnement, et en tissant des liens de fraternité et de solidarité, pour combattre les maladies, les famines, etc. ; et sans entrer dans cette dynamique diabolique de consommer et consommer toujours plus de choses, qui sont la plupart du temps complètement superflues. Il s'agit d'une culture alternative qui ne peut venir que de la gauche ou de mouvements alternatifs qui, même s'ils ne se situent pas à gauche, sont dans le camp de l'humanisme, c'est-à-dire de la modernité humaniste.

Les gouvernements européens sont accusés de mener une politique d'austérité. Selon vous, est-ce que le sens du mot « austérité » est dévoyé aujourd'hui ? L'austérité n'est-elle pas avant tout une lutte pour l'égalité, la décence commune, et donc contre le libéralisme ?

Si l'on considère que les gouvernements européens font de l'austérité, alors il faut rouvrir les dictionnaires. On déforme le langage en qualifiant ces politiques de « programmes d'austérité ». Ce qu'ils font, ce n'est pas de l'austérité, ce sont des politiques antisociales qui nous font régresser au XIXe siècle. On ne peut pas les désigner par le mot très digne d'austérité. L'austérité ne signifie pas vivre au niveau ou en dessous du seuil de pauvreté. L'austérité, cela signifie avoir suffisamment, pour vivre avec dignité et sans excès, mais avoir suffisamment. Lorsqu'il n'y a plus de travail, plus d'allocations de chômage, plus d'accès aux soins ou à l'éducation, ce n'est pas de l'austérité. C'est tout simplement une agression contre la population, ce qui est bien différent.

Vous vous opposez à la religion de l'économie et de la compétitivité. Êtes-vous d'accord avec les idées de la décroissance, qui s'opposent à l'obsession du développement économique ?

Bien sûr, mais cela dépend en quoi. Parce que si nous pouvions comptabiliser comme croissance économique (si nous le pouvons vraiment, mais j'en doute) une amélioration dans l'éducation, la santé, les moyens de subsistance, la culture, l'épanouissement personnel, ce type de croissance me semblerait nécessaire. Je suis contre la croissance quand elle signifie exploiter la nature de manière déséquilibrée ou adopter des processus de production qui nuisent à l'équilibre des écosystèmes. Non seulement parce que cela détruit la planète, mais aussi parce que le concept de croissance relève presque d'un mythe qui mène à la folie. Parce qu'il ne peut pas y avoir de croissance infinie dans un monde fini. Même si la planète supportait 200 ans de croissance, cela signifierait qu'à un moment ou à un autre on arriverait à la fin. Mais, en outre, l'idée de la croissance donne le sentiment aux gens qu'il faut coûte que coûte continuer et continuer à croître. Cette dynamique, cette mystique, est complètement néfaste.

En France, alors que le Parti socialiste impose une politique libérale, la gauche s'effondre et l'extrême droite rafle le mécontentement populaire. Quelles pistes proposez-vous pour que le mouvement anticapitaliste reprenne des couleurs, et pour sortir de la résignation ?

Tout d'abord, ne pas l'appeler anticapitaliste. La gauche a l'obsession ridicule de vouloir toujours aller de l'avant en brandissant son étendard. Alors que la droite a l'habitude d'utiliser le sens commun, sans exhiber ses symboles. Nous non plus nous n'avons pas à agiter nos drapeaux. Nous devons mettre sur la table des mesures de justice sociale : salaire minimum, emplois, droit au chômage et austérité, des choses concrètes. Parce que la lutte sur ces points concrets, c'est la lutte de la gauche. Je suis communiste, mais personne ne m'entend parler de communisme dans mes entretiens et mes discours. Ma vie, c'est un engagement en faveur du monde qui me pousse à lutter pour les droits humains. Je pense donc que la gauche doit être plus pédagogique, plus didactique, et faire des propositions concrètes sans pour autant y mettre un label « de gauche ». Un peu comme le personnage de Molière qui faisait de la prose sans le savoir. Que des réformes politiques et sociales soient menées, même si on ne sait pas qu'elles font partie du patrimoine de la gauche… on finira par le découvrir. Je ne suis pas anticapitaliste, je suis prosocialiste. Et quand je dis socialiste, je ne fais pas allusion aux partis sociaux-démocrates. Je ne suis jamais anti quoi que ce soit, je n'aime pas les antis. Je suis partisan de combattre le capitalisme, mais pas d'être

« anti », sinon nous perdons la bataille. Je pense qu'un autre monde est possible, et cela signifie que je dois affronter le capitalisme, parce que j'ai un projet alternatif. Se positionner comme anti, cela annonce la défaite avant même de commencer la bataille.

Aujourd'hui, les partis sont en crise. La social-démocratie devait assumer un rôle historique, et elle l'a perdu. Quand l'URSS et le mur de Berlin ont disparu, la social-démocratie est devenue l'alternative à gauche. Mais elle n'a pas tenu un seul round face au capitalisme. Déjà, lors du congrès de Bad Godesberg en 1959, les sociaux-démocrates avaient déclaré que leur but n'était pas d'en finir avec le capitalisme, mais de faire avec, de le gérer avec une certaine justice. Les autres partis sont dans une dynamique qui périclite, qui s'achète. Dans *El Mundo Obrero* (« Le monde ouvrier »), le journal de mon parti, j'ai défendu la nécessité de refonder le communisme et les positions de la gauche, mais les refonder à partir du marxisme, à partir de l'analyse des grands maîtres, dans le but de faire émerger un mouvement alternatif qui dépasse les partis. Parce que les partis, aujourd'hui, ne sont rien d'autre que des machines électorales. Le travail qu'il faut mener avec les gens doit être fait avec calme et détermination, pour que les valeurs de gauche pénètrent dans la population et contrent les valeurs de la droite. Cela nécessite des organisations complètement différentes. C'est ce que nous avons essayé de faire en Espagne avec la création d'Izquierda Unida (gauche unie).

[Interview : Edna Córdoba et Pierre Thiesset ; traduction : Pierre Thiesset]

L'AUSTÉRITÉ, «UN MOYEN DE LIBÉRATION»

Entretien avec **Giulio Marcon**

—

Député italien du parti Gauche, écologie et liberté, il est l'auteur du livre *Berlinguer. L'austerità giusta* (Jaca Book, 2014).

—

Aujourd'hui, la gauche se définit «contre l'austérité». Cependant, le secrétaire général du Parti communiste Enrico Berlinguer, à la suite d'Ivan Illich, disait que l'austérité était l'unique solution pour affronter la crise. Comment dire cela à la gauche sans passer pour un agent du FMI?

Pour le Fonds monétaire international, paraphrasant Clausewitz, «l'austérité est la continuation du néolibéralisme par d'autres moyens», un instrument d'oppression et un modèle de développement capitaliste fondé sur le pouvoir de la finance, sur les privatisations, les libéralisations, la précarisation du travail. Pour Berlinguer, l'austérité était au contraire un moyen de libération et d'émancipation, de lutte contre les injustices et les inégalités, de lutte contre le consumérisme et les gaspillages. C'était l'outil pour construire une société plus libre, plus heureuse, avec des valeurs différentes pour fonder des relations sociales plus humaines, dans le respect de l'environnement, dans la sobriété.

Beaucoup d'objecteurs de croissance ne croient plus à la politique. Enrico Berlinguer a démontré que parler de ce sujet était possible et surtout indispensable. Avons-nous connu une grande régression depuis lors?

Dans une interview au quotidien *Repubblica,* en 1981, Berlinguer a mis en évidence la crise du politique et du système des partis, leur dégénérescence clientéliste, leur «occupation de l'État». Depuis, la dégénérescence du politique s'est encore aggravée. Et, à cause de la globalisation néolibérale, la politique s'est mise au service des marchés financiers et des oligarchies économiques mondiales. Berlinguer croyait en une politique capable de transmettre des exemples positifs, des pratiques crédibles, et surtout, il pensait que la politique devait être autonome des pouvoirs économiques et financiers. Il considérait la politique comme un moyen d'émancipation populaire, de participation et de développement de la démocratie. Il faut continuer sur ce chemin.

À l'heure actuelle, on trouve des gens qui dénoncent la croissance tout en revendiquant en même temps la relance de l'activité industrielle. Comment répondre à cette contradiction ?

Le modèle industriel que nous avons connu depuis la fin de la Seconde Guerre mondiale est en crise profonde. Il détruit la planète, appauvrit les relations humaines, produit un avenir insoutenable pour les générations futures. Berlinguer disait que le système capitaliste ne reconnaissait que les « indices quantitatifs », et il affirmait qu'une économie différente devait au contraire s'interroger sur la qualité, sur : « Que produire, que consommer ? » Berlinguer n'était certes pas sorti d'une idéologie industrielle et développementiste, mais il disait : « Une automobile en plus ne fait pas le bonheur. » Ce qu'il faut alors, c'est un modèle de relations économiques diverses, fondé sur la culture des limites, sur la sobriété, sur les valeurs humaines, sur ce qui rend une vie vraiment digne d'être vécue. Il faut produire – et cela vaut pour toutes les activités de nature économique – de quoi rendre les gens heureux, et non pour le marché et l'oligarchie financière.

Enrico Berlinguer ne revendiquait pas l'austérité pour l'austérité, mais disait : « Une société plus austère peut être une société plus juste, moins inégale, vraiment plus libre, plus démocratique, plus humaine[1]. » Ivan Illich, lui, écrivait que « l'homme retrouvera la joie de la sobriété et de l'austérité[2] ». Comment expliquer que la justice, la liberté, l'humanisme, et même la joie, naissent de l'austérité ?

Le mot « austérité » n'a pas une bonne réputation. Il renvoie aux notions de sacrifices, de restriction économique, de renoncement. L'écologiste Alex Langer[3] disait que la « conversion écologique » devait être socialement désirable pour se populariser. Aussi, l'austérité peut devenir socialement désirable si nous l'associons au concept d'« abondance frugale », à des valeurs humaines plus hautes, au bonheur et à la joie, à un mode de vie moins frénétique et consumériste. L'austérité peut devenir le symbole d'un « nouvel humanisme » fondé sur la culture, sur des valeurs, des pratiques et des rapports sociaux conviviaux.

Vous publiez un nouveau livre dans la collection « I precursori della decrescita » (« Les précurseurs de la décroissance ») consacré à Alex Langer[4]. En France, nous citons sa fameuse phrase *Lentius, profundius, suavius* (« Plus lentement, plus profondément, avec plus de saveurs ») pour présenter la philosophie de la décroissance. Alex Langer partageait-il les vues d'Enrico Berlinguer sur l'austérité ?

Il faut rappeler que Langer a commenté l'austérité de Berlinguer dans un article paru dans la revue *Senza confine* (Sans limite), quelques années après la mort du leader communiste. Langer a mis en évidence quelques contradictions et ambiguïtés des formulations de Berlinguer, tout en appréciant l'intention et la thèse de fond : l'austérité comme instrument de lutte contre le consumérisme et contre un modèle économique insoutenable. Langer partageait l'approche de Berlinguer : l'austérité comme moyen de construire une société plus juste, affranchie du consumérisme, de la tyrannie d'un modèle économique qui conduit au désastre écologique et social.

Giulo Marcon, vous qui êtes homme politique de gauche en Italie, comment parler de l'austérité comme solution aujourd'hui ?

Aujourd'hui, le mot austérité est associé aux politiques néolibérales de l'Union européenne, du Fonds monétaire international et des autres institutions internationales. L'austérité n'est pas associée au nom de Berlinguer mais aux responsables des politiques néolibérales et à l'oligarchie financière et économique mondiale. L'austérité de Christine Lagarde et d'Angela Merkel n'est certainement pas une solution, mais la perspective de Berlinguer est encore d'une grande actualité : remettre en cause et en débat un modèle économique insoutenable, non seulement dans sa dimension nationale, mais aussi dans un cadre global.

Comment voyez-vous l'évolution de la situation en Europe et dans le monde ?

En Europe dominent les faucons néolibéraux. Durant ces années de crise, la misère, les inégalités, le chômage se sont accrus de façon vertigineuse. Les alternatives à ce modèle ont émergé – Syriza en Grèce, Podemos en Espagne – mais elles n'ont pas encore assez de force pour renverser le paradigme de l'Europe libérale. Nous devons donner davantage de puissance aux mouvements sociaux et aux politiques qui veulent construire une « autre Europe ». Dans le monde, les conflits augmentent et l'accroissement des dépenses militaires ne s'est jamais arrêté. Le modèle néolibéral nous mène à un point de non-retour : les inégalités s'accroissent dans chaque pays et la misère est un mal endémique qui touche des centaines de millions de personnes. C'est pourquoi nous avons besoin d'un changement de paradigme, d'une conception différente et alternative des relations économiques et sociales. L'austérité – et cela était une idée présente dans les discours de Berlinguer – constitue un moyen décisif pour combattre les inégalités et construire des relations plus équitables entre les populations du Sud et du Nord.

[Interview et traduction : Vincent Cheynet]

1. « Second discours sur l'austérité », 30 janvier 1977.
2. *La Convivialité*, Le Seuil, 1973.
3. Journaliste italien, pacifiste et militant écologiste (1946-1995).
4. Collection des éditions Jaca Book, dirigée en Italie par Serge Latouche.

AVONS-NOUS LE POUVOIR DE CHANGER LES CHOSES ?

Par **Angélique** et **François Del Rey**

—

Enseignante en philosophie, Angélique Del Rey est l'auteur de : *À l'école des compétences. De l'éducation à la fabrique de l'élève performant* (La Découverte, 2010) et *La Tyrannie de l'évaluation* (La Découverte, 2013).

Professeur d'université, François Del Rey est spécialisé en thermodynamique et en écologie.

—

L'effet de serre est un mécanisme naturel de piégeage du rayonnement permettant le réchauffement de la surface de notre planète jusqu'à la température moyenne de 15°C. Du fait de l'émission accrue des gaz à effet de serre (GES), cette température s'élève, ce qui menace tous les écosystèmes naturels (donc humains). Pour répondre à cette menace mise en évidence à Rio en 1992, les États se réunissent en conférence des parties (COP). Un organisme international officiel, le Giec, a été créé en 1988 et rend un rapport sur l'état de la situation tous les 6 ans. À Kyoto en 1997, un Protocole a permis de contenir les émissions des pays développés au niveau de 1990, sauf pour les États-Unis et l'Australie qui l'ont rejeté. Ce Protocole est venu à son terme en 2008 et, à Copenhague en 2009, on a échoué à lui donner une suite. À Paris, c'est la 21e fois que les États se sont réunis en conférence des parties.

L'accord final rassemble presque tous les pays de la planète (195). Il indique, pour la première fois, que les efforts à fournir ne sont pas les mêmes en fonction du degré de développement des pays, expression à laquelle les États-Unis se sont toujours opposés. Il entrera en vigueur en 2020 jusqu'à 2030 et exprime la volonté de ne pas dépasser une augmentation de 2°C en 2100 par rapport à l'ère préindustrielle. C'est le seuil de température à partir duquel on prévoit que les phénomènes deviennent incontrôlables. On en est à 0,85°C, mais les effets sont décalés dans le temps, et même si l'on arrêtait de rejeter aujourd'hui des GES (ce qui est impossible), la température continuerait de monter.

Dans son introduction, la Conférence des parties « note *avec préoccupation* que les niveaux des émissions globales de gaz à effet de serre en 2025 et 2030 estimés sur la base des contributions prévues déterminées au niveau national ne sont pas compatibles avec des scénarios au moindre coût prévoyant une hausse de la température de 2°C, mais se traduisent par un niveau prévisible d'émissions de 55 gigatonnes en 2030. Et *note également* que des efforts de réduction des émissions beaucoup plus importants que ceux associés aux contributions prévues déterminées au niveau national seront nécessaires pour contenir l'élévation de la température de la planète en dessous de 2°C [...] en ramenant les émissions à 40 gigatonnes ou en dessous de 1,5°C». En effet, les engagements de réduction annoncés par les différents États l'ont été sur la base du volontariat. Et, en supposant qu'ils soient respectés, le Giec a calculé qu'ils nous conduiront vers un réchauffement climatique d'au moins 3°C. En outre, selon les calculs, le maximum d'émissions de GES devrait intervenir au plus tard en 2020 pour être efficace. L'accord qui commencerait à s'appliquer pourrait déjà être caduc.

En résumé, le 12 décembre 2015, après des négociations très dures, tous les États sont tombés d'accord sur une simple évidence (rester en dessous de 2°C en 2100), sans préciser comment y arriver. Les signataires s'efforceront d'atteindre «aussitôt que possible» un pic d'émissions mondiales de GES, sont «invités à» mettre en place des mesures et «devraient» les améliorer tous les 5 ans. Quels moyens financiers devront être utilisés, comment alimentera-t-on le fonds d'aide aux pays en voie de développement, comment fera-t-on pour abandonner les énergies fossiles (géo-ingénierie?)? Ce n'est pas précisé... Pas question non plus de sanctions contre les pays qui ne respecteraient pas leurs engagements.

Un point précis mérite attention: *l'opacité des négociations*. La plupart des réunions pendant la COP 21 ont été fermées aux journalistes, et une grande partie d'entre elles l'ont aussi été aux observateurs de la société civile et des ONG, qui ont organisé leurs propres débats. Ce manque de transparence n'est pas de bon augure car les «petits» acteurs ne savent pas ce que mijotent les «grands». Cette opacité est devenue systématique dans les grands accords internationaux. Le secret masque à peine la prédominance de l'industrie et des multinationales comme décideurs véritables au-dessus des États qui semblent négocier. Il suffit de voir que les multinationales françaises de l'énergie, du BTP et de l'agro-industrie sont les sponsors officiels de la COP 21.

Ainsi, le traité de libre-échange transatlantique TAFTA (appelé aussi TTIP) USA-UE, en cours de négociation, imposerait une évolution irréversible des conditions d'échange des marchandises et des services. Étant au-dessus de la Constitution européenne (et donc des lois), et muni d'un «effet de cliquet», il imposerait des contraintes qu'aucune loi ne pourra annuler, même si la société civile rejetait plus tard certains aspects. Avec ce traité (en plus de l'ALENA USA-Canada-Mexique, et du CETA

UE-Canada, déjà signés), les multinationales auront un pouvoir difficile à contourner. On en a vu un exemple avec l'attaque du cigarettier Philip Morris contre l'Uruguay puis l'Australie, accusés de diminuer ses bénéfices avec une réglementation antitabac. En décembre 2015, le tribunal d'arbitrage d'investissement ISDS (Investor-State Dispute Settlement) s'est déclaré incompétent pour prendre en charge le litige avec l'Australie, pour une question de procédure. Mais n'a pas été remise en cause cette instance ISDS, où des entreprises multinationales peuvent demander des comptes aux États, accusés de légiférer pour le bien public, contre les intérêts de ces entreprises. Une procédure analogue contre l'Uruguay dure depuis 2010. La mise en place de ces tribunaux d'arbitrage est une sévère limitation du pouvoir des citoyens face aux multinationales.

Sans surprise, les termes de la négociation TAFTA sont secrets, et même les députés européens n'ont qu'un accès limité (à l'ambassade des États-Unis, pendant un temps très court et sans pouvoir prendre de notes) aux conditions qu'il imposera. Comment les citoyens pourraient-ils s'y opposer avant qu'il n'entre en vigueur puisqu'ils n'en savent presque rien (quelques fuites) ? Il semblerait que les termes du traité ne seront rendus publics que 10 ans après sa signature et son entrée en vigueur…

Ce besoin de secret traduit cependant une faiblesse des instances internationales : leurs actions sont tellement immorales que, si les citoyens savaient ce qui se passe réellement, ils seraient massivement contre. Car de quoi s'agit-il, au fond ? Mettre au point des réglementations et des mécanismes qui permettent d'augmenter de manière importante le profit des multinationales en lésant les intérêts de la collectivité et ceux de l'environnement. Et vu que nous sommes tous dépendants, y compris les multinationales, de la bonne santé de la planète – car les services rendus par la nature sont du même ordre de grandeur que le PIB mondial et diminuent quand celui-ci augmente –, mettre en avant les intérêts propres des multinationales au détriment de l'ensemble apparaît comme un jeu malsain, à court terme, et d'une certaine manière suicidaire.

Il est donc essentiel que tout cela soit caché aux yeux du plus grand nombre. En revanche, cela interroge sur le pouvoir réel dont disposent les multinationales. Que se passerait-il si « tout le monde savait » ? Sans doute cela ne suffirait-il pas, mais la recherche d'information n'est-elle pas elle-même une lutte qui montre le pouvoir dont peut disposer la société civile ?

Une chose est sûre : quand le citoyen lambda se dit, en marge de la COP 21 : « Non mais c'est quand même incroyable, quand on sait l'urgence du problème, de ne pas être fichu de prendre les mesures qu'il faut » – sous-entendu, quand on est un « grand » de ce monde, on *peut* faire le nécessaire pour que survive l'espèce humaine –, il ne prend sans doute pas la mesure de l'impuissance qui est celle du pouvoir politique. Ce lieu qu'on appelle « Pouvoir », parce qu'émanent de lui des décrets, des lois, des prises de décisions, n'a paradoxalement pas le « pouvoir » de *changer la donne.* Le Pouvoir *n'est pas* un lieu dans lequel il suffirait de *décider* d'un changement pour que celui-ci soit réalisable. Il n'est pas non plus un lieu dans lequel on peut décider, « librement » et « rationnellement », du meilleur. Qu'on repense à Philip Morris attaquant l'État uruguayen, ou tout simplement à l'existence de l'ISDS, permettant à des entreprises de se retourner contre des États mettant en péril leurs bénéfices –y compris si ces derniers se font au péril de nos vies. Qu'en est-il ici du pouvoir des États de protéger les citoyens ? Sans parler bien évidemment du *lobbying* exercé jour après jour sur les hommes politiques et entraînant des décisions pour la plupart en faveur des industriels...

Le problème est ici celui de l'unité agissante : le lieu que nous appelons Pouvoir possède-t-il, comme l'individu croit le posséder, une conscience *supérieure* capable de penser les choses et de prendre des décisions en conséquence ? Que nenni. Le lieu dit de « pouvoir » est un lieu comme les autres, avec ses fonctionnements propres, renvoyant, certes, à une unité interne, mais certainement pas de type « conscience rationnelle ». Et dans lesdits *fonctionnements propres,* on trouve principalement le poids des industriels et (en particulier, capitalisme postindustriel oblige...) de la *finance* sur les décisions politiques. Quant à l'homme qui, accédant au pouvoir politique, prétend faire fi de ces fonctionnements-là, eh bien il ne tardera pas à en être écarté. À tel point qu'il paraît presque étonnant que la COP 21 ait malgré tout réussi à mettre d'accord tous les pays présents !

À ce stade, la question qui se pose est : la société civile – dont notre citoyen lambda scandalisé et quelque peu désabusé – a-t-elle de son côté le pouvoir de changer les choses ou, tout au moins, de participer à un changement possible, ou le changement est-il verrouillé par la (diabolique) toute-puissance financière ?

Il est bien évident que, si les choses vont mal au point de toucher au Système lui-même, ce n'est pas une « décision » qui va changer cela, qu'elle vienne d'en haut, d'en bas, ou du milieu ! Si le problème, c'est l'élévation de la température globale de la planète, ce n'est pas la « décision », même commune à tous les États, de ne pas dépasser 2 °C d'élévation à l'horizon de 2100 qui va, en tant que telle, changer les choses. Ou encore, pour prendre l'exemple d'un problème lié à celui de l'effet de serre, si l'on considère les millions de kilomètres effectués par des véhicules polluants pour acheminer des denrées et des produits bruts ou manufacturés d'un bout à l'autre de la planète, ce n'est pas la décision de les « réduire de tant de pour cent » qui va changer les choses. Non seulement à cause du poids des industriels sur le monde politique, mais aussi parce qu'il n'existe pas *un* lieu dans lequel une simple décision pourrait, en tant que telle, être opératoire et efficace.

En revanche, cela signifie qu'à tous les niveaux du Système, *des* changements sont possibles – y compris au niveau des industriels eux-mêmes. Quand un chef d'entreprise décide de ne pas délocaliser, quand des consommateurs décident de consommer des produits locaux, et sont relayés par des médias qui parlent d'eux, quand des scientifiques travaillent sur l'impact environnemental de nos comportements de consommation, et sont relayés par des journalistes qui enquêtent sur la question, quand des scientifiques travaillent sur les énergies renouvelables, que ces énergies sont connues et que l'on expérimente leur fonctionnalité (au point que des villes s'essaient à l'autonomie énergétique), etc., c'est le Système lui-même qui peut commencer à bouger, à « faire du jeu » : à fonctionner autrement. Et c'est alors que les « décisions » peuvent suivre et être suivies d'effets.

Car il s'agit bel et bien d'un *Système* qui est en jeu derrière l'émission massive de gaz à effet de serre. Or « système » signifie, d'un point de vue philosophique, éléments liés les uns aux autres de telle sorte qu'il n'y a ni commencement ni fin. Il n'est pas possible d'entrer en lui au début, de façon à initier une chaîne de causalité simple qui entraînerait un changement déterminé à la sortie. Un Système est, pour reprendre le concept d'Edgar Morin, « complexe ». On ne saurait programmer les effets de ce que l'on produit en lui. On peut y être cause, bien entendu, mais la causalité n'est en l'occurrence pas simple. On peut toujours dire : « Les industriels, et leurs actionnaires, sont *cause* du désastre écologique actuel, et notamment du réchauffement climatique ». Soit, mais cela ne veut pas dire qu'il existe une possibilité de décider, au niveau des industriels eux-mêmes, que les choses fonctionnent autrement. Dans tous les cas, le changement ne peut pas se passer de la manière suivante : *Areva se dit que, aïe aïe aïe, elle est en train de polluer les sols, ou encore Bayer se dit que, aïe aïe aïe, il est en train d'empoisonner la population avec ses désherbants*, et ils arrêtent ! Ici, personne n'est « cause première », comme on dit encore en philosophie. Tous sont effets et causes à la fois. Ils *participent* au désastre, et/ou peuvent participer au changement.

Mais comment participe-t-on au changement ? Non seulement en « prenant conscience » des problèmes, mais aussi en ré-apprenant à nous sentir affectés par ce qui, dans le désastre écologique, nous affecte sans que nous le sachions. Nous sentir affectés au point de nous engager et de participer à la création de véritables laboratoires sociaux, *intensifs* avant d'être extensifs. Car si l'on peut, socialement, avoir beaucoup de puissance (au point de renverser un géant de l'industrie, par exemple le cas de Volkswagen, mis en difficulté suite à la découverte d'une tricherie par l'ONG International Council on Clean Transportation), c'est à condition que, pour le dire comme ça, la dynamique « prenne » : il ne suffit pas d'une action bien pensée pour que l'effet soit au rendez-vous. Il s'agit donc de tester des actions possibles, actions de luttes contre le pouvoir des multinationales (dont des actions visant l'information du plus grand nombre), mais aussi expérimentations relatives à des modes de vie alternatifs – comment *vivre bien en produisant peu, vivre sobrement.* Il s'agit également de participer à l'émergence d'un imaginaire nouveau, qui permette de potentialiser et de sédimenter les expériences alternatives. Et ceci peut être joyeux. En tout cas, davantage que d'attendre des grands qu'ils prennent les bonnes décisions et surtout… les appliquent ! Alors certes, l'industrie – et les pouvoirs qui l'accompagnent –, contre-attaquera, et ainsi de suite. Mais il ne faut pas croire non plus que « l'industrie » soit un bloc sans fissure. Une unité avec des comportements propres (dont des intérêts propres), peut-être. Mais une unité qui, comme tout Système, est susceptible de faire du jeu, de fonctionner autrement… elle aussi !

Et sans doute que, si les décisions des « grands » se font en apparence plus « conscientes », c'est grâce à tout ce qui a déjà eu lieu comme changements à la base. Car la décision vient en réalité toujours après l'acte, comme le montrent à la fois les philosophes et les études récentes sur le cerveau humain. Il va de soi que le pouvoir prendra les bonnes décisions et les bons engagements quand il sera déjà trop tard. Mais il dépend de nous, de la société dans son ensemble, et non du pouvoir, de faire que « trop tard » ne qualifie que la décision prise, *et non la situation.*

« LE MODE DE VIE AMÉRICAIN, ON L'IMPOSE DANS LE MONDE PAR LES ARMES »

Entretien avec **Serge Mongeau**

—

Éditeur et écrivain québécois, figure de la simplicité volontaire, il a écrit plusieurs ouvrages sur la décroissance, dont : *La Simplicité volontaire, plus que jamais...* (Écosociété, 1998).

—

Lors du Sommet de la Terre de Rio en 1992, George Bush déclarait que le mode de vie des Américains n'était pas négociable : il reconnaissait par là que les habitants des pays riches étaient des privilégiés, et que notre modèle était destructeur et inégalitaire…

En disant cela, il confirmait finalement la façon de travailler du gouvernement américain : on se croit supérieurs aux autres, alors on ne négocie pas, on impose. Le mode de vie américain, on l'impose dans le monde par les armes, par la force, on mène des guerres au Moyen-Orient pour maintenir l'approvisionnement en pétrole, par exemple. Ce mode de vie est destructeur, à la fois par l'épuisement des ressources, et par l'accumulation de déchets. Si tous les êtres humains vivaient de cette façon, c'est clair que la situation serait intenable. La planète ne pourrait évidemment pas supporter que toute l'humanité possède autant d'automobiles que la population des États-Unis. Chacun devrait se poser la question : « Ce que je possède, est-ce que l'ensemble des êtres humains sur la Terre pourrait le posséder ? » Il faudrait refuser de prendre quelque chose de plus que ce à quoi les autres ont accès. C'est ce raisonnement que tenait Gandhi pour construire un monde juste, où tous nous pourrions nous épanouir.

Jusqu'à présent, malgré les alertes sur le changement climatique et la destruction de la nature, tout a été fait pour maintenir ces modes de vie prédateurs et poursuivre la course à la croissance.

On est dans une grande passivité. La consommation de masse a fait de nous des gens irresponsables : on n'a pas de décisions à prendre, de responsabilités à assumer. Cela me fait penser à un livre que j'ai lu récemment sur la Chine de Mao ; un haut fonctionnaire qui avait été maire d'une grande ville témoignait de son passage dans un camp de rééducation. Il disait que, finalement, il se trouvait bien à faire ce qu'il faisait, à entretenir des plates-bandes sans avoir de responsabilités, sans avoir à réfléchir, à prendre de décisions, en exécutant simplement les directives qu'on lui donnait. Notre société fonctionne un peu de cette manière aujourd'hui : on fait ce qu'on nous dit de faire, « cherche-toi un emploi et après ne te pose pas de question, que tu produises n'importe quoi, cela n'a pas d'importance, ta responsabilité c'est de travailler pour gagner un salaire et acheter des marchandises ». Cette société nous éloigne de plus en plus de la réflexion. On s'approvisionne facilement, on a juste à aller au magasin pour acheter ce dont on a besoin. On n'a pas besoin de considérer les conséquences de nos actes, d'en prendre conscience, de se sentir responsables. Tout ce confort nous rend passifs, d'autant plus que les médias, la publicité, la télévision nous manipulent, nous donnent une vision du monde faussée et nous rassurent en nous disant par exemple : « Ne vous en faites pas, les êtres humains sont inventifs, on s'en est toujours sortis, la technologie va avancer et va nous permettre de trouver de nouvelles sources d'énergie, de survivre au réchauffement climatique, les scientifiques trouveront forcément les moyens de régler les problèmes. » C'est un discours qui conforte le *statu quo* et qui nous empêche de nous prendre en main.

Que pensez-vous de cette écologie qui prône le déploiement de nouvelles technologies, qui promet que le capitalisme sera compatible avec la protection de la planète et que la lutte contre le changement climatique nous permettra d'augmenter notre confort, de créer des emplois, d'accroître l'activité ?

Ce discours est totalement faux, totalement impossible. Le développement durable a échoué. Tout ce qu'il permet, c'est de retarder les échéances. Bien sûr, il est préférable d'avoir des automobiles qui produisent moins de gaz à effet de serre, qui consomment moins d'essence, mais cela ne suffit pas. C'est évident qu'il faut réduire la production et la consommation, qu'on doit se transporter d'autres manières et posséder moins de tout. En faisant croire que l'on va pouvoir continuer dans la même direction, on empêche de prendre les bonnes décisions et on risque de se retrouver avec des problèmes de plus en plus graves.

Mais même si cette « croissance verte » était possible, les partisans de la décroissance n'en veulent pas. On n'en veut plus parce que cette société obnubilée par la croissance n'a pas de sens. Quand je regarde ce qui se passe autour de moi, je suis très inquiet pour mes petits-enfants. Les jeunes générations sont de plus en plus éloignées de la nature, de plus en plus entourées de toutes sortes de technologies. Chaque jour, on sort de nouveaux gadgets qui ne nous font pas avancer dans la qualité de vie. Qu'on ne vienne pas me dire que les tablettes nous offrent une plus grande qualité de vie. Notre société est de moins en moins humaine, elle offre de moins en moins de sens. Nous sommes emportés dans un courant qu'on ne contrôle pas, avec des technologies qu'on ne contrôle pas. C'est de plus en plus difficile de faire des choses par soi-même. Regardons autour de nous tous nos appareils qui sont de plus en plus sophistiqués : on perd prise, on n'est plus capable de réparer ce qui tombe en panne.

Vous insistez sur la nécessité de la simplicité volontaire pour préserver une planète vivable. Concrètement, de quoi les consommateurs occidentaux doivent-ils faire le deuil ?

Il ne faut pas se faire d'illusions sur la simplicité volontaire, elle ne va pas régler les problèmes. Les individus vont difficilement choisir la simplicité, car nous sommes dans des sociétés organisées de telle façon que l'on perd notre autonomie, que l'on a de moins en moins accès à des outils conviviaux. Les démarches individuelles ne suffiront pas, nous devons prendre des orientations collectives, qui vont se traduire par un réaménagement des villes, une lutte contre l'obsolescence programmée, la production d'objets d'utilité courante réparables… Nous devons mettre des limites à la propriété privée, au nombre et à la grandeur des habitations, imposer un revenu maximal admissible. Ces interventions collectives sont absolument essentielles.

Cela ne veut pas dire qu'il n'y aura pas de « deuils » à faire, comme vous dites. Mais je ne perçois pas cela ainsi, plutôt comme des gués qui peuvent conduire à une société plus humaine, plus conviviale, qui redonne un sens à nos vies. Pour moi, la simplicité volontaire n'est pas une contrainte, mais une libération. Il faut continuer à la promouvoir, sans se faire d'illusions en disant « oh ! si tout le monde vient à comprendre qu'il faut moins consommer, c'est comme ça qu'on va régler les problèmes »… Ces changements individuels ne suffisent pas, et ils sont de plus en plus difficiles : nous ne luttons pas à armes égales avec la publicité, et nous sommes contraints par l'organisation de nos sociétés. En Amérique du Nord, par exemple, beaucoup de gens ont besoin d'une automobile parce que les transports collectifs sont mal organisés, parce qu'on a mal pensé le développement de nos villes et que l'on doit parcourir des distances énormes.

C'est évident qu'il y a des changements majeurs à faire dans l'organisation de nos sociétés, et dans nos vies. Mais ces changements n'arriveront pas seuls. Nous devons les impulser en développant des alternatives. Je considère que la simplicité volontaire peut y contribuer, et peut devenir de plus en plus un instrument de lutte. Actuellement, au

Québec, et j'imagine que c'est un peu pareil ailleurs, il est de plus en plus difficile de mobiliser les gens, d'organiser des réunions, de faire fonctionner nos mouvements politiques. Les gens mettent tellement d'énergie dans leur travail qu'ils sont totalement épuisés à la fin de la journée et n'ont plus de temps à consacrer à d'autres activités. La simplicité volontaire permet de consacrer moins de temps au travail et de faire des activités que l'on choisit, en particulier pour s'engager en politique, proposer des solutions alternatives… Quand je regarde ma vie, il me semble que la simplicité volontaire a été un instrument de libération. Elle permet de commencer à s'échapper du capitalisme, d'une certaine façon, même si bien sûr nous sommes toujours pris par des contraintes. Mais, avec la simplicité, nous pouvons prendre du temps pour construire des activités autonomes et travailler à changer cette société. C'est un instrument de libération qu'on devrait développer pour la collectivité ; et ce sont des gens libérés qui réussiront à nous faire avancer vers une société de liberté.

Les idées de la décroissance sont minoritaires, nous ne semblons pas prêts à renoncer à notre confort privilégié dans les pays riches. Comment diffuser le message de la décroissance ? Comment transformer nos habitudes de consommation et notre mode de production pour nous orienter vers la sobriété et la solidarité ? Quelles décisions politiques pourraient favoriser cette trajectoire ?

Ce n'est pas évident. Nous sommes vraiment aliénés. Il faut absolument développer des moyens de réflexion et de communication comme le journal *La Décroissance*, pour s'attaquer à l'information qui est actuellement contrôlée par les grands médias, qui diffusent un faux espoir dans les technologies et qui retardent les vraies solutions. Et je pense qu'il faut s'efforcer de répandre les pratiques alternatives. Elles nous permettent de retrouver de l'autonomie et de comprendre qu'on est de plus en plus enchaînés au travail et à la consommation, de moins en moins libres. Par la pratique, on peut retrouver des savoir-faire que l'on avait perdus et on peut comprendre que c'est une voie d'émancipation : savoir jardiner, bricoler, cuisiner, faire de la couture, cela nous permet de répondre à nos besoins, de développer nos capacités. Il nous faut aussi tisser des liens, développer des réseaux, des occasions de rencontres pour accroître notre sens de la communauté et mener des actions politiques. Ce sont de petites victoires qui permettent de montrer qu'on peut vivre différemment. Il s'agit finalement de remplacer les pratiques actuelles, où nous sommes dans la consommation passive, par de la création, de la coopération, de l'engagement, de la communion avec les autres. Nous devons remettre en cause l'emploi salarié pour reprendre le contrôle de notre temps et aller dans le « faire » autonome. Nous devons nous prendre en charge, nous investir dans la politique, nous préoccuper de changer nos systèmes électoraux, commencer par travailler au niveau municipal sur les décisions qui affectent nos vies de chaque jour : l'organisation des transports, l'aménagement des places publiques, des rues, le jardinage collectif… La démocratie demande de l'effort, des discussions, ce sont des processus qui se font lentement, qui nécessitent des activités communautaires, de l'engagement. Ces activités permettent de donner du sens à notre vie, et de ne pas attendre que des experts nous pondent une société parfaite par en haut.

[Interview : Pierre Thiesset]

RIRE DE RÉSISTANCE

Par **Alessandro di Giuseppe**

—

Pap'40 de l'Église de la Très Sainte Consommation, il s'est présenté aux élections municipales et législatives à Lille.

—

Tour à tour comédien, pape et papa, objecteur de croissance, artiviste, désobéissant antipub, créateur de liens, ex-futur maire de Lille ou encore empêcheur de penser en rond, j'ai participé à des collectifs qui ont cet objectif commun de se réapproprier l'espace public, confisqué abusivement par l'espace marchand, afin d'y recréer enfin du débat public, d'y réinjecter de la fantaisie, de la poésie, de la réflexion, du rire.

Je dis souvent que toutes les luttes et tous les moyens d'action sont complémentaires, mais c'est personnellement par le rire et la créativité que j'ai décidé de m'engager, de faire de la politique. J'ai ainsi fait partie de ceux qui ont repris ce concept de l'Église de la Très Sainte Consommation (ETSC) à Lille en 2007, l'amenant, à l'aide de tous ses fidèles et du metteur en scène Aurélien Ambach Albertini, du militantisme, de l'artivisme, à la forme artistique actuelle, avec le spectacle *Croissance reviens*.

Car, à longueur d'année, on nous dit qu'il faut « libérer » la croissance, que le progrès nous « libérera » de tous les maux du monde. En attendant un transhumanisme qui nous « libérera »... de l'humain ?

À y voir de plus près, ce sont pourtant bien le productivisme et la recherche infinie de la croissance et du profit qui « libèrent » les inégalités sociales, la méfiance et la haine de son prochain, ainsi que notre individualisme, notre soif de posséder et de consommer.

Ce n'est pas parce que nous n'avons plus de boulet au pied que nous sommes libres pour autant. Sans doute la vraie victoire de nos oppresseurs, qui parlent et agissent souvent au nom de la liberté, est-elle de nous avoir mis des chaînes invisibles au cerveau. De nous persuader que nous, esclaves économiques des temps modernes, sommes libres, quand nos chaînes impalpables nous permettent uniquement de relier notre lit au lieu de travail, notre canapé au magasin. Et gare à qui tente de retirer son collier en or !

La liberté, c'est le contrôle. La liberté, c'est la prison. Dans cette cage dorée et factice, on noie nos cerveaux dans une musique d'ascenseur, avec cette terrible injonction : Travaille, Obéis, Consomme !

Ce sont ces trois mots d'or(dre) que nous portons fièrement (avec une ironie féroce), nous, fidèles de l'Église de la Très Sainte Consommation. Du théâtre de rue à la scène, du festival d'Aurillac à la Croisette à Cannes, en passant par nos candidatures aux élections législatives et municipales à Lille, nous interprétons les pires crapules que portent la planète, du trader à l'homme politique véreux, du PDG de multinationale (pharmaceutique, agro-industrie, armement, etc.) aux banquiers, du journaliste toutou au fils à papa, de la femme-objet milliardaire au directeur des ressources « humaines », et sortons les pires horreurs au public, renchérissant sur la réalité par l'absurde, même s'il est vrai qu'il est parfois difficile de surenchérir, tant le réel surpasse la fiction !

Nous prions ainsi la Sainte Croissance et le Dieu Argent devant les temples de la consommation, louons le Saint Progrès et le Saint Profit par des prières et des chants au milieu des boutiques. « Arrêtez de penser. Dépensez ! » Allélachat ! Les électeurs lillois ont ainsi pu recevoir notre profession de foi, où nous promettions de raser les quartiers les plus pauvres de la ville pour y construire un golf 18 trous ou l'aéroport international Britney Spears, mais aussi de rendre la publicité obligatoire dans chaque classe dès la maternelle, ou encore de privilégier les transports en commun tels que l'avion ou la limousine...

Ce faisant, par l'exorcisation des démons modernes, comme un exutoire, nous chassons littéralement et collectivement nos angoisses, notre douleur du monde. Et lorsque nous parlons du capitalisme vert qui nous permettra à nous, les puissants, les ultra-riches, les nantis, de gagner des billets verts, du flouze, du fric (amen... ton pèze !), lorsque nous appelons à une compétition féroce et à la guerre économique entre tous les êtres humains, lorsque nous enjoignons les spectateurs de se résigner, de se soumettre, d'accepter l'esclavage moderne, nous ne faisons que mettre en lumière la farce du développement durable et de la croissance verte, l'horreur économique et sociale de la concurrence effrénée ou encore la nécessité de saboter et déserter cette société de consommation, la bagnole à tous crins, le travail privé de sens.

Nous ne sommes que le reflet impitoyable de cette civilisation déjà morte (mais pas encore de honte) et de ses dirigeants cyniques, pyromanes éplorés et écœurants, qui face à l'urgence climatique et sociale ne savent que répéter : « Notre mode de vie n'est pas négociable. » Et pourtant, si l'on parle de moraliser le capitalisme, c'est bien qu'il est amoral. Si l'on en appelle à un capitalisme à visage humain, c'est bien qu'il est inhumain. Si l'on parle d'alimentation biologique, c'est que le reste est rempli de pesticides. S'il existe un commerce éthique et équitable, c'est bien que le reste n'est pas équitable et encore moins éthique.

Alors pourquoi le rire ? Parce que cette arme d'adhésion massive est un moyen redoutable pour faire passer des messages, pour amener des personnes réfractaires au discours militant classique à se poser des questions, pour semer des graines de résistance, ce qui est selon moi à la fois le moins et le mieux que l'on puisse faire.

Dans cette société de con-sommation absurde qui va droit dans le mur, faire rire et rire de soi pour réfléchir à notre condition individuelle et collective est en soi un acte éminemment politique, qui démontre que la décroissance est bel et bien le projet de la joie de vivre. Face à la succession morbide des sommets internationaux pour « sauver la planète » en l'empoisonnant toujours davantage, nous ne changerons pas le monde, mais devant les menaces climatiques, sociales et géopolitiques qui s'amoncellent, nous tenons à l'ETSC à participer en quelque sorte au baroud d'honneur, transformant le rire du désespoir en rire de résistance.

Contre la résignation, notre seule réponse est de rester debout, ne pas nous agenouiller, défier humblement mais vaillamment les géants qui nous font de l'ombre et nous écrasent, démasquer et ridiculiser les puissants, les dominants, les oppresseurs qu'il convient de nommer, n'ayons plus peur des mots, des criminels. Dire non tout simplement. Penser, c'est savoir dire non. Résister, c'est créer ; créer, c'est résister. Pour ne pas sombrer. Et n'est-il pas délicieux de remarquer que « déconner » et « dénoncer » sont de parfaites anagrammes ?

SABORDER LA MÉGAMACHINE

Par **Thierry Brulavoine**

—

Ancien conseiller municipal pour la décroissance à Saint-Nazaire, il milite dans le Mouvement des objecteurs de croissance.

—

« Notre système social est tout entier dans nos actes, dans tous nos rêves, délires, œuvres, comportements et l'histoire de ce système est tout entière dans l'histoire de notre vie individuelle[1]. »

J'illustrerais ce propos du sociologue Franco Ferrarotti par une petite anecdote. Il y a de cela quelques années, un samedi après-midi, pour nous rafraîchir de l'estivale température, rayons de soleil tamisés par un paisible sous-bois, avec ma compagne nous trempions nos pieds dans le Célé, charmant petit cours d'eau du Lot.

Juste après ce bon temps, en pleine campagne, nous sommes tombés en panne.

Nous avons marché près d'un kilomètre, trouvé une maison isolée. Un habitant nous ouvre, nous offre un verre. Nous téléphonons à l'assureur. Il est 19 heures, l'hôte doit instamment partir à un spectacle. Figurez-vous qu'il nous propose de dormir chez lui si nous ne réussissons pas à joindre un dépanneur. Il nous confie ses clés. Fin de l'aventure, dépannée la voiture, clés sous le paillasson.

Maintenant, revisitons ensemble la saynète : panne, campagne. Comment aurions-nous fait cette rencontre si nous avions eu un téléphone portable ? Comment aurions-nous constaté que l'hospitalité est encore une valeur qui a un sens chez nombre de gens ordinaires ?

Je vous l'assure avec ardeur : le portable est de la même nature que tous nos autres écrans. « Ils facilitent les relations humaines en les détruisant », comme l'écrit François Brune dans *L'Arbre migrateur* (Parangon, 2005).

Récemment, dans le cadre de mon métier de recueilleur d'histoires de vie collective, je questionnais des enfants d'une classe de CM2 à propos de leurs loisirs. Je feignis de ne pas savoir ce qu'était une PS4 ou une Wii afin de susciter les réactions. Je leur dévoilai ensuite que je n'avais pas de téléphone portable. L'une des élèves au premier rang eut alors cette immarcescible réplique : « Mais t'es pas humain ! »

Voilà où nous en sommes en 2016, après un siècle et demi de progrès à marche forcée : qualifier quelqu'un de « non-humain » parce que non outillé d'une prothèse technique pour communiquer avec ses semblables. Insupportable !

*

À travers le monde et les ondes des téléphones portables, plus un humain n'échappe à la toile de la mégamachine, pas même un réfugié syrien. Ce qui est impressionnant avec l'idéologie du Progrès, c'est sa propension à coloniser tout notre vécu. Et force est de constater que le Progrès n'est jamais en retard pour rattraper la science-fiction, songeons à l'omniprésence des écrans muraux dans *Fahrenheit 451* de Ray Bradbury, écrit en 1953.

De là à connecter physiquement chaque individu à ces objets techniques, comme dans le film de science-fiction *Matrix*, il n'y a qu'une marche à franchir : celle du Progrès. Une marche en avant pour décupler les capacités intellectuelles et biologiques de l'Homme.

Or, d'ores et déjà, nous y sommes. La reproduction artificielle de l'humain, par la procréation médicalement assistée et la grossesse pour autrui, n'est qu'une étape. Parmi les eugénistes qui espèrent globalement « augmenter l'humain » par la convergence des NBIC (pour nanotechnologies, biotechnologies, informatique [intelligence artificielle] et sciences cognitives), on trouve un certain Ray Kurzweil, qui n'est autre que directeur de l'ingénierie au sein de la pieuvre Google. Il a même cofondé en 2008 l'Université de la singularité, à la fois *think tank* et centre d'incubation d'entreprises de la Silicon Valley, qui vise selon ses propres termes à « éduquer, inspirer et responsabiliser les décideurs afin d'appliquer des technologies exponentielles pour répondre aux grands défis de l'humanité[2] ».

Exit le politique ! Place aux puissances technologiques et aux gens d'argent pour résoudre les problèmes engendrés par… le déferlement technologique.

Bref, l'idéologie du développement appliquée à l'humain, cela donne le développement de l'humain : le transhumanisme, qui vise à dépasser toutes les limites pour créer des hommes-machines. Et ce funeste dessein se propage. Ainsi, la Singularity University France a ouvert ses portes en 2015. Il est souvent opportun de porter attention aux symboles : qui coorganisait, avec cette université de la « Cinglérité », le premier Concours Innovation 2015 France ? L'École de guerre économique ! Véridique !

Lorsque j'étais professeur des écoles, j'avais déjà l'impression de former les futurs soldats de la guerre économique. Ce qui est affolant, c'est de constater comment des institutions démocratiques nourrissent et gavent la mégamachine. En témoignent les ministres de l'Éducation nationale qui, depuis quatre décennies, équipent toujours plus d'écrans les écoles, et ce dès la maternelle ! Peu nombreux sont les profs qui osent remettre en cause ce phénomène qui ampute de sommes colossales le budget de l'État. Plutôt que mettre de l'humain dans le système éducatif, on préfère investir dans des machines connectées. Dans ce système, « être capable d'utiliser le clic de la souris » est devenu un « critère de réussite ». En 2010, j'ai entendu l'inspectrice de la circonscription de Saint-Nazaire, où je bossais, affirmer sans vergogne : « Se sentir heureux n'est pas un critère de réussite ! » Incroyable mais vrai…

*

Heureusement, dans ce monde, nous autres décroissants ne sommes pas seuls à vouloir débrancher cette mégamachine qui consomme toujours plus d'énergie, qui génère toujours plus de pollution, dézingue les relations sociales, dérègle le climat. J'en veux pour preuve les paroles d'hommes et femmes que j'ai recueillies en contrepoint de la COP 21, dans le cadre du projet *Climats intérieurs, paroles d'habitants*[3]. Ni politiciens ni experts, encore moins militants écologistes. Voici pourtant des analyses qui montrent que nombre de concitoyens ne sont pas dupes. Par exemple, Lydie, de Redon : « Le problème, c'est aussi que l'on consomme toujours plus d'énergie. Avant, il n'y avait pas d'ordinateurs, pas de téléphones portables. On est bien obligés d'évoluer dans notre temps, dans notre civilisation. Mais cette civilisation crée des besoins. Moi, ma fille, elle m'a demandé un portable à 7 ans. Je lui ai dit : "Mais tu as été voir ça où ?" Je n'ai pas d'ordinateur parce que je n'ai pas les moyens, mais heureusement, sinon ma fille serait toujours dessus. On arrive dans une génération qui est très demandeuse en informatique, en portables, en jeux vidéo. »

« Si tout le monde avait deux-trois portables et autant d'ordinateurs dans une maison, alors, dans quelques années, on va devenir quoi ? Ce sera chacun chez soi, il n'y aura plus de contacts : le climat, l'air ne sera pas sain. Oui, je suis inquiète pour la génération de ma petite. Dans quelques années, ils vont vivre comment ? Dans quel esprit, dans quel environnement ? J'accorde donc une grande attention à l'éducation de ma fille. Je pose le cadre, les limites. Je préfère qu'elle aille jouer dehors ou faire des jeux de société, faire des cabanes, faire des cache-cache. Ça leur apprend la nature, ils ont besoin de s'aérer la tête. Toute la journée ils sont à l'école, ils en ont plein dans la tête. Si en plus on leur met des consoles de jeux, ils ne s'oxygènent même pas la tête. »

Cathy complète la critique à sa manière en disant: « L'éducation qu'on donne à nos enfants est complètement artificielle, on en fait des robots. »

*

Ces gens ordinaires partagent les constats de la décroissance, sans faire partie d'un quelconque mouvement politique. Dès lors, la question majeure que nous devons nous poser, nous autres décroissants, c'est: pouvons-nous les rallier pour mettre ensemble le Progrès aux arrêts ? Ou, dit autrement, comment constituer un large front pour saborder la mégamachine? Sachant que dans cette difficile tâche, il ne faut guère compter sur les 130 organisations de la Coalition Climat 21. Cet éclectique cartel[4], féru de mobilisation sur Internet, biberonné aux subventions de la région Île-de-France et au consensus mou, voulait infléchir les résultats de la COP 21 en ayant recours à BDDP, une agence de communication filiale du milliardaire Bolloré, pour faire une campagne aussi inoffensive que niaiseuse[5] avec l'*imprimatur* du gouvernement Valls et son label « Grande Cause nationale ». Il serait tout aussi fantaisiste de compter sur « cuits, cuits les Colibris », le médiatique mouvement qui dépolitise toute alternative et pérennise la « fable de l'essaimage », selon laquelle il suffirait de multiplier les gentilles et sympathiques alternatives (Amap, monnaies locales, etc.) pour faire face aux différents enjeux, écologiques et sociaux. Oublions également le parti Europe Écologie-les Verts, plus apte à former des fesses pour strapontins ministériels que des hommes et femmes à la pensée écologique radicale et cohérente. EELV, comme tous les partis de gauche et de droite, fait la courte échelle à la croissance verte, séduit par ces fariboles autour de l'économie collaborative, l'économie circulaire et autres sornettes. L'extrême droite suit les mêmes lubies avec en plus ses fétides accès de xénophobie. Quant au relent transhumaniste « Demain nous vaincrons la mort[6] », il a définitivement discrédité son auteur, Jean-Luc Mélenchon.

*

Le paysage politique actuel est donc certes consternant... mais ne sous-estimons pas les millions d'habitants qui ont encore les pieds sur terre. Les critiques du progrès ne me semblent pas aussi minoritaires que l'on pourrait le craindre, comme le montrent les témoignages que nous avons recueillis dans notre projet *Climats intérieurs*. Élisabeth, par exemple, qui constate: « Nous sommes des possédants, mais c'est pas pour ça qu'on est plus heureux. Tu peux posséder, posséder mais c'est pas pour ça que tu possèdes le bonheur. » Ou Touhfat, qui questionne : « Quand on connaît un certain niveau de confort, est-ce que l'être humain est capable de s'en priver rapidement, de changer? Pour avoir une conscience collective, pour le futur, pas pour sa propre personne, mais pour ses descendants. » Autre prise de distance conséquente : « On nous a habitués à suivre les idées ou le programme d'une personne qui est tout là-haut, je pense qu'on nous a habitués à faire ce genre de choses plutôt que de réfléchir par nous-mêmes. Parce qu'on nous a élevés comme ça, à suivre... »

Le philosophe Cornelius Castoriadis le formulait autrement, en s'appuyant sur la merveilleuse phrase d'Aristote: « Qui est citoyen ? Est citoyen quelqu'un qui est capable de gouverner et d'être gouverné. » Il ajoutait: « Il y a des millions de citoyens en France. Pourquoi ne seraient-ils pas capables de gouverner? Parce que toute la vie politique vise précisément à le leur désapprendre, à les convaincre qu'il y a des experts à qui il faut confier les affaires. Il y a donc une contre-éducation politique. Alors que les gens devraient s'habituer à exercer toute sorte de responsabilités et à prendre des initiatives, ils s'habituent à suivre ou à voter pour des options que d'autres leur présentent[7]. » Nous autres, partisans de la décroissance, il est de notre responsabilité d'œuvrer pour reprendre collectivement nos affaires en mains.

Au XIXe siècle, quand germait ce monde de dingues obnubilés par la technique et le fric, le poète et homme politique Victor Hugo écrivait déjà, fort lucide: « Sans cesse le progrès, roue au double engrenage, fait marcher quelque chose en écrasant quelqu'un. » Ce quelqu'un, c'est l'humain. Aujourd'hui, face aux délires des transhumanistes qui aimeraient dépasser l'*Homo sapiens* en le fusionnant avec la technologie, il est grand temps d'emboîter le pas à l'écrivain italien Erri De Luca, qui légitime le sabotage contre des infrastructures nuisibles comme le TGV Lyon-Turin. Oui, l'heure est au sabotage de l'idéologie du Progrès. Le maintien de notre dignité d'Homme est à ce prix. Décroissance toute!

1. Franco Ferrarotti, *Histoire et histoires de vie. La méthode biographique dans les sciences sociales*, Librairie des Méridiens, 1983.
2. « Notre mission », selon le site internet de l'université de la singularité : http://singularityu.org/
3. Ouvrage coordonné par Singuliers Collectifs, Histoires de vie en partage, 2016.
4. De la pronucléaire CFDT en passant par les productivistes de la CGT, de l'ONG « écolo » 350.org financée par Rockefeller aux altermondialistes d'Attac, du Collectif Roosevelt à la bande des 4 qui *ont tué l'écologie* (WWF, fondation Hulot, FNE, Greenpeace). Cf. mes chroniques dans *La Décroissance* nos 118, 120, 122, 123, 124, 125.

5. Comme en témoigne le slogan « Si on ne fait rien, personne ne le fera à notre place »…
6. *Des paroles et des actes*, France 2, 12 janvier 2012.
7. « Stopper la montée de l'insignifiance », *Le Monde diplomatique*, août 1998.

POUR LA DÉCROISSANCE : LA LUTTE DES CLASSES

Par **Denis Bayon**

—

Économiste, il est coauteur de *La Décroissance. 10 questions pour comprendre et en débattre* (La Découverte, 2010).

—

Qu'est-ce que la « lutte des classes » ? Il est déjà possible de dire ce qu'elle n'est pas. La lutte des classes n'a rien à voir avec des catégories socioprofessionnelles, avec des défilés d'ouvriers en bleu de chauffe sous des drapeaux rouges, des manifestations pour le pouvoir d'achat, le partage des richesses ou la justice fiscale… La lutte des classes est un *conflit politique* (il n'est pas question ici de guerre civile) qui porte sur la définition des règles déterminant la valeur économique des biens et services produits par une société. Il s'agit d'un affrontement fondamental dans la mesure où la valeur économique – dans une société où la monnaie circule à grande échelle (ce qui est le cas depuis des siècles en Occident) – détermine quels biens et quels services concrets seront produits et échangés. Et lesquels ne le seront pas.

Une classe sociale se constitue donc autour de la maîtrise de la valeur économique. Dans l'histoire, la bourgeoisie a fait sa révolution en expulsant du pouvoir économique la monarchie et l'Église catholique. Ce sont donc aujourd'hui ses rejetons, les actionnaires – pour reprendre le vocabulaire actuel –, qui contrôlent majoritairement les décisions de production dans notre société. En bref, les « capitalistes » : les propriétaires du capital des grandes entreprises industrielles et financières. Raison pour laquelle la valeur économique dominante dans notre société est dénommée « capitaliste ».

Cette classe dirigeante est dans l'incapacité de stopper la catastrophe écologique, et notamment la déstabilisation climatique. Pour quelle raison ? La bourgeoisie est demeurée une classe révolutionnaire (comme le rappelait le milliardaire Warren Buffett, « il y a une lutte des classes, évidemment, mais c'est ma classe, la classe des riches qui mène la lutte. Et nous sommes en train de gagner »), acharnée à conserver son pouvoir politique coûte que coûte. Or, ce dernier repose sur des institutions dont la clef de voûte est *la croissance économique*. Sans cette croissance *éternelle* de la valeur économique, les institutions du capitalisme sont fragilisées (spéculation, *krach* financier, déflation, récession). Et la classe dirigeante avec.

Comment s'y prend-elle pour « faire » de la croissance économique ? Toujours de la même façon depuis la fin du XVIIIe siècle (notons que ces gens qui se présentent comme très « modernes », très « innovants » ne font que rouler sur les autoroutes déjà fort embouteillées de la révolution industrielle : ce qui ne les empêche pas de traiter d'« archaïques » les partisans de la décroissance, qui voudraient faire autrement...). Pour faire bref :

– Tout ce qui n'est pas rentable doit être privé de financement (service public hospitalier, ferroviaire, etc.) ;

– Les nations et les individus doivent être mis en concurrence généralisée, d'où des bouffées récurrentes de xénophobie et de nationalisme ;

– Enfin, les entreprises capitalistes doivent exploiter au maximum leurs salariés pour dégager le plus de profit possible (les économistes appellent ça la « hausse de la productivité », curieusement nombre d'économistes de gauche se réjouissent d'un tel résultat...). Pour cela l'investissement dans toujours plus de « machines », toujours plus puissantes, est indispensable.

D'où la « révolution numérique », la généralisation des techniques informatiques de communication qui n'en est encore, nous disent nos dirigeants de façon satisfaite, qu'à ses débuts. Son point ultime n'est rien d'autre que la robotisation de toute la vie, l'hybridation homme-machine : la création d'« êtres humains augmentés » devenus immortels. Ainsi s'expriment avec le plus grand sérieux les industriels et entrepreneurs de la Silicon Valley qui sont des modèles à suivre pour nos dirigeants politiques et nos industriels.

Lorsqu'une classe dirigeante en est à tenir des propos aussi fous, littéralement délirants, pour sauver les institutions économiques qui fondent son pouvoir politique, il est urgent de la stopper – même si on n'est pas favorable à la décroissance !

Or, tant que les classes dirigeantes (hauts fonctionnaires, actionnaires des grands groupes industriels et bancaires) sont les maîtres en matière d'investissement (soit 20 % du PIB, 400 milliards d'euros), il n'y a aucune chance que les choses changent radicalement. Et la vie naturelle et humaine continuera de se dégrader lentement ou de façon accélérée. C'est pourquoi nous n'avons pas le choix. Les classes dirigeantes doivent être *expropriées*. Une lutte des classes doit se mener pour substituer à la valeur économique *capitaliste* une valeur économique *écologiste*.

Ce ne sera certes pas facile, mais sommes-nous entièrement démunis pour le faire ? Peut-être pas tant que cela...

Nous fêtons le soixante-dixième anniversaire de la Sécurité sociale (ordonnances du 4 et du 19 octobre 1945, loi du 22 mai 1946). Quel était le projet de la Sécurité sociale ? Ce n'était pas le « secours aux pauvres », ni le « revenu de base », pas davantage la « justice fiscale ». Mais le contrôle démocratique de la valeur économique. La création de cotisations sociales finançait des caisses qui étaient administrées par les salariés suite à l'élection – sur liste syndicale – d'administrateurs.

Ces élus, ouvriers dans leur majorité, décidaient en matière de dépenses d'argent et d'investissement. Je me permets de citer ici le témoignage d'un militant ouvrier de la banlieue est de Lyon (Guy Massé, de Vaulx-en-Velin) : « À l'origine, en 1946, les caisses régionales et départementales avaient une bien plus grande autonomie et étaient gérées par une majorité de salariés. Ce qui a permis, par exemple, à la caisse de Rhône-Alpes de financer la construction du sanatorium de Briançon, la recherche médicale sur la "maladie bleue"[1]. »

Cette réalité révolutionnaire, qui a fait que des travailleurs avaient un vrai pouvoir de décision économique, a été attaquée sans relâche par l'État. Tout est fait pour que l'on oublie qu'à un moment de notre histoire, les travailleurs ont pu décider à grande échelle (le budget de la Sécurité sociale dans les années 1960 est aussi important que le budget de l'État) en matière d'investissements, principalement dans le domaine de la santé (financement de dispensaires, de sanatoriums, de l'hôpital public…). Privant les actionnaires de leur pouvoir, de façon encore certes limitée, la Sécurité sociale instituait d'autres règles de détermination de la valeur économique. Il n'était plus question ici de rentabilité, de productivité, de dividende, etc.

Eh bien, continuons le combat ! Dans un tout autre contexte (la crise écologique planétaire), avec, sans aucun doute, de nouveaux acteurs. Beaucoup de choses sont à inventer ; mais il importe de dire que nous ne partons pas de zéro : les caisses de Sécurité sociale existent toujours (mais c'est l'État qui a la main dessus, et dedans). Elles sont d'ores et déjà à l'origine d'une valeur économique non capitaliste (la Sécu pèse pour un quart du PIB). Reprenons, à nouveaux frais, dans une perspective écologique, les acquis démocratiques de cette histoire révolutionnaire.

Créons une cotisation qui se substituera aux profits (750 milliards d'euros chaque année) et financera des caisses d'investissement à une échelle nationale, régionale, locale, contrôlées par des administrateurs élus par la population.

Alors, si les idées écologistes l'emportaient (ce qui n'est pas le cas aujourd'hui), si une classe écologiste se constituait (comme tente de le faire l'écologie politique depuis les luttes antinucléaires des années 1970 jusqu'à Notre-Dame-des-Landes) et devenait victorieuse, il serait possible :

– De stopper les financements des grands projets industriels nuisibles (aéroports, centrales atomiques, « fermes » de mille vaches ou de cinq mille poulets…) ; de financer une agriculture paysanne contre l'agro-industrie, des lignes de train de proximité qui marginaliseraient l'automobile, etc. ;

– De faire décroître la valeur économique à l'échelle de notre société – pour le dire autrement : la circulation d'argent – en vue de nous engager dans la sobriété, condition d'une société écologique.

Le contrôle de la valeur économique par une nouvelle classe révolutionnaire, écologiste, est la condition d'un contrôle démocratique des richesses concrètes que nous produisons à l'échelle d'une société et de l'instauration de la décroissance économique.

C'est nécessaire et urgent. C'est parfaitement légitime puisque, pour paraphraser Ambroise Croizat, l'un des pères de la Sécurité sociale, « l'économie appartient à tous les habitants du pays quelles que soient leurs opinions politiques, philosophiques, religieuses ». Rappel indispensable en ces temps fort chaotiques…

1. Anne Sizaire « La sécu en péril ! », journal des élus communistes de Vaulx-en-Velin, juin 1994, cité dans Dominique Lachosme, *Pour une démocratie économique. Pour en finir avec les actionnaires et les banquiers*, Atelier de création libertaire, Lyon, 2016.

PROJET CONTRE PROJET

Par **Aurélien Bernier**

—

Essayiste, il a écrit *Le Climat otage de la finance* (Mille et une nuits, 2008), *Ne soyons pas des écologistes benêts* (Mille et une nuits, 2010), et *La Gauche radicale et ses tabous* (Le Seuil, 2014).

—

Au fil des années, les conférences sur le climat se sont transformées en un véritable rituel, aussi prévisible que les soldes d'hiver ou le réveillon de Noël. À l'approche de la fin de chaque mois de novembre, les médias s'inquiètent de savoir si, cette fois, le climat sera enfin sauvé. Les États jurent qu'ils prennent la chose très au sérieux. Et les associations s'adressent aux dirigeants à coups de communiqués ou de pétitions en les suppliant de faire un geste pour les générations futures.

Dans ce jeu de rôle, le plus triste est de voir des militants écologistes et altermondialistes réclamer des « engagements » à des chefs d'État qui passent le plus clair de leur temps à imposer aux peuples des politiques ultralibérales. La conférence de Paris de 2015 (COP 21) fut un cas d'école. Pendant que les diplomaties négociaient les contours d'un consensus mou sur les gaz à effet de serre, l'Union européenne et le gouvernement français prétendument « socialiste » traitaient de choses sérieuses : un accord de libre-échange avec les États-Unis d'Amérique, la destruction méthodique des protections sociales, les grands cadeaux au grand patronat, la libéralisation des services publics, la répression des mouvements sociaux…

Dans une lutte des classes qui redouble de violence, les chefs d'État et les gouvernements occidentaux ont choisi le capitalisme contre les peuples. S'adresser à eux pour leur demander des « efforts » en matière de lutte contre le changement climatique revient à laisser croire qu'ils pourraient répondre positivement. Ce qui, pour eux, équivaudrait à retourner leurs armes contre leur propre camp. Contribuer à propager cette illusion est une insulte à l'intelligence. C'est leur accorder un minimum de crédit alors qu'ils sont totalement et définitivement disqualifiés pour défendre l'intérêt commun. C'est participer, consciemment ou non, à la désinformation et à la démobilisation. Au contraire, il faut dire et redire que l'ordre économique mondial, à l'origine de toutes les crises écologiques et sociales, n'est pas réformable ; il faut le combattre, projet contre projet.

La chose n'est pas facile, car nous subissons actuellement la victoire totale du capitalisme, à la fois sur le terrain politique et sur le terrain idéologique. Cette victoire est le résultat de trois mouvements majeurs qui se sont produits à la fin du xxe siècle. Le premier est la contre-révolution néolibérale, qui a débuté avec l'arrivée au pouvoir de Margaret Thatcher au Royaume-Uni en mai 1979. Le deuxième est la trahison de la social-démocratie, qui s'est définitivement rangée du côté des grandes puissances financières. Le troisième est l'effondrement des oppositions à l'ordre économique mondial. Rongé par l'autoritarisme, le productivisme et l'oubli de l'intérêt collectif, mais aussi attaqué de toutes parts, le bloc de l'Est s'est autodétruit. Les pays du Sud qui revendiquaient plus de justice dans l'ordre mondial sont rentrés dans le rang, de gré ou de force : ils sont maintenant prisonniers des marchés et du libre-échange, dépendants de leurs exportations et donc du bon vouloir de leurs acheteurs. Condamnés à survivre dans la concurrence internationale. Même les régimes antilibéraux d'Amérique du Sud restent dépendants de l'industrie extractiviste et des cours internationaux des matières premières. Le capitalisme a gagné le combat « physiquement », puisqu'il domine le monde, mais il l'a gagné également sur le plan culturel, puisqu'il n'existe pour l'instant aucun projet de société crédible, concret et progressiste – au sens du progrès humain, bien sûr, et non du progrès technologique – qui lui soit opposable. Il nous faut donc le construire.

La dimension écologique doit évidemment être au cœur de ce projet. Mais il faut être clair sur l'objectif. Les tenants de l'ordre mondial cherchent à imposer l'idée que les problèmes d'environnement sont avant tout des problèmes de pollution et de gestion des ressources. Cela leur permet de faire croire que la technologie « verte » et le recyclage apporteront, un jour ou l'autre, des réponses suffisantes. Alors qu'au contraire, la crise écologique est une crise de la surconsommation, dont on ne peut sortir que par la baisse de la consommation matérielle, c'est-à-dire par la décroissance. Une décroissance globale, qui remette les activités humaines en phase avec les capacités écologiques, là où le système actuel consomme chaque année 150 % des ressources renouvelables.

La question qui découle immédiatement de ce constat est celle du partage des ressources. La réponse des classes dominantes est connue : c'est l'austérité pour les classes populaires, de façon à défendre la surconsommation des plus riches et des classes moyennes supérieures. Sur le plan géopolitique, c'est la domination des pays du Sud par des mécanismes néocoloniaux pour continuer à alimenter la machine économique. Dans une logique progressiste, il faut au contraire poser comme principe de base l'égalité des droits des peuples à utiliser les ressources, dans la stricte limite des capacités de renouvellement de la biosphère.

La décroissance, aussi impérative soit-elle, n'est donc défendable qu'à la condition de repenser les relations internationales. Nous devons sortir du schéma néocolonial, dans lequel «les marchés» ont remplacé l'occupation administrative et militaire pour poursuivre l'exploitation des peuples du Sud. Face à l'ampleur de cette tâche, il est bien évident que les démarches alternatives locales ou les changements individuels, aussi importants soient-ils, sont totalement insuffisants. Le seul moyen de s'extraire de la domination des marchés, puis de les asphyxier, est de repositionner les échanges sur le terrain politique, alors que, précisément, la doctrine libérale a toujours voulu les en extraire. Le commerce, la coopération, les transactions de toutes sortes entre États doivent être régulés par les citoyens, c'est-à-dire par le politique. Il n'y a pas d'autre manière de planifier la consommation de ressources de façon à décroître et, en même temps, à en assurer une répartition équitable.

Cette idée de replacer l'économie sous contrôle politique, qui n'est certes pas nouvelle, se heurte à trois problèmes majeurs. Premièrement, nous avons abandonné des compétences essentielles à des institutions supranationales qui sont toutes aux ordres des grandes puissances financières: l'Organisation mondiale du commerce, le Fonds monétaire international, l'Union européenne... Il faut donc opérer une rupture institutionnelle, soit «par en haut», soit «par en bas». La rupture «par en haut» serait de réformer ces institutions pour qu'elles deviennent à peu de choses près l'inverse de ce qu'elles sont aujourd'hui. Autant dire qu'il s'agit d'une mission impossible, au moins à court et moyen terme. La rupture «par en bas», la seule qui soit actuellement crédible, c'est la sortie pure et simple. Il faut l'assumer sans hésiter, sous peine de se condamner à l'impuissance. Le deuxième problème est que le processus *politique* et *planifié* de mondialisation a donné naissance à des multinationales de taille gigantesque, qui non seulement contrôlent l'économie, mais qui imposent également des façons de travailler, de consommer, de penser, de vivre, de gouverner... totalement insupportables. Ce sont elles qui pillent les richesses des pays du Sud, qui produisent des biens de mauvaise qualité en détruisant l'environnement, qui exploitent les salariés dans des conditions de quasi-esclavage, qui détruisent le travail dans les pays où il existe des protections sociales en délocalisant dans des régions du monde qui ne connaissent ni la grève, ni la sécurité sociale, ni la retraite. Un projet progressiste qui ne viserait pas à soumettre ces multinationales serait une véritable escroquerie. Enfin, le dernier problème est la complète défaillance de la classe politique, au mieux incapable de s'opposer efficacement au néolibéralisme, au pire totalement acquise à sa cause.

Sur le plan des idées, l'alternative progressiste à l'ordre libéral qu'il faut maintenant construire doit s'appuyer sur trois grands principes : la décroissance, la coopération internationale et la démondialisation. La décroissance et la coopération sont des impératifs vitaux. Sans réduction de la consommation et sans répartition des richesses, les guerres, le terrorisme, les drames humains se multiplieront. La démondialisation est le moyen d'y parvenir. Un État comme la France peut encore sortir de l'Union européenne, du FMI et de l'OMC. Il peut nationaliser ses multinationales, les obliger à relocaliser et à respecter des règles sociales et environnementales, en France comme a l'étranger. Il peut développer des relations internationales différentes en stoppant le néocolonialisme et en pratiquant des échanges commerciaux et non commerciaux dans un esprit d'équité et de solidarité. Une fois ces fondamentaux posés, il devient possible de changer en profondeur les choix et les modes de production et de consommation, le salariat, les façons de vivre, l'aménagement du territoire, la démocratie représentative… tous ces sujets pour lesquels nous disposons de dizaines de propositions, mais qui resteront rangées au rayon des utopies tant que nous n'aurons pas brisé le carcan de l'ordre mondial.

Quant au moyen de porter un tel projet sur la scène politique, il sera bien temps d'y penser ensuite. La gauche radicale européenne s'enlise depuis des années, car elle croit qu'il suffirait de trouver le bon mode d'organisation pour connaître le succès. À l'époque du triomphe de Syriza, début 2015, c'est la coalition grecque qui était citée en exemple. Mais Syriza a trahi son électorat. Ce fut donc au tour du rassemblement espagnol Podemos de faire office de modèle. C'est oublier que Podemos reste encore accroché à l'illusion d'une réforme « par en haut » de l'Union européenne, qu'il n'a aucune position claire sur le libre-échange, sur la décroissance et aucune vision pour une nouvelle coopération internationale. Rien ne sert de fantasmer sur la forme idéale quand nous ne sommes pas au clair sur le fond. Pensons une alternative globale et crédible. Ambitieuse. Opposons-la à la doctrine néolibérale et battons-nous pour convaincre. Nous remporterons le combat politique lorsque nous aurons gagné le combat culturel.

SORTIR DE L'ÉCONOMIE

Par **Serge Latouche**

—

Économiste, il est l'auteur de nombreux ouvrages sur la décroissance, dont *Le Pari de la décroissance* (Fayard, 2006), *Vers une société d'abondance frugale* (Mille et une nuits, 2011), et *L'Âge des limites* (Mille et une nuits, 2012).

—

La décroissance est un projet révolutionnaire, en ce sens qu'elle suppose une rupture radicale avec le système social en place, à savoir la *société de croissance*. Il s'agit, une fois sortis de l'illimitation de l'économie productiviste, de construire une société d'*abondance frugale* ou, pour le dire comme Tim Jackson, de *prospérité sans croissance*[1]. La première forme de rupture impliquée par le projet *décroissantiste* consiste à *décoloniser notre imaginaire*, autrement dit, à sortir de la religion de la croissance et à renoncer au culte de l'économie. Évidemment, s'attaquer au dogme de la croissance économique constitue une atteinte au pouvoir des «nouveaux maîtres du monde» et, en ce sens, le projet touche les fondements de la société moderne et a des implications politiques. Toutefois, cela n'en fait pas, à strictement parler, un projet politique, en ce sens, d'une part, que l'organisation de la *politie*, ou entité politique, qui mettrait en œuvre une politique de décroissance reste indéterminée tant dans sa forme que dans son organisation et son mode de fonctionnement, et, d'autre part, parce que ce projet n'intègre pas une stratégie de «prise du pouvoir». En outre, la société de non-croissance n'étant pas une alternative, mais une matrice d'alternatives, elle est fondamentalement plurielle, puisqu'elle rouvre l'espace à la diversité culturelle. D'où une préférence pour un *pluriversalisme* plutôt que l'adhésion à un universalisme toujours suspect d'occidentalocentrisme. La marche vers la société d'*abondance frugale* est donc envisageable *a priori* avec les organisations politiques les plus diverses. En revanche, elle n'est pas compatible avec l'imaginaire économique.

IL N'Y A PAS DE CROISSANCE ALTERNATIVE

L'analyse de ce que certains ont appelé «l'école» de l'après-développement, d'où sont sortis les «partisans» de la décroissance ou «objecteurs de croissance», se distingue des analyses et des positions des autres critiques de l'économie mondialisée contemporaines (mouvement altermondialiste, mouvement antiutilitariste ou économie solidaire) et des propositions de changements individuels comme le mouvement de la simplicité volontaire, en ce qu'elle ne situe pas le cœur du problème dans le néo ou l'ultralibéralisme, ou dans ce que Karl Polanyi appelait l'économie formelle, c'est-à-dire l'univers du marché, mais dans la logique de croissance perçue comme *essence* de l'économicité. En cela, le projet est radical. Il ne s'agit pas de substituer une « bonne économie » à une « mauvaise », une *bonne* croissance ou un *bon* développement à de mauvais, en les repeignant en vert, en social ou en équitable, avec une dose plus ou moins forte de régulation étatique ou d'hybridation par la logique du don et de la solidarité. Faire de la décroissance un *autre* paradigme de développement ou une variante du développement durable, comme le font certains commentateurs et sympathisants, en France et plus encore à l'étranger, constitue un contresens théorique.

Le projet de la décroissance, en effet, n'est ni celui d'une *autre* croissance, ni celui d'un *autre* développement (soutenable, social, solidaire, vert, rouge, etc.), mais bien la construction d'une *autre* société. Autrement dit, ce n'est pas d'emblée non plus un projet *économique*, fût-ce d'une *autre* économie, mais un projet sociétal qui implique bien de *sortir* de l'économie, comme réalité et comme discours impérialistes. Il s'agit donc de rompre avec les pratiques économiques concrètes, mais surtout de *sortir* l'économie de nos têtes, autrement dit de *déséconomiciser* les esprits. L'impérialisme de l'*économicité* se manifeste dans le pan-économisme dominant ou le processus d'économicisation totale du monde que révèlent d'une autre façon la *mathématisation* et la *quantification* du social.

Cette formule, « sortir de l'économie », est généralement incomprise, et pour beaucoup insupportable, car nos contemporains ont du mal à prendre conscience que l'économie est une religion. Quand nous disons que, pour parler de façon rigoureuse, nous devrions parler d'*a-croissance* comme on parle d'a-théisme, c'est très exactement de cela qu'il s'agit. Devenir des athées de la croissance et de l'économie.

La croissance et le développement étant d'abord des croyances (comme le progrès et l'ensemble des catégories fondatrices de l'économie) avant d'être des pratiques destructrices de notre écosystème, la réalisation d'une société soutenable « d'abondance frugale » ou de « prospérité sans croissance » implique bien de *décoloniser notre imaginaire* pour changer vraiment le monde avant que le changement du monde ne nous y condamne dans la douleur. Cette nécessité de renoncer à un *logiciel toxique* concerne l'ensemble des pays de la planète, même si, concrètement, cela se traduit de façon différente pour les pays du Nord et ceux du Sud et si, le paradigme économique étant une invention occidentale, il convient de commencer la cure de désintoxication par le Nord, sans oublier l'immensité de sa dette écologique à l'égard du reste du monde.

Bien sûr, comme toute société humaine, une société de décroissance devra organiser la production de sa vie, c'est-à-dire utiliser raisonnablement les ressources de son environnement et les consommer à travers des biens matériels et des services, mais un peu comme ces sociétés d'abondance de l'âge de pierre décrites par Marshall Sahlins qui ne sont jamais entrées dans l'économique. « Dans les sociétés traditionnelles, écrit-il, [...] structuralement, l'économie n'existe pas[2]. » Et l'anthropologue Louis Dumont ajoute : « Il n'y a rien qui ressemble à une économie dans la réalité extérieure jusqu'au moment où nous construisons un tel objet[3]. » L'organisation de la vie matérielle et spirituelle – la séparation entre les deux n'étant sans doute plus pertinente – ne se fera pas dans le corset de fer de la rareté, des besoins, du calcul économique et de l'*Homo œconomicus*. Ces bases imaginaires de l'institution de l'économie doivent être remises en question. Comme l'avait bien vu Jean Baudrillard en son temps, « une des contradictions de la croissance est qu'elle produit en même temps des biens et des besoins, mais qu'elle ne les produit pas au même rythme ». Il en résulte ce qu'il appelait « une paupérisation psychologique », un état d'insatisfaction généralisée, qui « définit la société de croissance comme le contraire d'une société d'abondance[4] ». L'abondance est mise en scène à travers le spectacle de l'extraordinaire gâchis de la société de consommation, mais la réalité vécue est celle de la frustration.

Les situationnistes allèrent jusqu'à remettre en question, et à juste titre, le bien-fondé des concepts de richesse et de pauvreté, de développement et de sous-développement. Contre les économistes et les sociologues qui parlaient de « société d'abondance », ils rappelaient que « l'abondance, comme avenir humain, ne saurait être abondance d'objets, [...] mais *abondance de situations* (de la vie, de dimensions de la vie) » et que le bonheur ne naît pas de la possession des biens, mais qu'il « dépend d'une réalité globale qui n'implique pas moins que des personnages en situation : des personnes vivantes et le moment qui est leur éclairage et les sens (leur marge de possible)[5] ». La soi-disant société d'abondance est surtout une société de pénurie et de rareté des choses essentielles : l'air pur, l'eau saine, les espaces verts, le logement, mais aussi le temps, et bien sûr la convivialité... La frugalité retrouvée permet de reconstruire une authentique société d'abondance sur la base de ce qu'Ivan Illich appelait la « subsistance moderne ». C'est-à-dire « le mode de vie dans une économie postindustrielle au sein de laquelle les gens ont réussi à réduire leur dépendance à l'égard du marché, et y sont parvenus en protégeant – par des moyens politiques – une infrastructure dans laquelle techniques et outils servent, au premier chef, à créer des valeurs d'usage non quantifiées et non quantifiables par les fabricants professionnels de besoins[6] ». En d'autres termes, il s'agit de *réenchâsser* le domaine de l'économique dans le social par une *Aufhebung* (abolition/dépassement), conséquence de la mutation anthropologique nécessaire. De là s'impose l'idée qu'une société sans croissance qui soit soutenable, équitable et prospère ne peut être que frugale. La frugalité, ou la sobriété retrouvée, permet la prospérité pour tous grâce à l'autosuffisance locale, l'autonomie politique décentralisée, renforcée par un protectionnisme social, écologique et culturel.

La décolonisation de l'imaginaire économique implique donc d'autres ruptures bien concrètes. Il s'agira de fixer des règles qui encadrent et limitent le déchaînement de l'avidité des agents (recherche du profit, du toujours plus) : protectionnisme écologique et social, législation du travail, limitation de la dimension des entreprises, etc. Et en premier lieu, mettre fin à la guerre économique par une déclaration de paix. L'objection de croissance est aussi une objection à l'embrigadement dans la guerre de tous contre tous par la compétitivité à tout prix, un refus de cette barbarie hobbesienne de l'*homo homini lupus* (véritable injure à la sociabilité du loup[7]...). Depuis August Bebel, on sait que le libre-échange et la concurrence « libre et non faussée » ne sont que « le renard libre dans le libre poulailler », soit le protectionnisme féroce des prédateurs. La mondialisation est ce jeu de massacre (*mors tua vita mia*) à l'échelle planétaire. Ainsi, nous sommes, aujourd'hui, les poules des renards chinois, comme les Chinois sont les poules de nos renards... Un pas supplémentaire serait la « démarchandisation » de ces trois marchandises *fictives* que sont le travail, la terre et la monnaie. On sait que Karl Polanyi voyait dans la transformation forcée en marchandises de ces trois piliers de la vie sociale le moment fondateur du marché autorégulateur. Leur retrait du marché mondialisé marquerait le point de départ d'une réincorporation/réencastrement de l'économique dans le social. En même temps qu'une lutte contre l'esprit du capitalisme, il conviendra donc de favoriser les entreprises mixtes où l'esprit du don et la recherche de la justice tempèrent l'âpreté du marché. Bien sûr, à partir de l'état présent pour atteindre « l'abondance frugale », la transition implique des régulations et des hybridations, et, de ce fait, les propositions concrètes des altermondialistes, des tenants de l'économie solidaire et jusqu'aux exhortations à la simplicité volontaire, peuvent recevoir, jusqu'à un certain point, l'appui des partisans de la décroissance. Le réalisme politique (l'éthique de la responsabilité) suppose des compromis pour l'action et, si la conception de l'utopie concrète de la construction d'une société de décroissance est révolutionnaire, le programme de transition pour y arriver est nécessairement réformateur, sans être pour autant réformiste[8]. Beaucoup de propositions «alternatives» qui ne se revendiquent pas explicitement de la décroissance peuvent donc fort heureusement y trouver pleinement leur place, à condition de ne pas renoncer à la rigueur théorique (l'éthique de la conviction de Max Weber) qui exclut les compromissions de la pensée.

1. Tim Jackson, *Prospérité sans croissance*, De Boeck/Etopia, 2010.
2. Marshall Sahlins, *Âge de pierre, âge d'abondance. L'économie des sociétés primitives* (1972), Gallimard, 1976, p. 118.
3. Louis Dumont, *Homo æqualis*, Gallimard, 1977, p. 33.
4. Jean Baudrillard, *La Société de consommation*, Denoël, 1970, p. 83-87, ou 106-107 dans l'édition originale.
5. *Internationale situationniste* n° 5, 1960, p. 7-8.
6. Ivan Illich, *Le Chômage créateur*, Le Seuil, 1977, p. 87-88.
7. Sur la sociabilité du loup, voir le beau livre de Pierre Jouventin, *La Face cachée de Darwin. L'animalité de l'homme*, Libre et solidaire, 2014.
8. En cela nous rejoignons le point de vue d'Arne Naess: «Réforme ou révolution? J'envisage un changement d'une taille et d'une profondeur révolutionnaire au moyen d'un grand nombre de petites avancées dans une direction radicalement nouvelle. Cela me place-t-il essentiellement aux côtés des réformistes politiques? Difficilement. *La direction est révolutionnaire, la voie est celle de la réforme.*» Arne Naess, *Écologie, communauté et style de vie*, MF, 2008, p. 231.

EN FINIR AVEC LA RELIGION DU PROGRÈS

Entretien avec **John Michael Greer**

—

Essayiste étatsunien, spécialiste du pic pétrolier, il a notamment écrit *La Fin de l'abondance. L'économie dans un monde post-pétrole* (Écosociété, 2013) et *After Progress. Reason and Religion at the End of the Industrial Age* (New Society Publishers, 2015).

—

Les promoteurs du « progrès » claironnent que la Raison a triomphé des croyances, des mythes, des superstitions… Au contraire, vous écrivez que le progrès est la croyance dominante de notre époque. Qu'est-ce qui caractérise cette religion ?

Pour comprendre les caractéristiques de la religion du progrès, il faut d'abord rappeler les circonstances qui lui ont donné vie. Au cours des XVIIIe et XIXe siècles, un grand nombre de personnes d'Europe et de la diaspora européenne ont jugé qu'ils ne pouvaient plus croire en la foi chrétienne de leurs ancêtres, mais ils ressentaient toujours les besoins émotionnels que satisfaisait le christianisme. La culture est autant sujette à la loi de l'offre et de la demande que l'économie et, par conséquent, la recherche d'un substitut au christianisme a rapidement conduit à la naissance de plusieurs religions séculières, comme le nationalisme, le marxisme et la religion du progrès.

Ce que cela implique, bien entendu, c'est qu'il existe une étroite correspondance entre la foi en Jésus-Christ et la foi dans le progrès, et les proximités sont en fait très profondes. Pour celui qui croit vraiment en la religion du progrès, le progrès est omnipotent, omniscient, totalement bénéfique, et son triomphe final est certain ; la confiance aveugle dans le progrès est la plus haute des vertus, et émettre un doute sur la puissance, la sagesse et la bonté du progrès est le plus terrible des péchés. La foi dans le progrès remplit les mêmes besoins affectifs que le christianisme satisfaisait jadis. Et si quelqu'un suggérait à un dévot du progrès que sa divinité de substitution n'était pas une loi toute-puissante de la nature, mais seulement une condition historique temporaire, il obtiendrait exactement la même réponse que s'il essayait de dire à un paysan du Moyen Âge que Dieu, ses saints et ses anges ne se trouvent pas dans le ciel.

Pourquoi la religion du progrès est-elle destructrice, avec son obsession de croissance économique et de développement technologique ? N'a-t-elle pas rendu les hommes esclaves d'une abstraction, l'accumulation du capital, et réduit la nature à un simple réservoir de ressources destinées à l'alimentation de la mégamachine ?

Certes, mais la religion du progrès est encore plus problématique que cela. Qu'est-ce qui rend l'accumulation du capital salutaire, selon les dévots du progrès ? C'est qu'il permet d'accumuler encore plus de capital. Quel est le plus important bénéfice que nous apporte le progrès ? C'est qu'il rend possible l'accomplissement de nouveaux progrès. Au cœur de la logique du progrès, il y a le postulat que n'importe quel changement intervenu récemment doit être poursuivi indéfiniment à l'avenir. Si nous avons construit des autoroutes, nous devons construire plus d'autoroutes ; si nous avons confié une partie de notre intelligence aux ordinateurs, nous devons toujours plus nous en remettre aux ordinateurs. Parce que c'est le progrès : une éternelle marche en avant, dans la direction que nous sommes en train de prendre.

Mais bien sûr, si cette foi dans le progrès est aussi fortement inculquée par les institutions du pouvoir politique et économique, et leurs prostituées dans les médias de masse, c'est que cette croyance en un progrès linéaire et éternel désamorce toute interrogation sur le sens de nos sociétés, la finalité de nos existences, la direction que nous prenons collectivement : entre autres questionnements, qui profite de cette marche en avant ? qui en paie les pots cassés ? et est-ce que notre destination est vraiment un lieu où une personne saine d'esprit voudrait aller ? Que ces questions indispensables ne soient pas posées, cela montre que la religion du progrès est aberrante. Elle est même profondément détraquée : dans le monde réel – à distinguer du monde des abstractions intellectuelles et économiques qui guident les politiques actuelles –, avancer toujours stupidement dans la même direction, c'est le meilleur moyen d'aller vers un désastre inévitable.

Il y a une scène tragi-comique dans les *Versets sataniques* de Salman Rushdie, dans laquelle un prophète conduit ses disciples dans l'océan, après les avoir convaincus qu'ils pouvaient comme lui marcher en toute sécurité jusqu'à l'autre rive. Alors, en chantant des « hosannas », ils avancent dans l'eau et disparaissent sous les vagues, et quelque temps après, les corps commencent à remonter à la surface. Rushdie voulait tourner en dérision la foi aveugle dans les divinités et les prophètes, mais la métaphore s'applique au moins aussi bien à la foi aveugle dans le progrès.

Vous pensez que la foi dans le progrès a façonné notre organisation sociale, les finalités de nos existences, nos systèmes de valeurs... Jusqu'où le progrès a-t-il imprégné notre mentalité ?

La religion du progrès a une telle emprise sur la pensée de la plupart des gens, dans le monde industriel moderne, qu'il est presque impossible de grossir le trait. Depuis que j'ai commencé à écrire sur le sujet il y a neuf ans, j'ai discuté et correspondu avec des milliers de gens qui étaient littéralement incapables d'imaginer un monde dans lequel le progrès technologique sans limites ne serait pas garanti pour résoudre tous nos problèmes. Ceux qui remettent en question ce système de croyances passent souvent par le même genre de bouleversement émotionnel que ceux qui perdent la foi dans toute autre religion.

Sommes-nous tellement aveuglés par les promesses du progrès que nous ne sommes même plus en mesure d'imaginer d'autres trajectoires que l'expansion infinie ? Puisque le progrès est si profondément enraciné dans les esprits, comment pourrions-nous envisager un futur fait de sobriété, qui irait à l'encontre du mythe du développement industriel éternel ?

Heureusement, ce n'est pas si grave que cela. L'une des raisons pour lesquelles il est possible de remettre en cause la religion du progrès, c'est que les grands espoirs placés dans le progrès ont été largement déçus jusqu'à présent. La plupart des gens sont conscients de l'immense écart qui existe entre les promesses idylliques qui étaient autrefois faites au nom du progrès, et la réalité à laquelle celui-ci nous a conduits. Quand j'étais enfant, par exemple, les médias annonçaient comme une évidence que, d'ici l'an 2000, il y aurait des villes sur la Lune, que la misère serait éradiquée, que nous vivrions tous jusqu'à l'âge de 120 ans parce que toutes les maladies seraient curables, et ainsi de suite dans une longue litanie de promesses... dont aucune n'a jamais été tenue.

Les religions surnaturelles telles que le christianisme peuvent se permettre de promettre tout et n'importe quoi, parce qu'elles livrent le paradis dans le monde d'après. Elles n'ont pas à s'inquiéter qu'un jour, un défunt s'assoie dans son cercueil lors des funérailles et dise : « Finalement, le ciel n'est vraiment pas terrible, je préférerais rester ici-bas. » En revanche, les religions séculières comme la religion du progrès ont de quoi s'inquiéter si elles échouent à tenir leurs promesses. Leur royaume est entièrement de ce monde, et si elles ne peuvent pas tenir leurs promesses, tôt ou tard les gens vont chercher autre chose. Je pense qu'on est en train de franchir ce point de bascule.

Dans ce contexte, pensez-vous que la décroissance est l'une des hérésies les plus choquantes de notre époque ? Comment pouvons-nous critiquer le dogme du progrès sans être qualifiés par les curés de l'expansion infinie de « conservateurs », « réactionnaires », « passéistes », etc. ?

Bien sûr que la décroissance est une hérésie choquante ; c'est d'ailleurs l'une de ses plus grandes qualités. Lorsque le dogme dominant s'est lui-même enfoncé dans une impasse en poursuivant des abstractions déconnectées du monde réel, l'hérésie est la seule porte de sortie, et plus l'hérésie est choquante, mieux c'est. Quant aux termes de « conservateur », « réactionnaire », « passéiste » et autres, bien sûr que les gens vont utiliser ces étiquettes ; et alors ? Si vous conduisez votre voiture dans une voie sans issue et que vous vous retrouvez immobilisé, le pare-chocs avant enfoncé contre un mur de briques, crier *« Mais nous ne pouvons pas revenir en arrière ! »* ne vous tirera pas du tout d'affaire. La seule chose utile que vous pouvez faire, en l'occurrence, c'est de passer la marche arrière et de reculer.

Finalement, j'en suis venu à penser que choisir délibérément la décroissance technologique, ce pourrait être l'un des meilleurs projets politiques pour notre époque. L'habitude absurde et extravagante de dilapider l'énergie et de gaspiller les ressources naturelles, qui est considérée aujourd'hui comme relevant d'un mode de vie normal, ne peut pas se poursuivre beaucoup plus longtemps. Avec d'un côté l'épuisement de ressources irremplaçables, et de l'autre la déstabilisation continue de la biosphère terrestre, la transition vers des modes de vie moins prédateurs et moins destructeurs va se produire ; la seule question est de savoir si nous opterons délibérément pour la décroissance ou si nous la subirons, forcés par les circonstances. Pour opérer cette transition, il va être nécessaire d'utiliser des technologies moins voraces en énergie et en ressources, et c'est sans aucun doute en nous tournant vers le passé que nous redécouvrirons de telles technologies. Les anciens outils, après tout, sont déjà là ; on n'a pas besoin de passer par une courbe de croissance exponentielle pour les utiliser ; il est facile de comprendre comment ils fonctionnent, quels seront les coûts et bénéfices, dans quel délai peut se faire leur mise en production, et ainsi de suite.

Les scientifiques eux-mêmes sont de plus en plus nombreux à étudier la perspective d'un effondrement des sociétés industrielles. Mais malgré la destruction avancée des écosystèmes, les gouvernements, les économistes, les médias continuent à nous faire croire qu'il nous faut plus d'innovations, de technologies, de croissance pour nous sauver… Diriez-vous que le dieu Progrès est en train de

mourir, et que nous sommes en train de perdre nos illusions sur la possibilité d'une croissance infinie, ou que, au contraire, nous restons cloîtrés dans notre croyance en un progrès éternel ?

L'une des choses curieuses à observer à propos de foi religieuse, c'est que les gens qui sont sûrs de leur croyance ne passent généralement pas leur temps à essayer de la faire avaler aux autres. L'évangélisation frénétique, l'affirmation véhémente de l'infaillibilité de leur Église, la dénonciation furieuse des incroyants, toutes ces attitudes se retrouvent plutôt chez les personnes qui, dans leur for intérieur, ne croient plus en la foi qu'ils affichent publiquement, et tentent de faire pression sur les autres pour qu'ils se plient à cette foi, dans le but de faire taire leurs propres doutes. Pour une grande part, la rhétorique actuelle sur la technologie considérée comme seigneur et sauveur de l'humanité est alimentée par un doute qui ne dit pas son nom : une perte croissante de foi, qui touche même ceux qui, dans la sphère publique, sont les plus dévoués à la religion du progrès. Un doute s'immisce, on se demande si c'est vraiment une bonne idée d'accélérer la trajectoire sur laquelle nous sommes…

Cela dit, les religions s'étendent par la conversion d'un individu à la fois, et elles meurent de la même façon. Sans doute que, dans les années à venir, il y aura toujours des dévots pour clamer de tous leurs poumons que nous ne pouvons pas revenir en arrière, que la seule solution aux problèmes causés par la croissance est davantage de croissance, etc. Au fil du temps, cependant, je pense que de moins en moins de gens prendront ces allégations au sérieux, jusqu'à ce que les derniers partisans du progrès finissent sur des caisses dans les parcs publics, à vociférer devant des passants indifférents.

Voilà ce qui se passe quand une idéologie s'écarte trop de la réalité. C'est ce qui est arrivé à pas mal de religions séculières au cours du siècle dernier – combien de personnes croient encore, par exemple, aux promesses du marxisme classique[1] ? – et il y a de fortes chances, je pense, que la religion du progrès, avec toutes ses perspectives utopiques, soit elle aussi en train de rejoindre les poubelles de l'histoire.

[Interview et traduction : Pierre Thiesset]

1. Par « marxisme classique », je fais la distinction entre la très importante critique de l'économie politique qu'a faite Marx, et la religion laïque qui a emprunté son nom et certaines de ses idées.

SOMMAIRE

Leur développement durable, notre décroissance
Pierre Thiesset **–5**

Contre la COP 21, 22, 23...
Vincent Cheynet et Bruno Clémentin **–19**

EFFONDREMENT

Quand l'expansion expire
Joseph Tainter **–27**

Peut-on éviter la revanche de Gaïa ?
Serge Latouche **–35**

La poule aux œufs d'or
François Roddier **–38**

COP 21, boulevard de l'*overshoot*
Agnès Sinaï **–41**

Le climat, c'est cuit
Matthieu Auzanneau **–45**

ILLUSIONS

Le problèmes des solutions
Célia Izoard **–53**

L'illusion de la transition énergétique
Jean-Baptiste Fressoz **–58**

La croissance verte n'aura pas lieu
Alain Gras **–62**

La planète sur la réserve
David Murray **–67**

Les énergies renouvelables ne pourront pas alimenter la croissance économique
Richard Heinberg **–73**

Le bain de jouvence du progressisme technologique
François Jarrige **–77**

La double pensée du numérique
Cédric Biagini – **83**

Le pouvoir réchauffant de la haute technologie
Bernard Legros – **88**

Le pouvoir de dire « non »
Jean-Michel Besnier – **92**

IDÉOLOGIE

Le délire occidental ou la destruction du monde
Dany-Robert Dufour – **99**

Décroissance ou barbarie
Jean-Claude Michéa – **108**

En finir avec le mythe du Progrès
Thierry Jaccaud – **111**

Un nouveau matricide
Marie-Josèphe Bonnet – **115**

« Une société folle ayant programmé la transgression tous azimuts des limites »
Dominique Bourg – **120**

Du venin publicitaire à l'inertie civique en passant par le brouillard mental
Yvan Gradis – **124**

Petits gestes, grande arnaque
Moins – **128**

DÉVELOPPEMENT

« Il faut se préoccuper de morale, ce mot qui a échappé au XXIe siècle »
Chems Eddine Chitour – **135**

Retrouver le présent
Gustavo Esteva Figueroa – **140**

Mettre fin au développement
Pierre Gomdaogo Nakoulima – **146**

La décroissance contre le (dés)ordre du capital
Clarilton C. Ribas et Dario Fernando Milannez Melo – **149**

« La croissance a toujours exigé l'appauvrissement »
Firoze Manji – **152**

Décroissance !
Filka Sekulova – **156**

L'utopie des bien-pensants
Karim Ben Mustapha – **159**

« Une contradiction entre expansion économique et préservation de l'environnement »
Joan Martinez Alier – **163**

Cinq thèses de l'écologie révolutionnaire des peuples du Sud
Mohammed Taleb – **168**

EN SORTIR

Capitalisme vert *vs* austérité révolutionnaire
Pierre Thiesset – **175**

« La gauche doit revendiquer l'austérité plus que quiconque »
Julio Anguita – **180**

L'austérité, « un moyen de libération »
Giulio Marcon – **184**

Avons-nous le pouvoir de changer les choses ?
Angélique et François Del Rey – **188**

« Le mode de vie américain, on l'impose dans le monde par les armes »
Serge Mongeau – **194**

Rire de résistance
Alessandro di Giuseppe – **199**

Saborder la mégamachine
Thierry Brulavoine – **202**

Pour la décroissance : la lutte des classes
Denis Bayon – **208**

Projet contre projet
Aurélien Bernier – **212**

Sortir de l'économie
Serge Latouche – **216**

En finir avec la religion du progrès
John Michael Greer – **221**